高参小项目理念下的
全人教育实践与探索

李军玲　鲍晓莹　瑞晓辉◎主编

气象出版社
China Meteorological Press

图书在版编目（ＣＩＰ）数据

高参小项目理念下的全人教育实践与探索 ／ 李军玲，
鲍晓莹，瑞晓辉主编. -- 北京 ： 气象出版社，2021.9
ISBN 978-7-5029-7551-7

Ⅰ．①高… Ⅱ．①李… ②鲍… ③瑞… Ⅲ．①小学教
育—教育研究 Ⅳ．①G622.0

中国版本图书馆CIP数据核字(2021)第188982号

高参小项目理念下的全人教育实践与探索

GAOCANXIAO XIANGMU LINIANXIA DE QUANREN JIAOYU SHIJIAN YU TANSUO

李军玲　　鲍晓莹　　瑞晓辉◎主编

出版发行：气象出版社

地　　　址：北京市海淀区中关村南大街 46 号　　　　邮政编码：100081
电　　　话：010-68407112(总编室)　010-68408042(发行部)
网　　　址：http://www.qxcbs.com　　　　E-mail：qxcbs@cma.gov.cn
责任编辑：王　聪　　　　　　　　　　　　终　　审：吴晓鹏
责任校对：张硕杰　　　　　　　　　　　　责任技编：赵相宁
封面设计：刘华暖
印　　　刷：北京中石油彩色印刷有限责任公司
开　　　本：787 mm×1092 mm　1/16　　　　印　　张：14.75
字　　　数：387 千字
版　　　次：2021 年 9 月第 1 版　　　　　　印　　次：2021 年 9 月第 1 次印刷
定　　　价：59.00 元

编委会

高参小项目助力下，长辛店中心小学可持续发展教育探索与实践（以外语为例）——代序

鲍晓莹

一、政策背景

人类进入 21 世纪以来，生产方式、生活方式及学习方式正发生着深刻变化，教育促进可持续发展正成为国际社会的共识与行动。《联合国可持续发展教育十年（2005—2014年）国际实施计划》（简称《十年计划》）提出了"可持续发展（ESD）"的概念，认为各国可持续发展面临着许多紧迫性问题，需要让人们清醒地认识环境承载力和增长局限性，准确定位教育与可持续发展的关系。

教育是可持续发展变革、提高人们将社会理想转变成现实的能力的主要力量。教育不仅提供科学与技术技能，还为追求和应用这些技能提供动力、证明和社会支持。在应对当前全球性的问题时，教育作为可持续发展的关键因素和基本力量，发挥着极其重要的作用，教育能够帮助我们调整价值观，学会与自然和谐相处，认识共同的责任和行动的重要性，共同重建一个可持续发展的世界，为此教育促进可持续发展理应成为教育的时代功能。

可持续发展教育的根本目标是人的可持续发展。要从关注人的可持续学习能力和可持续发展潜质，培育具有可持续发展价值观、知识能力与行为方式的新公民这样一个目标来推进。可持续发展教育的途径应该追求多样性的统一，关注多样性的统一，用多样的教育模式拓展学生的视野，培养学生可持续学习能力。用社会、环境、经济、文化领域的可持续发展内容充实教育内容，让学生学会用综合的视角分析和解决问题，用多样的教育方法，让学生感受自然、感受文明，用多样的教育评价增强学生的社会责任，用多样的教育环境充分利用博物馆、大专院校、企业等社会资源增强学生的实践能力。

顺应世界可持续发展趋势，党的十八届三中全会指出，大力促进教育公平。作为社会公平的起点，教育公平对于提高社会公平程度、促进经济发展和社会和谐、消除知识鸿沟以更好地迎接知识经济的挑战、实现民族振兴都具有重要意义。促进教育公平，就要合理配置教育资源，实现教育均衡发展。

"高校和社会力量参与小学艺术体育全面发展项目"（简称高参小）是北京市教委贯彻落实党的十八届三中全会和北京市十一届四中全会精神，借助北京高等学校（艺术、体育

类)的办学优势和辐射作用,全方位、多样化、深层次地推动和引导义务教育阶段小学体育和美育工作科学、有序地发展,是提升北京市小学的素质教育,实现教育资源均衡化的重要举措。

首都师范大学作为高参小项目的参与高校之一,对此项工作高度重视,以校长为项目负责人,成立以各院系领导为成员的项目领导小组,同时在初等教育学院设立项目工作办公室,依照北京市教委的整体部署和要求,迅速确定工作方向:借助教委资金支持,利用首都师范大学的专家资源,从深入、深化、深层的角度对参与小学的文化建设、课程改革、学生社团、教师成长、理论研究五个方面提供全方位的办学参与,助推受参与小学在艺术教育方面形成特色,促进学生全面发展。立项目标明确:促进小学领导自身更快实现由教育者向研究者的角色转变,提升其课程领导力以及学校变革决策力。在此基础上,借助大学研究优势,共同把脉学校自身发展中亟待解决的真问题、关键问题,也就是从学校变革起点上,保证高参小项目带来的学校变化必须是一种内生性变革。

首都师范大学参与高参小项目以来,一直秉持依托自身师范特色,专注于如何增强小学自身"造血"功能,希望与小学协作共建,促进小学特色彰显。鼓励项目参与校多元化的艺术体育课程与教材研发,有规划、成系列的多学科师资培训,尊重小学自身文化,着力提升小学文化内涵等,以期留给小学可持续发展的智力资本,增强小学的造血功能。

首都师范大学外语学院,作为参与高参小项目的唯一一所外语院系,对接丰台区长辛店中心小学。根据北京市教委关于高校和社会力量参与小学特色发展项目精神以及首都师范大学的工作整体部署和要求,外语学院以教学副院长作为项目负责人,组织教学方面的专家,积极挖掘学院在外语学科所积累的办学优势,充分发挥师资优势,帮助长辛店中心小学解决实际问题和需求,以期"全方位、多样化、深层次"地推动和引导义务教育阶段小学外语教育工作的可持续发展。笔者有幸成为项目的参与者之一,作为高参小项目派驻长辛店中心小学的挂职副校长,深入小学,亲历长辛店中心小学在项目六年中的探索与实践。

长辛店中心小学在项目确立之初,定位准确,迅速厘清自己的实际情况以及面临的问题,从校领导层面积极重视,调动学校各层次力量,精心设计,在加强学校文化建设、课程建设、学生及教师社团建设,开展校本研训,创新特色活动,整体营造学校艺术、体育、外语环境氛围等方面,进行大胆尝试和创新,并确立了研训为本、文化驱动、艺体先行、全面跟进的阶段性项目实施方案。目标是培养品学兼优、才艺相长的全面发展少年;打造创新务实、德艺双馨的优秀专业教师。

在政策和北京市教委资金的支持以及首都师范大学和长辛店中心小学的共同努力下,高参小项目几年来,实现了艺术、体育、外语等领域课程与社团的协同发展,实现了以校园文化建设为载体的项目发展诠释,为高参小项目工作与学校整体工作的高度融合,为学校的可持续发展教育奠定了坚实的基础。

二、实施探索——以外语为例

学校文化顶层设计的执行,学校的可持续发展,离不开教师团队的支撑。长辛店中心小学与首都师范大学高参小项目组的资源整合中，在首都师范大学"一校一首席，一校一团队"的专家团队支持下，形成科学系统的教师培训体系，建构"课堂中的行走和行走中的课堂"教师培养模式。邀请专家学者走进学校，走进课堂，让教师与专家、名师近距离接触，为教师教学提出建设性建议与指导，全面提升教师团队的综合素养与教学能力。

作为高参小项目中唯一一所外语力量参与的项目校，长辛店中心小学充分利用首都师范大学外语学院师资以及相关社会力量，一方面，营造良好的外语学习环境，开设多语种社团，多语种教育戏剧社团，英语助教项目，培养学生良好的英语听说能力以及学生对世界多元文化的接纳、理解、认同、选择性吸收的跨文化意识，同时丰富校园文化生活；另一方面，借助首都师范大学、市/区教研员、项目优势，关注教师成长、搭建教师成长平台。围绕教师教学基本功、教学指导、语言基本能力、教学理念更新、课题研究等开展不同形式的校本及校外师资培训，提高英语师资及教学水平，促进学校英语学科长足发展。

外语教学

作为首都师范大学外语教育基地，2015 年 9 月开始，在外语学院的支持下，长辛店中心小学尝试开展了多语种教学，一年级五个班全员参与五个小语种的学习，分别是德语、法语、西语、日语和俄语，组成特色社团之"HELLO WORLD"五语社团。外语学院为长辛店中心小学提供了良好的外语师资，小语系优秀的本科、研究生的专业素养和辛勤工作，为小学外语教育开辟了更广阔的空间。

在小语社团建设方面，长辛店中心小学与高校有一个共同的目标，那就是让农村孩子从小就能对外面精彩的世界有一个初步的认识，希望孩子们能从小就对多元文化有一个初步的感知、接受和认同，培养开阔的视野和广阔的胸怀。与此同时，我们鼓励孩子们更完整、更丰满地学习和理解祖国的传统文化，用不同国家的语言表达出来，向世人展现中国传统文化的美。在教学方面，长辛店中心小学为小语种老师制定了贴合学生实际的学期活动目标，小语种教师为每堂课设计教学简案。第一个学期 12 课时的教学内容，短短三百多分钟，学生已经由对世界的全然陌生到能简单用小语种打招呼问好，会唱一首简单的小语儿歌，小语国家的概况、代表性建筑、美食、服饰等也在孩子们心中留下了最初的印象。或许，孩子们长大后不会继续学习这些外语，但小语社团的初衷是成为孩子们认识世界的一扇窗，点亮他们探索未来的眼睛，培养勇气与魄力，走出自我，做一个有国际视野的人。

结合长辛店中心小学英语教学现状，为更充分发挥高校师资力量，补充学校英语教学不足，在外语学院全力支持下，2015 年 9 月，长辛店中心小学与首都师范大学外语学院拟定了打造"英语实习——助教互助活动方案"，明确了双方工作职责。助教活动开展后，在辅助教学、教学观摩，尤其是在外语节英语单词闯关这个版块中发挥了重要作用，楼道里、教室里、会议室里少则几十多则上百孩子争相踊跃排队闯关的场面，只要是有助教的地方就能听见孩子们朗读英语的声音，一派生机与活力，置身其中令人备受感染与鼓舞。

不论是大学生小语种教师还是英语助教项目，对大学和小学来说都是双赢的，既为小学开展了特色课程，缓解了小学师资力量不足的问题，也为大学生提供了宝贵的实践和实习机会,同时也促进了大学的科研。有些研究生在小学实习期间,开展教学实验,设计完成了硕士论文。高校教师也带领学生申请相关项目,进行研究。高参小项目是高校社会力量参与小学艺术体育全面发展工作,但也是大学和小学携手,互助互惠的过程。

多语种教育戏剧

2017 年 9 月,长辛店中心小学引入"英语教育戏剧"项目,组建了英语戏剧社团。戏剧社团学生们在英语教育戏剧专家和专业外籍戏剧教师的耐心指导下,从英语基础薄弱,不懂什么是戏剧、什么是表演,甚至不敢站在舞台上讲话,到一个学期结束时,能够面对观众,完成《卖火柴的小女孩》《匹诺曹》《彼得·潘》演出的成长历程,令每一个参与社团教学的老师欣慰和欣喜。经过短短几个月的学习,学生在台词、语气、神情、情感表达等方面的表现都有了长足的进步。

英语戏剧社团的成立以及第一次汇报演出的成功,不仅是长辛店中心小学高参小项目的一次简单的汇报,更是学校在培养学生核心素养方面的一次突破。英语戏剧社团成为长辛店中心小学戏剧教育的种子,为吸引并带动更多学生参与,全面推进了学校教育戏剧的发展,学校决定进一步探索分年级戏剧课程建设,全面构建多语种教育戏剧、传统与现代戏剧、经典戏剧等课程,充分挖掘教材中的戏剧元素。由此,七语教育戏剧社团成立,包括汉语、英语、德语、法语、西语、日语和俄语,同时二年级开展中文教育戏剧进课堂。

以七语戏剧节为切入点,学校加强了教育戏剧全面设计,定任务、出成品、有收效。同时在全校范围内启动"开展戏曲文化之旅,共赴美丽文化之约"戏曲大讲堂,使全校师生都可以了解各种形式的戏剧,领略祖国传统戏剧的魅力。各语种戏剧不仅参与校内期末汇报演出,丰富校园文化生活,也参与了各种文化节和教育戏剧比赛,并取得了较好的成绩。教育戏剧作为全人培养的重要手段,在长辛店中心小学开花结果,持续发展,为培养全面发展的人服务。

英语教师校本课程培训

英语师资培训是高参小外语工作重点,更是长辛店中心小学借助高校专业师资提升教师专业素养,有效推动英语学科教学工作的举措。几年下来,英语教师培训分步走,逐步深入。

第一阶段,每周固定时间,两个小时专门进行校本教研,聘请校外培训机构专家、首都师范大学外语系教授与英语组一起研究教材教法,进行课堂教学指导。专家带领本校教师一起,集体备课,共同研讨,分工合作,整理英语教材 1—6 年级的知识点和单词,研发出《小学英语知识点手册》2 册、《小学英语单词手册》4 册。两套英语教学资料的印制成册和在教学中的使用,教师有了得力助手,学生有了实用的学习、复习资料。

第二阶段,开展校本培训,重点是英美文化和话题训练。由笔者执教"英语国家社会与文化入门"一课,并进行话题演讲。经过一段时间的学习,大家对美国历史、社会制度和教育体制有了更为深入的认识,丰富了老师们的教育视野。期间,还邀请了中央电视台《希望英语》栏目外籍专家 David Moser 到校与英语老师进行教研。外籍专家的到来为长辛店中心小学的英语教学注入了鲜活的营养,他带领老师们共同探讨了"多媒体在少儿英语教学中的应用"，还提供了丰富的教学资源，大家受益匪浅。这些英文教学资源不仅对老师们的英语教学很有帮助，让老师们更加坚定了信念，在英语教学中要回归到教学的初衷，尤其在小学阶段，以培养学生兴趣为主，寓教于乐，这样才能让学生们真正爱上英语，学习英语，使用英语。

第三阶段，英语教师校本课程班继续深入，由原来的话题训练和英美文化转向文本为载体的任务型语言基础训练，我们选取了简易版《圣经故事》和马克·吐温的名著《哈克贝利·费恩历险记》简写本，本阶段完成了 30 个短小圣经故事和 2/3 本名著的学习。因为有较强的故事情节和文化内涵，老师们学起来有抓手，同时学的过程中还能透过文本强化自己的语音和语法，通过每节课的朗读，练习语音语调，经过学习，老师们反映不仅自己在语言基本功上有收获，孩子们的语音语调也都有了明显的改善。

第四阶段，时间进入 2018 年，英语教师校本课程班在高参小助力下已经持续了近四年，随着多语种教育戏剧社团活动在学生中的开展，英语教师培训转为教育戏剧课程班。本学期为了推进学校英语教育戏剧工作，我们邀请美籍即兴戏剧专家，为老师们做专业的教育戏剧培训。包括校本培训和集中强化培训，通过戏剧游戏和戏剧故事的开展，每次的肢体动作表达情感和语言训练，让老师们切身感受语言和情感是相通的，即使不能理解语言，但通过有效的表情和肢体动作表达也能让听者感受到真实意思。老师们表示这对课堂教学也有很大启发，英语课堂不是沉闷的，也不是独立的，老师应先沉浸其中，善于表达，乐于表达，才能带领学生真正地走进外语课堂。几次课后，大家慢慢从不知所措，不知如何接台词，到后来的逐渐懂得与同伴默契配合。每次课后的交流与分享更让老师们渐渐领会即兴教育戏剧的核心概念"Yes-and"的寓意，不仅在戏剧活动本身，更在人际交往与团队中如何给伙伴以支持，站在对方角度考虑问题，接受对方观点的同时恰当表达自己，在接纳与支持中形成良好和谐的合作关系。

高参小项目六年来，坚持不懈地校本教师培训，和体育、艺术教师一起，外语教师成长起来了，成为学校特色教育的重要力量。三位参与协助教育戏剧课的老师已经可以独立担当戏剧教学任务。据不完全统计，多位教师获得"师慧杯"等多项外语类奖项，其中一位青年教师多次代表长辛店中心小学和丰台区在市级、省级英语教学研讨交流活动中做课，并频频获奖，已被丰台区教委评为英语学科青年新秀、丰台区小学英语学科兼职教研员。从长辛店中心小学教师各类获奖和荣誉称号中可见一斑，各科教师专业发展达到新的水平。

结语

回顾六年的探索实践，在高参小项目助力下，从长辛店中心小学开展的课程和各种社团以及受益的学生人数可以看出，学校各科教学和特色发展均取得了较大的进步，实现了首都师范大学高参小项目初衷：以美育为引领涵育学生核心素养，以课程为抓手实现普惠落地，以师资培训为突破实现"造血"，以提升学校文化内涵为目标，切实促进学生成长、教师成长，促进学校可持续发展，进而促动基础教育变革。

参考资料

方中雄,2013. 教育是可持续发展的关键因素和基本力量[N]. 光明日报,2013-11-20(14).

联合国可持续发展教育十年纲领.

张家政,2013. 以均衡发展促进教育公平[N]. 人民日报,2013-11-20(07).

张力,康宁,2007. 中国可持续发展总纲——中国教育与可持续发展[M]. 北京:科学出版社.

目　录

下篇

第三部分　岭上花开,馨叶微香

■ 上 篇 ■

第一部分
政策导航,寻梦之光

北京市教育委员会关于高等学校、社会力量支持中小学体育、美育特色发展工作的通知

京教体艺〔2014〕7 号

各区县教委,有关高等学校:

为发挥北京高等学校、社会力量在体育、美育方面的优势和引领作用,帮助中小学全方位、多样化、深层次地开展学校体育、美育工作,2014 年,市教委将开展高等学校、社会力量支持中小学体育、美育特色发展工作(以下简称"支持中小学特色发展工作")。现将有关事项通知如下:

一、指导思想

贯彻落实《中共中央关于全面深化改革若干重大问题的决定》中提出的"强化体育课和课外锻炼,促进青少年身心健康、体魄强健。改进美育教学,提高学生审美和人文素养"的要求,推动中小学体育、美育工作科学、有序、和谐地发展。支持中小学办学多样化、特色化发展,切实提高办学水平和教育质量。不断增进优质教育供给和促进义务教育均衡,解决好人民群众切身利益问题。进一步强化高等学校人才培养、科学研究、社会服务、文化传承创新的办学宗旨,以及履行创新型国家建设赋予高等学校的重要使命。

二、目标任务

开展支持中小学特色发展工作,是落实党的十八届三中全会、市委十一届四次全会精神的重要部署,是全面贯彻党的教育方针,持续深化素质教育的重要举措,是学校办有特色、学生学有专长,提升整体办学水平的重要任务。

通过这项工作,一是要加强和改进中小学体育、美育工作,促进青少年身心健康成长,提高学生的审美和人文素养;二是要推动义务教育优质均衡发展,支持学校办有特色,增加吸引力和影响力;三是要充分发挥首都各方面资源优势,强化高校、社会力量和中小学的协作共建、资源共享,不断创新人才培养机制,形成育人合力。

在小学阶段,使学生的体育素质、艺术素养得到提升,个性得到发展,并形成广泛的兴趣和爱好,基本掌握一至两项体育、艺术技能。

三、实施办法

此次支持中小学体育、美育特色发展工作在小学阶段开展。2014 年 9 月,在百所小学一年级开始实施,采取年级滚动方式至 2020 年。继续加强对资源的整合和利用,逐步扩大支持学校的数量。

参加支持的单位为北京高校,国家和市级艺术机构、艺术院团以及国家级行业协会、体育俱乐部等。支持方式采取在小学挂牌基地学校、特色学校、项目实验学校、艺术家工作室、体育俱乐部等形式。

市级财政拨付专项经费予以支持,区县根据《北京市中小学办学条件标准》负责专用教室和活动场所的建设,并配备体育、艺术教学和社团活动所需设备。

四、时间安排

2014 年 3 月底前,对高等学校、区县教委、小学相关人员完成培训工作。

4月中旬,区县教委组织小学与支持单位完成协议签署。

5月至6月,对小学开展此项工作的筹备情况进行评估。

7月,各支持单位申报项目经费文本。

8月,对小学体育、艺术学科教师开展专项业务培训。

9月,正式实施支持小学体育、美育特色发展工作。

2015年9月,实施第二批支持小学特色发展工作。

五、实施内容

(一)以弘扬社会主义核心价值观,推动素质教育为主线

在小学创建富有生机的人文氛围和具有底蕴的学校文化,全面提升校园文化的品位与品质。进一步改善学校文化氛围,营造向真、向善、向美、向上的育人环境,形成北京教育新气象。

(二)以深化、细化学校体育、艺术学科教学为重点

引导和指导小学创新性地开展学科教学改革,发挥课堂教学主渠道作用,探寻育人规律、破解教学难题、促进质量提高。在现有小学体育、艺术教学标准和教学计划的前提下,依托高校、社会力量优势,积极拓展教学内容,开发和实施具有北京特色和特点的体育、艺术课程,构建北京学校体育、艺术学科教学新模式。

(三)以加强学生体质、提高人文素养为核心

发展形式多样、丰富多彩、喜闻乐见的学生体育、艺术社团,培养学生的兴趣和爱好,满足需求。利用北京体育、艺术人才优势和独特条件,对学生社团活动进行辅导和提供支持。借助教育部实施体育与艺术2+1项目以及北京市中小学课外活动计划,广泛吸引学生参与活动,使学生基本掌握体育、艺术技能,形成北京中小学办学新亮点。

(四)以促进小学体育、艺术教师成长为抓手

采取进修培养、师徒结对、教学实践等多种形式加快小学体育、艺术教师的专业拓展和水平的提高。具有举办MFA(艺术硕士)资质的高校要为小学教师报考提供条件,激发教师的学习热情。通过多种政策鼓励教师提升自身素质和专业水平,形成推动北京中小学体育、艺术教师发展的新实力。

(五)以高等学校理论和实践研究优势为依托

在小学开展以中华优秀传统文化传承、体育和艺术教育有效实施等项目的研究与实践,提高小学专业教师参与理论研究的水平。同时,高等学校率先将相关体育、艺术理论研究成果在小学进行实验和转化,探索北京高校与中小学理论与实践研究互动的新机制。

六、工作要求

(一)各单位要站在落实党的方针政策和十八届三中全会精神以及习近平总书记在北京视察工作时讲话的精神高度,认识、支持和参与这项工作。把这项工作作为提升学生素质,实现教育均衡,发展学生个性的探索与创新。加强统筹和领导,认真落实好各项政策,使用好专项经费。

(二)高等学校要积极履行社会服务、文化传承创新的办学宗旨。调动学校资源,指定部门和安排人员具体负责,鼓励教师和在校研究生参与支持工作。支持小学特色发展工作要整体设计、缜密实施，不越位、不缺位，全力推进此项工作。

（三）高等学校要紧紧围绕学校文化建设、学科课程教学、学生社团发展、教师培养培训、理论实践研究五个方面开展支持。抓住重点、真心投入、有效实施，将目标落实到培养学生素质、促进学生个性发展上。出实招、使实劲，帮助小学形成办学特色。

（四）区县教委要领导本辖区小学开展工作，指定业务科室全面负责，加强监管和督导，并将这项工作写入区县学校艺术、体育教育发展年度报告。要调动整合属地体育、艺术教育、校外教育资源给予学校具体帮扶。优先推荐和支持这些学校参与体育、艺术教育各项改革，搭建国内外体育、艺术交流活动平台，展示相关成果。

（五）区县教委要组织做好本辖区小学与支持单位的对接工作，围绕"一校一策"研究制定所涉及小学接受支持的具体方案，指导学校与相关单位签署支持合作协议。统筹安排好经费的使用，并加大投入改善小学在体育、艺术教育方面的设施设备条件。5月10日前，各区县将合作协议报市教委体卫艺处。

（六）区县要制定工作方案，在巩固成果的基础上分层、分类稳步实施，确保不走样、不变形。区县教委对小学要提出明确工作目标，参与支持中小学特色发展工作的高等学校、社会力量要解放思想、勇于担当、整体投入、以点带面。特色建设重点在课程的研发与实施、学生社团的发展和学生兴趣专长培养上，逐渐充实相关内容。

市教委将结合落实教育部有关体育、艺术教育相关改革工作部署，与农村学校艺术教育实验县建设，全国中小学中华优秀文化艺术传承学校，建立普通中小学学生体育、艺术素质评价制度等工作相结合，统筹推进该项工作。

北京市教育委员会
2014年4月10日

北京市教育委员会关于成立高等学校、社会力量参与小学体育、美育发展工作领导小组的通知

京教体艺〔2014〕16号

各区县教委，各高等学校：

根据《北京市教育委员会关于高等学校、社会力量支持中小学体育、美育特色发展工作的通知》（京教体艺〔2014〕7号），最终确定北京地区20所高等学校（中央8所，北京12所）以及国家大剧院等8个社会单位参与13个区县143所小学的体育、美育工作。为进一步确保此项工作的顺利开展，根据市教委2014年第7次主任办公会议审议，成立高等学校、社会力量参与小学体育、美育发展市级领导小组（以下简称"市级领导小组"）。现将有关事项通知如下：

一、市级领导小组及其办公室职责

（一）市级领导小组

1. 统筹、协调参与此项工作的高校、社会机构与相关区县教委、学校的接洽、合作等事宜。

2. 制定全市高校、社会力量参与小学体育、美育发展工作规划及年度计划。

3. 指导并监督检查高校、社会力量参与小学体育、美育工作的进展,制定相关评价标准和评价体系。

4. 统筹落实有关专项经费,制定经费使用管理办法。

(二)市级领导小组办公室

领导小组办公室设在北京教育科学研究院。主要职责是:

1. 贯彻市级领导小组的工作精神,落实决策、规划和任务。

2. 配合开展指导、推进以及检查、督评等相关工作的组织实施。

3. 组织召开专项工作会议或开展相关调查,及时掌握高校、社会力量和各区县及有关学校工作进展状况,上报、总结、推广工作中的经验。

4. 在市教育信息网上开设专项网页,负责维护网络信息。

二、市级领导小组成员名单

组　　长:线联平　　市教委主任
副 组 长:付志峰　　市教委副主任
　　　　　李 奕　　市教委委员
　　　　　黄 侃　　市教委委员
　　　　　方中雄　　北京教育科学研究院院长
成　　员:熊 红　　政策研究与法制工作处处长
　　　　　王达品　　宣传教育处处长
　　　　　吴 武　　人事处处长
　　　　　李艳春　　财务处处长
　　　　　张凤华　　基础教育一处处长
　　　　　徐建姝　　基础教育二处处长
　　　　　刘 霄　　高等教育处副处长
　　　　　王 军　　体育卫生与艺术教育处处长
　　　　　张士佐　　教育督导室督导一处处长
　　　　　郗士奇　　北京学生活动管理中心主任
办公室主任:甘北林　　原北京教育科学研究院党委副书记
干　　事:杨妍梅　　北京教育科学研究院

三、各相关单位职责

(一)区县教委

1. 相关区县教委主任或主管主任牵头成立区级工作领导小组,指定部门负责具体工作。在市级领导小组的领导下,协调、配合各有关高校、社会力量统筹推进本区域相关工作。

2. 贯彻上级精神,组织落实本区县有关学校做好与高校、社会力量单位的对接和协调工作,结合本地区和各学校的具体情况研究制订合作方案并推动履行。

3. 调动整合本区县体育、艺术、校外教育资源,优先推荐并积极支持学校参与体育、艺术各项改革实践,为其搭建体育、艺术交流活动平台,展示相关成果。

4. 统筹安排相关经费,改善学校体育、美育的设施设备条件;制定本区县工作方案,加强对本区县工作开展情况的监察和督导。在不断总结经验、促进交流的基础上,分层(类)稳步推进。

(二)高校、社会力量

1. 主管领导牵头成立相关领导小组,落实市级领导小组的部署和决策,遵循小学教育规律和办学规则,认真参与小学体育、美育改革发展工作。

2. 调动本单位优势资源,整体设计对接学校的体育或美育发展规划,围绕学科教学、课外活动、社团组织、教师培训、文化建设、理论研究等方面开展工作,全面提升小学办学水平。及时总结工作经验,积极上报工作信息,探索教育改革发展新路。

3. 指定部门和人员负责相关工作,认真遴选并组织安排教师和在校研究生或符合条件的相关人员具体参与教育教学等工作,对参与人员高标准、严要求,强化相关专业培训和管理。

4. 严格遵守财务规定,按照财政局和市教委联合颁发的经费使用管理办法,合理安排和使用专项经费。

(三)小学

1. 成立由校长牵头的领导小组全面负责此项工作,深化和细化各项方案,认真组织实施。

2. 结合本校办学实际和发展规划,全面配合参与高校、社会力量开展工作,逐步形成办学特色,全面提升育人水平。

3. 结合本项工作,稳妥推进教育教学改革,创建学生课外活动的新机制,加强相关教师队伍的专业化培养和培训,全面提高教育教学水平。

4. 及时总结工作经验,积极上报工作信息,探索和践行首都现代化教育科学、和谐、持久的发展。

北京市教育委员会

2014 年 9 月 2 日

北京市教育委员会关于落实《教育部关于推进学校艺术教育发展的若干意见》的实施意见

各区县教委:

为落实十八届三中全会《中共中央关于全面深化改革若干重大问题的决定》精神,深化教育领域综合改革,全面贯彻党的教育方针,实施《教育部关于推进学校艺术教育发展的若干意见》(教体艺〔2014〕1 号),破解制约当前艺术教育发展的难题,推动北京市中小学校艺术教育全面改进,整体提升,切实以立德树人作为艺术教育的根本任务,以全面育人为最终目标,实现在新的历史起点上的整体提升和发展。北京市中小学校艺术教育将大力推进"三三一"工作目标,即提高学校文化建设水平,提高学校艺术学科教学水平,提高学生人文和艺术素养发展水平;实现从重点向均衡的转化,实现从规模向内涵的转化,实现从一元向多元的转化;降低学校艺术教育的功利性。现结合本市实际提出如下意见,请遵照执行。

一、明确思路目标,落实立德树人根本任务

(一)发挥艺术教育对于立德树人具有独特而重要的作用

1. 学校将立德树人作为根本任务,在培育和践行社会主义核心价值观融入教育的全过程中,应充分利用艺术教育特有的形式发挥其作用,在五四青年节、十一国庆节等重大节庆日、纪念日以及升旗仪式中,落实爱学习、爱劳动、爱祖国的"三爱"教育,突出诚信教育,增进全体师生的民族情感和社会责任意识。

2. 要发挥艺术教育在学校文化、课堂教学和课外活动中三位一体的功效,引领学生树立正确的立美、审美观念,提升感受美、表现美、鉴赏美、创造美的能力,陶冶道德情操,激发想象力和创新意识,促进身心全面发展和健康成长。

3. 发挥和调动教师、学生在艺术实践活动中自我教育的自觉性和主动性,开拓国际视野,培育民族情怀,尊重多元文化,提升传承中华优秀传统文化的自信心。

(二)明确推进艺术教育发展的模式

1. 通过建立社会与学校间艺术教育的联系、区县间艺术教育的联动、学校间艺术教育的联盟等方式,促进全市艺术教育工作科学、均衡的发展。

2. 通过合理配置艺术教育资源,有计划、有步骤地推进全国农村艺术教育实验县工作,加强和加快破解农村地区艺术教育存在的突出问题,逐步缩小全市各区域、城乡、校际间的差距。

3. 加强特殊教育学校艺术教育工作的研究和实践,发挥艺术教育在融合教育中独特的作用。

(三)加快发展学校艺术教育,适应新形势要求

1. 全面推进学校艺术教育工作,完善大中小学相互衔接的艺术学科课程、活动课程、学校文化课程体系;更新学生活动项目和活动内容;探索适应学生个性需求和身心发展的艺术教育模式。

2. 推进北京市中小学艺术教育特色学校和中华优秀文化传承学校、非物质文化遗产传承学校的建设;在实施"特色高中建设计划"中注重发挥艺术教育的促进作用。

3. 进一步拓展社会教育资源,采取对口衔接、帮扶等方式与高等院校、文艺机构建立旨在提升教育水平和质量的中小学艺术教育基地。

4. 在义务教育阶段试行学区制和九年一贯制工作中,逐步完善艺术专长生对口录取的工作机制,在确保学生持续学习满足个性发展需求的同时,实现报名、推荐、录取过程对社会的透明、公开、公正。

5. 探索并完善对中小学生艺术素养的评价工作以及初、高中艺术学科学业水平的考查和考核。

二、抓住重点环节,统筹推进学校艺术教育

(一)严格执行课程计划,开齐开足艺术课程

1. 加大对学校执行国家课程标准开齐开足艺术课程情况的检查,坚决杜绝挤占的现象。

2. 有计划地推进中小学综合素质舞蹈课、戏剧课、书法课纳入义务教育阶段课程体系的实验工作。研制符合北京市中小学教育教学发展的艺术教育课程标准。对舞蹈、书法专任教

师开展专项培训。

3. 结合途径与方法的研究,推进艺术学科与其他学科的融合,切实把美育融入教育教学全过程。

4. 全面推进中小学校艺术学科校本课程和选修课程的建设工作。鼓励区县及有条件的学校根据实际情况研发具有民族特色或地域特色的地方课程、校本课程。

5. 大力推进农村地区学校器乐进课堂音乐教学工作,切实提高课堂教学质量。

6. 推进普通高中音乐、美术学科模块教学的有效实施。支持、鼓励学校开设丰富的艺术选修课程,开发艺术特色课程,提高课程的选择性和多样性,满足学生个性化、多样化的发展需要。

(二)创新活动内容与形式,确保每个学生参与艺术活动

1. 落实北京市中小学生课外活动计划,鼓励社会教育资源参与中小学艺术教育活动的组织、设计和实施,根据学生的需求,组织好更广泛的艺术兴趣小组和学生社团,更新学校艺术节、民族艺术进校园等传统活动的内容和形式。

2. 办好、办实、办大北京学生艺术节、北京传统音乐节、国戏杯戏曲大赛、首都学生演出季等学生艺术活动,打造首都学校艺术教育品牌。

3. 推进北京国际青少年艺术周等国内外学生文化交流活动,按照国家外宣及文化走出去的战略以及北京创建世界城市的总体要求,为首都青少年搭建更多对外文化交流的平台,传播中国声音,弘扬中华文化,展现中国形象。

4. 加强北京市学生金帆艺术团、北京市学生金帆书画院的建设,充分发挥金帆的引领、辐射作用,带动更多学生参与自主学习社团活动。

5. 在全市推广和普及体育艺术 2+1 项目,因地制宜开展合唱、校园集体舞、行进管乐、儿童歌舞剧、多种造型媒材等群体性艺术活动项目,实现学生在校期间能够参加至少一项艺术活动,培养一两项艺术爱好目标。

(三)加强区域内统筹力度,多渠道解决艺术师资短缺问题

1. 区县教育主管部门要明确职责,针对农村学校专职艺术教师短缺的现状,制定出配齐中小学音乐、美术教师的路线图和时间表。通过"区域交流""对口联系""兼职""网络授课"等方式,集中解决师资短缺的矛盾,并可通过政府购买社会公共服务的方式,缓解艺术师资不足的问题。

2. 落实《北京市公开招聘农村中小学音体美等学科教师三年行动计划(2013 年—2015年)》,做好农村地区艺术学科教师的引进工作。

3. 根据国家制定的教师资格标准,组织开展北京市中小学校艺术学科教师资格认定工作。

4. 加大对艺术学科教师在职称评定中政策倾斜力度,研究制定将舞蹈、书法等学科教师纳入教师职称评定序列范围的政策和标准。

5. 加强对艺术学科教研员队伍的管理,颁布区县艺术学科教研员的准入标准,并组织相关培训与考核。

6. 组织各级艺术教育教学研讨和经验交流活动,开展艺术教师基本功、论文、录像课等评

比活动,提升艺术教师教学水平和研究能力。

7. 学习、借鉴国内外艺术教育先进经验,改进艺术教研的内容和形式。依托高校、文艺机构等社会资源,更新和改进艺术教师专业培训工作。

（四）整合各类教育教学资源,形成推进学校艺术教育发展的合力

1. 进一步拓展和整合社会资源,加大力度推进民族艺术进校园、高雅艺术进校园等艺术教育实践活动的广泛开展。

2. 鼓励学校吸纳家长及社会人士参与学校艺术教育工作。推进艺术家进校园行动计划,创建艺术家校园工作室,发挥艺术家的专业优势。

3. 加强与社会文艺机构和艺术专业协会（学会）的合作,通过政府购买公共服务的方式,广泛征集多样化的适合青少年特点的艺术作品,满足学校艺术教育教学的实际需要。

4. 以国家实施"宽带中国"战略为契机,加强北京学校艺术教育网络资源建设,建立开放灵活的艺术教育资源共享平台及网络学习平台,提升信息化水平。

三、建立规章制度,促进艺术教育规范发展

1. 编制并发布区县及北京市学校艺术教育发展年度报告。建立学校艺术教育自评机制和公示制度。

2. 修订颁布《北京市中小学美育指导纲要》。

3. 研究制定《北京市中小学艺术素养评价标准》。

4. 研究制定《加强北京市中小学艺术教育教学指导意见》。

5. 建立并完善以学生艺术学科发展水平为基础的评价艺术学科教师业绩的考核机制。

6. 颁布《北京市学生金帆艺术团管理办法》。研究制定《北京市学生金帆书画院管理办法》。

7. 建立中小学生艺术教育个人成长档案制度,满足学生个性化发展需要,规划、记录学生艺术教育成长和发展轨迹。

四、加强组织领导,完善艺术教育保障机制

1. 指导区县进一步完善艺术教育管理机构和人员编制,定职、定责、定岗、定编。

2. 加强北京市教委艺术教育委员会、北京市中小学美育研究会的建设,发挥在教育咨询和服务等方面的功能。

3. 颁布北京市中小学艺术特色校、金帆艺术团经费管理办法,确保资金投入到位,提高经费的使用效益。

4. 筹建北京艺术教育促进会。

5. 各区县教育财政投入中要保证艺术教育发展的基本需求,确保艺术教育经费随教育经费的增加而相应增长。鼓励多种形式筹措资金,增加艺术教育投入。

6. 各区县结合教育资源布局调整,合理配置艺术教育资源,扩大优质教育资源覆盖面,推进区域内艺术教育均衡发展。

7. 相关县级教育行政部门要在当地政府的统筹协调下,把农村学校艺术教育设施设备建设纳入本地推进义务教育均衡发展的有关项目规划,并保证配置到位。

8. 中小学要执行国家制定的配置标准,充分发挥场馆等设施设备的功能,满足艺术教育教学和大型艺术活动的需求。

9. 将对学校艺术教育的督导纳入日常专项督导工作,对区县及中小学开展经常性督导检查,并将督导检查结果向社会公示。

10. 在教育督导评价指标体系中,增加艺术教育评价的权重和相应分值。

第二部分

举力前行,成就梦想

方 案

首都师范大学参与长辛店中心小学艺术、体育、外语全面发展项目实施方案

李军玲　瑞晓辉

一、指导思想

根据北京市教育委员会关于高等学校、社会力量支持中小学体育、美育特色发展工作的文件精神,结合我校实际,继续全面推进素质教育,以面向全体学生的全面发展、个性发展,提高学生综合素质,陶冶学生情操,培养学生审美情趣,着力培养具有一定艺术素养的现代合格公民。力争在首都师范大学的大力扶持下,将我校打造成一所具有一定吸引力和影响力的艺术特色学校。

二、培养目标

总目标:培养品学兼优、才艺相长的全面发展少年;打造创新务实、德艺双馨的优秀专业教师。

1. 培养学生良好的音乐素养,学习并掌握必要的音乐基础知识和基本技能,拓展文化视野,发展音乐听觉与欣赏能力,表现能力和创造能力,形成基本的音乐素养。培养学生对音乐的持久兴趣、终身喜爱的兴趣。小学阶段至少学会一两样喜爱的乐器基本演奏技巧、舞蹈表演基础(拉丁舞)、基本乐感乐理欣赏等音乐素养的培养。

2. 培养学生良好的体育素养,增强体质,培养兴趣,根据学校现有师资和硬件设施,让学生基本掌握一两项体育基本技能(足球、乒乓球、篮球);每种球类组建2个校队,开展日常训练及校赛,并逐步发展成学校体育传统特色项目;在基础教学及活动中强壮学生体魄,培养孩子不怕困难、不怕挫折、敢于竞争、敢于拼搏的精神和顽强的意志品质,培养学生对体育运动的兴趣、习惯和能力,真正把学生培养成德智体美全面发展的最美少年。

3. 培养学生良好的人文素养,以中国教育学会任命的“写字实验校”为契机,继续传承和弘扬中国书法传统文化,在师生当中营造浓郁的传统文化氛围,加强书法环境创设;提升学生审美情趣,培养学生热爱祖国文字,养成良好的写字习惯,具备熟练的写字技能,培养学生“踏踏实实写字,认认真真做人”的人生态度,并有初步的书法欣赏能力。

4. 培养学生初步的跨文化视野,借助首都师范大学外语学院师资力量营造英语学习环境;围绕教学基本功、教学指导、语言基本能力、教学理念更新、课题研究等开展不同形式的校本及校外师资培训,提高我校英语师资及教学水平,促进学校英语学科长足发展,培养学生对世界多元文化的接纳、理解、认同、选择性吸收的意识;培养学生良好英语听说能力,开展相应英语校园文化活动。

三、具体措施

(一)清晰工作思路

学校继续坚持“健康快乐和谐进步”的办学理念,明确“现代合格公民”的培养目标。十九年来,艺术教育始终是学校办学特色的重要组成部分,按照国家课程,开齐开足艺术课程,配备

专职教师,成立多个艺术体育社团,并开展各具特色的艺术教育活动,营造校园艺术氛围,不仅可以陶冶学生的心灵,也同时培养学生艺术素养。让每一个学生都能在学好文化课以外,做一个兴趣广泛有一定艺术素养的"现代合格公民"。结合"现代公民教育"的培养目标,学校会借助高校力量,进一步精心设计启动艺术类课程以及组建丰富多彩的艺术社团,目的不仅仅教给孩子们一项艺术技能,更多的是与学校培养目标相结合,培养学生民主、法治、参与、合作、尊重、责任、诚信的公民意识,培养孩子树立积极正确的人生观和价值观,具有爱国情感和民族精神,培养学生良好的行为习惯,掌握基本知识和技能,树立健康意识,懂得审美情趣,提高艺术修养,健全人格和良好的心理素质等。

同时加强学校文化建设,结合学校办学理念和培养目标,整体设计学校艺术环境氛围,让孩子们时时处处感受校园每一个角落散发的艺术魅力。

通过六年的规划实施,将艺术特色教育融入学校整体工作之中,形成具有鲜明特色的艺术学校,特别是让全校师生在艺术教育领域有所提升,把学校打造成社会认可的有一定影响力的全面发展学校。

(二)加强项目领导

为保证首都师范大学支持学校全面发展项目顺利有效开展,学校特成立专项工作领导小组。

组　　长:李军玲(高参小项目全面工作)

副组长:瑞晓辉　鲍晓莹(项目负责人,高校对接工作、合作项目开发与实施、方案制定活动策划、项目落实、课题研究、社团管理)

组　　员

张文丽:负责书法课程开发、教学指导

刘淑芳:负责器乐舞蹈课程开发、教学指导

刘香梅:负责校园足球课程、校足球队管理与建设

李海霞:负责学校体育工作、艺术类社团活动组织管理及对外宣传工作

杨文会、李萍:负责学校英语校本教研、助教管理工作

参与教师

体育类:段德剑 张建忠

艺术类:张进宝 阎成国

社　　团:李娅利

(三)明确管理流程

项目启动:签订协议,启动首都师范大学参与长辛店中心小学全面发展项目,任命项目负责人,组建项目团队⇒项目策划:制定发展方案,召开沟通协调会⇒项目执行:项目领导小组及相关教师根据项目方案分工负责,强化落实,充分准备,着手执行,课程、社团、活动、培训、特色即成熟即启动⇒项目管理:主要从课程建设、社团建设、师资校本研训、学校文化几方面借助高校资源实施、跟踪与项目管理,包括课程指导、课程评价、课堂评估、学生评价、课程构建;社团活动计划、明确活动预期、过程监控、目标达成、阶段展示;教师培训方案及规划、日常管理及指导、培训收获与反思;校园文化与高参小项目的融合等;做好档案资料的收集、管理与使用⇒项目阶段:以学年为单位将高参小项目分为六个阶段,制定阶段目标、明确阶段任务、循序渐进逐年发展,立足实际,形成特色,持续发展。

(四)构建课程体系

1. 课程开发

按照国家课程计划,两节音乐课,我们将其中的一节作为基础课,用以基本完成教材规定的学习内容;还有一节课整合为艺术综合课。开设打击乐课。

(1)打击乐(课时 40 分钟)(2014—2015 年)(表 1)

表 1　打击乐

年级	一至二年级,班班开设。
课程内容	乐理及打击乐。
课程目标	能够熟练掌握认识五线谱;掌握 8～12 种节奏型,能够灵活应用;试唱掌握 C、G 调音阶的模唱;具备打击乐 2 级的水平;了解一些管乐乐器的相关知识。 三年级起,以社团形式,根据学生个人特点,学校管乐团选拔团员,分别开设打击乐班(2 个)、长号班、大号班、次中音班、圆号班(2 个)、小号班(2 个)、萨克斯班、黑管班(2 个)、长笛班、试唱练耳班。 其他同学选择其他艺术社团,比如葫芦丝、口琴、口风琴、竖笛等,保证学生能在三至六年级里继续学习一至两种器乐,让音乐始终伴随学生小学生涯,从而培养出具有一定艺术素养的孩子。
师资	首都师范大学打击乐教师 1 名;学校教师 1 名参与管理及整理课程方案。

(2)舞蹈(2014—2015 年)(表 2)

表 2　舞蹈

年级	一二年级。
课程内容	通过制定年级教学计划,按照年级完成教学任务,争取让我校学生在六年时间里,除了学会一两种乐器演奏,同时学会舞蹈表演(以拉丁舞为主),提高学生对美的感受,培养学生自信力和高雅的气质。 三年级起,除普及性推广舞蹈特色课程,同时选拔少数学生进入学校舞蹈队,为管乐团及学校大型演出活动储备人才。
师资	首都师范大学舞蹈教师 2 名;学校教师 1 名参与管理及整理课程实施方案。

(3)童声合唱(2016—2018 年)(表 3)

表 3　童声合唱

年级	一年级自然班为单位,以童声合唱练习为主要授课内容,培养学生初步的乐感,进行发声指导,根据学期计划学唱 2～3 首儿童合唱曲目,培养学生自信心、表现力、优雅大气的小绅士小淑女风范,同时在营造和构建积极向上良好班风方面发挥积极作用。

2. 社团活动

继续利用每周三天课外活动时间,开设丰富多彩的艺术体育社团,让学生自主选择。

(1)艺术类(表 4)

表 4　艺术类

艺术类
舞蹈(三至六年级每个年级一个拉丁舞社团,共 4 个)、合唱(三四、五六 2 个合唱团)、打击乐(2 个)、葫芦丝(1 个)、口风琴(1 个)、泥塑(1～2 个)、雕刻(1～2 个)、烙画(1～2 个)、绘画(二至六年级每个年级一个,共 5 个)、书法(2～3 个)、管乐各分团等。由外聘教师及本校教师组织。

(2)体育类(表5)

表5 体育类

体育类
校足球队2个,男女各1个;校篮球队2个,男女各1个;校乒乓球队2个,男女各1个;轮滑1个;空竹1个;跳绳1个。

(3)学科类(表6)

表6 学科类

学科类
英语音乐剧、课本剧(以现代为主)、童话剧(以经典为主)各1个,共3个。
语文:朗诵、讲故事、课本剧各2个,共6个。
足球课(一二年级)及社团:每周五下午课外活动时间训练2小时,外聘教师及本校教师共同管理,选拔喜欢足球运动的学生,培养孩子热爱足球之情。
师资:首都师范大学足球师资1名;学校教师1名参与管理及整理课程实施方案。
乒乓球课(三至六年级)每班每周一节,普及;本校教师任教,同时选拔校队训练,参加各级各类比赛。
篮球课(五六年级为主)周一至三课外活动时间,本校教师组织,提高学生对篮球的兴趣。掌握篮球比赛的基本技能。
其他社团项目(空竹、轮滑、跳绳等传统体育项目)。

3. 风采展示

(1)11—12月"艺"彩纷呈嘉年华,以艺术周的形式呈现,分为艺术展览、"校园好声音"、校园剧场、新年音乐会等丰富校园文化生活。重视师生的积极参与,强调"每一个师生唱一首歌,演奏一支曲,画一幅画,写一副字,参加一项其他艺术活动",为师生提供展示的机会,使每一个在校师生都能在艺术节中受到艺术熏陶,展示艺术才华,接受美的教育,从而提高学校艺术教育的社会影响力。

(2)4月"校园体乐汇"嘉年华,通过一年一度的学生春季运动会,展示学生运动风采,同时让学生从竞技体育之中,感受体育之美,美在拼搏,美在勇气,美在节奏,更美在它所代表的那种体育精神。

(3)5月"ENGLISH SEASON"(英语季),每年五月在全校开展"HAPPY DAY"(快乐日)、"HAPPY WEEK"(快乐周)、"HAPPY MONTH"(快乐月)多种英语学科活动,激发学生学英语、说英语、用英语的兴趣,营造校园英语说、写、比、赛、练、读、听的氛围,促进学生英语水平的提高。

(五)教师考评机制

1. 足球课程、书法课程、舞蹈及打击乐课:根据课程特点制定相关教师《课堂评价量表》。

2. 学生社团:结合社团日常活动,建立社团管理条例,制定学校领导小组、学生、家长三方评价量表,围绕社团指导教师的师德、能力、效果等方面进行考评。

3. 结合校园文化节、最美少年评选及各类各级比赛对相关教师、学生进行综合评价,对"最美风采少年""星级社团""星级教师""星级课程"予以表彰。

4. 对在高参小项目中做出突出贡献的高校教师及学校教师给予"突出贡献奖"。

(六)推进措施

1. 以师资培训推进项目发展

(1)首都师范大学专家定期进校,就课程开发、课堂教学、艺术工作进展给予梳理指导;通过讲座、听课、研讨形式提高教师教学能力及自身艺术素养。

（2）借助首都师范大学优势教育资源，帮助我校提供各学科教师的培训学习进修、展示交流的平台。

（3）加强校本研训，清晰了解并积极参与特色学校建设，将艺术教育的精髓渗透到德育、心理、语文、数学、英语、科学各学科和各项工作之中。

（4）积极引进和内部培养艺术类专业教师，有效推进学校艺术特色工作。

（5）首都师范大学专家指导开展课题研究，将艺术教育渗透到各学科之中，感受学科的艺术之美，推进学校艺术教育特色发展。

2. 以校园文化见证项目发展

把"艺"彩纷呈嘉年华、"校园体乐汇""英语季"融入校园传统文化，结合教师考评、学生管理，从推动校园文化建设、教师队伍建设、学生素质提升三个方面见证高参小项目和学校的全面发展。

（七）专业师资需求

1. 一年级打击乐课每班每周1节、舞蹈课每班每周2节，8个班，目前我校师资欠缺，需要首都师范大学帮助配备师资，启动课程。我校教师参与课程开发，制定课时计划、教学目标、教学内容等。

2. 三至六年级书法课，我校配备师资，但是需要首都师范大学专家团给予指导，共同进行课程开发及教师的培训。

3. 相关社团的师资配备，现有社团师资薄弱，需要首都师范大学选派相关科目（美术、泥塑、合唱等）师资给予指导，提高专业水平。

4. 我校现在管乐团，初具规模和一定社会影响力，能否选派师资帮助我校管乐团建设，努力把我校乐团打造成北京市行进管乐金帆团。

5. 从校园文化提升方面，能否请专家帮助我们梳理学校办学理念，准确定位，明确发展方向。

（八）校园文化建设

1. 校园环境建设：艺术气息的校园环境、楼道文化、班级文化、办公室文化。

校园一角碑林建设，学生水写台，师生书画展示区等；艺术走廊建设，体现师生风采展示区、活动区；各专业教室、训练场地建设；设施设备（器乐、服装等）。

2. 教师队伍建设：教师培训进修，引进专业教师，聘请专家指导。

3. 提升学校品位：借助首都师范大学力量，真正创建一所艺术特色学校，成为社会满意的全面发展学校。

第一届"校园体乐汇"活动方案

瑞晓辉　李海霞　张建忠

一、主题

运动与健康，运动与快乐，运动与文明，运动与和谐。

二、定位

体育文化的营造，体质健康的宣导，运动之美的展现。

三、总体思路

为推进学生体质健康测试工作在我校的深入全面开展,引导师生树立健康意识,养成运动习惯,营造学生熟悉、喜欢、乐道的体育文化氛围,倡导运动与健康、运动与快乐、运动与文明、运动与和谐的生活理念,借助首都师范大学参与我校艺术体育等全面发展项目,在我校传统春季运动会基础上召开第一届"校园体乐汇"暨校园体育节。

四、具体安排

第一部分:体育文化及运动氛围的营造(4月1—30日)

1. 结合学生体质健康测试内容设计各年级为期一个月的《"动动"日志秀》,发放家长告知书,拟定规则,号召家长与孩子一起(至少督促孩子每日根据体质健康测试内容)做一定量的基础训练,并拍下录下相关画面或短片,同时学校评选优秀的和在家健康测试训练突出的孩子,邀请家长参加校园体乐汇予以鼓励。

2. 征集家长与孩子的亲子运动照片、教师与学生开展校园运动照片,布置图片展(4月24—29日)

第二部分:体乐汇(2015年4月30日上午)

(一)开幕式(30~35分钟)

1. 升国旗。

2. 足球操、乒乓球操、空竹、花式踏板球入场+表演。

3. 友情互动:律动、退休教师关心助兴。

4. 裁判员、运动员誓词。

5. 领导致辞。

(二)运动会

以全校学生田径运动项目比赛为主体,穿插一个教师、家长参与的趣味集体项目。

第三部分:表彰(5月5日上操时间)

1. 最美健体少年和获奖个人。

2. 运动会最美风采班级、最美礼仪班级、最美文明班级、最佳荣誉集体(运动会成绩)。

五、人员分工

1. 刘焕琴、李军玲:全面负责指挥。

2. 瑞晓辉、李军:拟定活动安排,制定校园体乐汇方案,召开相关工作会,协商具体事宜,总体部署,把关、协调进程。3月24日,工作小组协商初步方案,确定大致分工;3月30日,校务会公布活动方案,征询意见,确定最终方案,下发全体教师,升旗动员;4月24日,全体教师会,明确运动会相关管理细节和要求,同时部门会详解强调。

3. 李海霞:

(1)拟定致家长一封信,同时通过网站、微信平台发布进行宣传(4月1日)。

(2)设计《"动动"日志》,印发、与体育组协商收取、评定(4月1日)。

(3)乒乓球操人员选定、安排练习、空竹表演把关(2个空竹社团)、总体负责。

(4)协同刘香梅负责参加展示活动的师生服装选备。

(5)协同刘淑芳负责首都师范大学舞蹈教师编排4~5分钟啦啦操,三至六年级每班选派1名学生集体学习,届时在台上与台下师生一起律动。

4. 张建忠:体乐汇所有运动项目设定、比赛总指挥、花式踏板球表演;场地安排。

5. 吕晖:前期学生观赛文明礼仪教育、广播、升旗相关宣传报道;学生观众啦啦队管理(活泼,文明,严肃,有序)、观赛学生秩序管理(活动中,活动后);最美健体少年、最美风采班级、最美礼仪班级、最美文明班级的评选;当日升旗、活动后表彰。

6.刘香梅:

(1)足球操。

(2)协同李海霞负责参加展示活动的师生服装选备。

(3)代表工会委员会组织在教师中开展运动与健康、运动与快乐、运动与文明、运动与和谐摄影比赛,征集以师生之间、学生为主的图片、组织评选、布置展览。

7.李凤霞:

有关表演用音乐的合成、图片的处理;后期图文视频资料规整、编辑、合订、成册等其他辅助工作。

附:各项内容及时间安排

第一阶段:体育锻炼——我的"动动"日志(4月1日—4月26日)

结合学生体质健康测试内容,我校为学生设计了为期一个月的《"动动"日志》,希望家长与孩子一起(至少督促孩子每日根据体质健康测试内容)做一定量的基础训练,记录在"动动"日志上,把拍下录下的精彩画面或短片传到公共邮箱 czxtlh@163.com(一定标明班级和姓名),学校会根据《"动动"日志》记录情况及上传精彩画面短片情况,评选"动动"小标兵(4月26日前评出);挑选优秀"动动日志"和照片(4月26日前挑选完毕)在"动动天地"里展出(4月28日前"动动天地"布展完毕);邀请部分家长参加特色运动会予以鼓励(4月27日根据提名邀请家长,每班最多2人)。

第二阶段:乐趣横生——8字绳、踏板球比赛(4月16日)

(一)早操:全校8字绳比赛

每班组1队,人数为28人(抢绳除外)。

一至四年级单8字,五、六年级单、双8字选其一。

(二)下午:踏板球、跳绳比赛,每班选派3男3女代表参赛。

踏板球比赛结束后确定花式踏板球展示队员开始训练,并定制服装以资鼓励。

第三阶段:健体汇集——校园体乐汇(4月30日上午)

(一)开幕式(30~35分钟)

(二)运动会

比赛项目

一、二年级项目:50米套圈接力跑　　50米绕标志桶接力跑
　　　　　　　　50米跨垫接力跑　　立定跳远、沙包掷准

三年级项目:50米套圈接力跑　　50米绕标志桶接力跑
　　　　　　　　50米跨垫接力跑　　50米爬垫接力跑
　　　　　　　　立定跳远　　　　沙包掷准

四年级项目:50米爬垫接力跑　　50米障碍接力跑
30米踏板球、跳绳接力跑　　立定跳远　　沙包掷准

五、六年级项目:50米爬垫接力跑　　50米障碍接力跑　　30米踏板球、跳绳接力跑
50米篮球运球接力跑　　立定跳远　　沙包掷准

教师、家长集体项目:30米"齐心协力"迎面接力跑(方法:二人一对背靠背夹球起动,保持

这一状态至 30 米处给下一对,反复,每对完成一次后,比赛结束时少者胜。)

第四阶段:风云人物——榜样表彰(5 月 5 日早操)

1."动动"小标兵、最美健体少年和运动会获奖个人。

2.最美风采班级,最美礼仪班级,最美文明班级,最佳荣誉集体。

长辛店中心小学"艺"彩纷呈嘉年华活动方案

瑞晓辉　李海霞　鲍晓莹

一、时间

2015 年 5 月底。

二、主体构想

围绕"琴棋书画诗舞花茶"八大艺术版块,突出学校管乐、刻画、面塑、快板等社团艺术教育成果,环楼甬道(东为艺路,西为"画"语)及楼后"艺苑"作为主要展示场地,借助门前广场、多功能厅、管乐排练厅为表演舞台,以营造浓郁的校园艺术氛围、展示我校近一年来的艺术教育成果,推进我校艺术教育全面深入开展为主旨。

三、活动策划

瑞晓辉　鲍晓莹

四、领导小组

李军玲　鲍晓莹　瑞晓辉　刘焕琴　张文丽　刘淑芳　李海霞　闫成国

刘玉燕　关　静　王志芬　刘香梅

五、具体安排

(一)艺路

1.琴

(1)课前赏析:我与音乐有约"古琴十大名曲",三至六年级全员参与责任学科:音乐组。

(2)现场演奏:古筝、二胡、琵琶、扬琴等。

管理负责人:刘淑芳　刘晚情

2.棋

棋的种类,关于围棋历史、意义,现场对弈。围棋、象棋、军棋、五子棋、跳棋每种 4 人,共 20 人。

管理负责人:张建忠　段德剑

讲解:刘建国　李萍

3.书

(1)课前赏析:三至六年级"古代著名书法家"　责任学科:书法组

(2)现场创作:师生硬笔软笔书法创作　教师 4 人(软、硬笔)学生 20 人(软、硬笔)。

管理负责人:李军　李杰　技术指导教师:闫成国　张进宝

(二)"画"语

1.课前赏析

三至六年级"古代名画赏析"　责任学科:美术组。

2. 现场绘画

一至六年级每班 5 人现场绘画,画布数量以现场、平日课堂、教学楼、平房教室顶部装饰为参考。

管理负责人:杨涛　杨秀英　技术指导教师:关静、刘玉燕、张志山、杨劲忠、何云怀　首师大美术系学生

3. 学生艺术社团

技术指导教师:李海峰　李亚兰　范春梅　米桂敏　白德毅　何秀清　刘冬娜　高洪英

管理负责人:李春芳　李慧敏

(三)诗

五年级全员背诵小学生必背古诗八十首,选取两个班现场对诗,可以按照不同主题场景分类。

管理负责人及技术指导教师:孙蕊苹　支玉环

(四)舞

门前广场,首都师范大学舞蹈系学生助兴表演;管乐旗舞;舞蹈社团啦啦操。

管理负责人:杨文会　李凤霞　廉丽　白宏

技术指导教师:刘佩君　首都师范大学舞蹈教师

赵圣鑫　陈佩璇　社团啦啦操老师

(五)花

与园林博物馆联合开展,四至六年级每班一名学生现场学习插花技艺,了解插花常识,现场插花,向来宾献花(20 人　2 人一组,10 组)。

管理负责人:刘香梅　兰红　技术指导教师:北京插花协会教师(2 人)。

(六)茶

与园林博物馆联合开展,五、六年级每班一名学生现场了解茶艺,为教师、来宾敬茶(14 人)。

管理负责人:刘焕琴　技术指导教师:园林博物馆茶艺教师(2 人)。

(七)表演艺术

多功能厅负责人:王志芬　王为民　李永亮　谢浩　孙淑敏

1. 快板(社团教师)、魔术(社团教师)。

2. 童声合唱(王志芬)。

3. 英语歌曲(谢浩)。

六、来宾、家长管理

1. 领导来宾引导:校长李军玲　挂职副校长鲍晓莹。

2. 家长管理引导:张文丽(44 人,每班一人)。

3. 参观秩序负责人:李海霞。

美育滋养知本,风筝放飞童年——北京市丰台区长辛店中心小学以风筝为主题项目研究教研及展示暨校园风筝节活动方案

吕　晖　李凤霞

为深入贯彻落实党的十八大和习近平总书记系列重要讲话精神,推进社会主义核心价值

体系建设,积极推动非遗保护传承,不断增强非遗的生命力和影响力。诠释长辛店中心小学的"知本立德"的教育理念,培养学生的艺术和人文素养,提高美育教育质量。学校拟定每学年春季开展校园"风筝节"活动,目的旨在引导学生走出教室,提高学生动手能力,促进校园和谐,传承中华民族传统文化,将风筝主题项目研究做实做深,真正实现学生的实际获得及成就感。

一、活动主题:美育滋养知本　风筝放飞童年

二、参与对象:全校师生

三、活动时间及地点:2019 年 5 月 23 日 8:00 学校操场

四、活动议程:

(一)布置海报宣传风筝由来和文化。

(二)放飞风筝的准备及制作。

(三)第二届风筝节活动流程。

第一部分:主题项目研究之成果展示——知本少年放飞梦想,庄严献礼祖国 70 周年。

第二部分:主题项目研究之课堂探究——深入风筝课堂教学现场,展示主题探究深度。

第三部分:校长汇报。

校长以风筝为载体,讲述学校在知本教育文化理念引领下,建构主题项目研究体系。在已有课程的基础上,将研究深入进行。资源包是主题项目研究的工具,同时也是专家和教师的心血。同时,学校不仅将研究建立在课堂上,更会将研究实践在行走中,完善研究手册,让学生具备探究的精神,培养具有高品质素养的全面发展人才。

校长致辞

尊敬的各位领导,亲爱的老师、同学们,大家上午好:

暮春时节,草长莺飞。欢迎大家走进长辛店中心小学,共同参加"放飞梦想·风筝情"非遗文化进校园暨首届校园风筝节活动,我对大家的到来表示热烈的欢迎与衷心的感谢。

习近平总书记指出,"要加强对中华优秀传统文化的挖掘和阐发,使中华民族最基本的文化基因与当代文化相适应、与现代社会相协调,把具有当代价值的文化精神弘扬起来。"传承中华优秀传统文化是我们每一位教育者的严肃使命。

风筝作为我国古代劳动人民智慧和技艺的结晶,其起源距今已有两千多年,它通过"一句吉语一图案"的美术形式,寄托人们对幸福、长寿、喜庆的愿望。风筝制作技艺复杂,种类丰富多样,2006 年 5 月 20 日,风筝制作技艺经国务院批准列入第一批国家级非物质文化遗产名录。

我校秉承"日积小善,方成大器"的校训,始终以培养明德行善、健康慧学、志存高远的最美少年为己任。为了更好地传承中华优秀传统文化,让学生拥有丰富与多元的课程文化与学习体验,我校开设了风筝社团及学科渗透整合下的融合型课程,邀请风筝文化的传承人,国家级风筝传承代表人哈亦琦老师为校外指导教师,请到东城区民间艺术家协会风筝专业教师赵铁民老师为社团辅导员。通过四个与风筝有关的主题课程——风筝的历史、风筝与文学、风筝与艺术、风筝与科技,以风筝的历史为圆点,从文学、艺术、科技方面,引导学生对风筝传统文化产生更加多元化的认知,提升学生的文化底蕴和个人内涵。

"儿童散学归来早,忙趁东风放纸鸢"。今天,是一场关于风筝造型、色泽与精神研发成果展示的盛会,也是一场关于少年传承的展示盛会。最后,再一次感谢丰台教委领导的莅临,感谢各位专家指导。

总 结

以大学科观为重点的美育项目研究体系建构

李军玲

摘要:伴随着教育改革的深入推进与多元共生,以教育理念与美育理论为指导的美育项目研究体系成为北京市丰台区长辛店中心小学知本教育研究体系整体构成的重要组成部分。我们将美育研究建构在课程建设与课堂实践的基础之上,在跨学科整合中实现美育项目研究体系的大学科观,并实现教师的综合与融通式成长,为学生素养与美育的实际获得奠定扎实的基础。

关键词:美育 大学科观 项目研究 知本

懂得什么是美,什么是丑,对于每一个国家、民族以及不同信仰的人来说,都是极其重要的。如何建构美育教育体系,如何增强美育教育的落地性,如何让每一个稚嫩的生命都具备浓厚的中国情怀与开放的国际视野,让每一个孩子都具有良好的美的素养,不仅是学校教育的核心价值体现,更是立德树人教育的综合表征;不仅关乎每一个个体生命的茁壮成长,更影响到学校教育的发展乃至整片教育蓝海的开拓。

美育既是审美教育,也是情操教育和心灵教育。美育基于审美,同时又超越了审美范畴,缺失美育的教育是残缺的。18世纪德国美学家席勒在《美育书简》中这样阐述:"要使感性的人成为理性的人,除了首先使他成为审美的人,没有其他途径。"①1999年6月,《中共中央国务院关于深化教育改革全面推进素质教育的决定》中,将"美育"作为国家的基本教育方针之一。如今,在教育供给侧结构性改革与核心素养世界化的当下,学校作为教育的主要场所,因其明确的教育目的、系统的教育策略、专业的教师团队,而对学生的审美教育与多元成长发挥着主导作用,从而成为挖掘与整合美育教育资源的主要场所。

作为首都师范大学高参小项目校,北京市丰台区长辛店中心小学成立于1998年10月,学校由10所学校合并而成,历经21年的发展,在教育改革的发展进程中,学校积极建构环境空间场域,创新知本教育课程体系,在主题活动与项目研究中为学生成长做最好的奠基。学校现有36个教学班,学生1100余名,教师134名。学校拥有先进的硬件设施,多媒体教室、音乐教室、美术教室、舞蹈教室、钢琴教室、管乐排练厅、心理咨询室、乒乓球馆、多功能厅等一应俱全。在深化推进教育供给侧结构性改革的进程中,在知本教育办学理念的引领下,北京市丰台区长辛店中心小学作为基础教育的普通一隅,积极探索美育优质发展与评价的新模式,结合学校的发展需求与学生的成长需要,在首都师范大学高参小项目专家的指导下,建构美育大学科观,积极推进美育教育项目研究理论化、体系化,在延展美育课程内容和学科整合过程中,为教师团队素养提高与能力提升打开突破口,为以学校为圆心辐射的学生、家长影响圈以及学校自身发展圈提供最大的助力,进而全方面演绎教育哲学层面的学校特殊性,在美育资源的整合中

---

① 席勒.美育书简[M].徐恒醇,译.北京:中国文联出版公司,1984:21.

拾阶而上。

一、理念指引,特色建构,促进学校项目体系化发展

面对教育改革的潮起潮涌,我们在高参小项目专家的带领下,在美育体系建构的实验中,深刻思考美育最为终极的价值维系意义,坚守教育的生命价值观,固本生根,努力建构学习科学体系,在理性与深情中全面育人,培养学生的综合素养,"为生命成长而为"。首都师范大学高参小的项目组专家多次走进我校,走进项目研究的教研现场与实践课堂,给予我们现代教育理念与教学变革范式的指导。在专家的引领与启发下,我们制定项目实验研究的长期计划,并结合计划内容,成立具有开放型架构的高参小项目研究教研组,通过制定教研组文化与研究计划,突破教师项目研究瓶颈,整合教研组项目研究智慧,在美育项目实践中推动学生综合素养的落地,实现美育项目的深化发展。

同时,在学校纵横发展的点状系统中,美育项目研究体系的建设离不开首都师范大学高参小项目"六个一"理念的指引与支持。"六个一"理念,即一校一首席,选派一名首席专家组织专家团队,整合校内资源,负责与学校的合作事宜;一校一团队,组建美育专家团队,为学校提供指导服务,切实提升一线教师的理论水平与教研能力;一校一特色,帮助学校提升"知本教育"特色,为课程体系的整体建构与校本课程的特色研发、论证、教材编印等方面提供支持;一校一策略,结合学校发展目标,完成学校发展的顶层设计,提升学校发展策略的科学化水平;一年一主题,每年确定一个发展主题,围绕年度主题,开展针对性的培训和研修活动;一年一论坛,每年主办或者承办一次高水平教育论坛活动,使长辛店中心小学在丰台区发挥更好的示范、引领作用。"六个一"理念在诠释高参小项目宗旨与实施途径的过程中,以其系统与多元的特色属性,丰富了长辛店中心小学知本教育体系与学生、教师成长体系,为学校的项目体系化发展提供了基本思路。

大学科观下的美育体系建构,为现代学校教育提供了一种方法论属性的情境与解决方案,为项目实施提供了一种变革的范式。无论是对学习能力的重新解读,对教育场景关系的重新诠释,还是对时空资源的重新组合;无论是在目标点确立中的学情数据分析技术,路径点中区块链方法的使用,还是起始点、目标点、路径点的整体研究模块,均为学校教研提供了包含教育理论、教育技术、研究途径等完整链接的有益参考与补充,在真实教学情境与多维交互空间中,为落实师生综合素养的培养目标提供具有科学性与实效性的研究范式。在初心使命与高参小项目理念指引中,我们勾勒学校美育体系的建构路径,化点成面,形成项目体系化发展,为学校美育体系的整体建设与学校的可持续发展指明前行的路。

二、项目主导,高位推进,建构美育教育大学科观

蔡元培先生的以美育代宗教说,开启了美育作为现代教育基本方针的先河。在美育教育体系中,艺术教育是学校实施美育的最有效方式之一,对艺术教育基本概念的探讨往往离不开两个维度:一是现代艺术教育理念的萌生和传承,二是艺术教育学科的流变与发展。前者面向对象是人,关乎艺术教育基本命题,艺术教育的目的和范围,即艺术教育的主体和客体的关系调整;后者面向对象是知识,涉及艺术教育的范围、内容和方法,即我们经常讨论的艺术与教育、艺术与科学、艺术与技术、艺术与社会的辩证关系等等。

现代的认知主义、多元智能、建构主义理论等都将教育视为一种人类利用知识资源自我完善、自我建构的过程,认为教师只是这种建构过程的一个引导者。在这种新的教育理念中,美育的作用不可小觑,因为美育教育可以直达内心,连接情感,能够通过改变儿童的思维方式,协调开发左脑右脑,提高学习的效率。另外,美育能够架起情感和知识之间沟通的桥梁,使学习的过程变得更加快乐,增加人们的幸福感。美育教育不应该单单只是作为一种知识内容而应作为一种方法;不应该仅仅作为一个知识部类,而应该作为一种综合性学科。于是,教育发展的现实要求我们重新建构一种美育教育的"大学科观",高屋建瓴地统筹学校和美育资源的协调发展。因为只有这样,美育教育的过程才是完整的。因此,我们将美育与学科知识全面整合,在生本教育的引领下,从学生出发,立足学科特点与学生特点,找准契合点,充分挖掘教学内容的融合点与贯通点,将美育融入学校的教育资源中,选择性地进行资源的整合与创新,发挥教育资源的优势,重新建构美育教育的大学科观,撬动学生成长的支点。

在学校美育发展的顶层设计中,我们基于学校发展体系的整体思考,在首都师范大学高参小项目"一校一策略""一校一特色"的支持下,在多元化、多渠道、多途径的互通机制与积极促进教育均衡化发展的过程中,在丰台区教委的指导支持下,建立以提高学校美育教育大学科观为导向的管理制度和工作机制,建构美育空间环境,根据不同学段美育课程的需求,设置课程目标与课程方案,挖掘不同学科所蕴含的丰富美育资源,大力开展以美育为主题的跨学科教育教学和课外校外实践活动。一方面,围绕美育目标,充分利用社会美育资源,搭建开放的美育平台,形成学校与社会美育资源整合下的育人合力;另一方面,学校依托现有资源,加强学校美育实践基地建设,开展多种形式的文化交流与合作,推动学校美育体系的整体发展。

(一)从文化出发,建设美育教育空间环境

环境育人,从空间环境延展到精神环境,美育教育的课堂无处不在。在知本教育的方向指引下,我们综合学生核心素养与关键能力的培养要素,结合美育体系建构的思考,建设蕴含着美育教育关键点的崭新的知本教育空间环境。宽敞明亮的知本厅中,五色沃土为寓意的教育场域,反映着学校发展的未来愿景;饱含中华优秀传统文化的学生走廊,为孩子们提供二十四节气、诗歌以及古今中外的名人故事,让优秀文化浸润人心;每一个以有影响力的人物命名的自然班,为班级文化铸魂;展示学生艺术作品的知本秀场,墨韵飘香的书法作品、七彩童年的美术作品、放飞梦想的风筝作品等,为每一名学生提供美育教育成果的展示平台;普及 C919 中国造大飞机为代表的航天发展科技走廊中,为孩子们打开一扇关于科技强国的思考之门;每一个班级教室都是资源教室,每一个专业教室都有其专门的文化属性与气息……以美育研究为重点的教育空间建设,为孩子们的美育教育提供一方沃土,为学校的美育发展提供一种可持续发展的可能。

(二)从学生出发,建构美育项目研究体系

美育教育是一项包含多学科的延展性教育,是一项具有整合性质的项目研究体系。我们从学生主体出发,分析学生美育成长需要,在美育项目体系的建构过程中,遵循"要以艺术课程为主体,各学科相互渗透融合,重视美育基础知识学习,增强课程综合性,加强实践活动环节。要以审美和人文素养培养为核心,以创新能力培育为重点,科学定位各级各类学校美育课程目标"相关要求,不断更新美育理念,充实教学内容,改进教学方法,探索适合学生特点的美育教学模式,推进美育教育项目研究工作有序开展。在美育项目研究体系的建构过程中,我们一方面整合环境与课程的关系,注重师资的培养,用好课堂教学主渠道,实践教学目标、教学内容、教学方法和教学评价,体现教与学的审美互动;另一方面用好实践教学环节,凸显美育教育实践化育心灵,用情境体验式教学,激发情感审美元素,用美育资源与实践活动,在行走中培养学生自主研习与审美情趣,体现学生的主体性,在项目研究中完善美育教学体系构建。

三、聚焦关键,有的放矢,实现美育整合层级化推进

马克思有句名言:"对于非音乐的耳朵,再美的音乐也毫无意义。"①艺术精神的涵养教育应首先从孩子抓起,培养深刻而不肤浅、高雅而不高傲的具有艺术欣赏和鉴赏能力的人才。在学校与社会美育资源的整合中,我们分析每一个孩子的特质,结合每一个孩子的自身状况,聚焦美育教育的关键点与薄弱点,建构资源整合下的美育教育策略与美育师资成长规划策略,形成丰富、多元、可选择的新"供给侧",实现从"需求侧的拉动"到"供给侧的推动"的转变,注重激发学生艺术兴趣,发展学生艺术想象力和创新意识,帮助学生形成艺术特长和爱好,进而培养学生健康向上的审美趣味、审美格调、审美理想。整个过程,依托美育资源,有的放矢,分层推进,使学生既感受到学科之间的关联性与整体性,又在美育教育的过程中建构立体、多维、厚重的知识体系,整体提升学校美育教育的品质。

(一)立足学科,整合资源,形成资源整合下的美育教育策略

每一个热爱音乐、热爱美术的孩子,都有一个与音乐、美术相关的梦想,但梦想的实现绝不只是依靠一节音乐课、一节美术课就能够实现的。在美育教育策略的整体创设中,我们立足学科本身,整合学科资源,延展美育视域,在专家与教师的科学指导下,从学科与美育资源的融通出发,多元化设置问题,发挥问题的力量,以小课题研究为途径,进行项目实施环节的模块化设计,并在形成模块共识的基础上,激发学生的学习动机,提升学生的学习品质与认知能力。在课程环节设计层面,达成情境导入、明确规则、小组活动、展示交流、总结反馈的共识,让教师在共识中把握美育项目实验的发展方向以及美育体系下的目标达成。从问题出发的模块意识、项目理念与课程环节的交互融合,项目理念的全程实践,达成综合学习设计、搭建认知梯度,在问题中循环提升的学科共识,全面推进学生的综合素养提升与教师的美育素养成长。

首先,以音乐学科为例,从其学科性质而言,同一个音乐作品,有着不同的音乐表达方式。如何让不同层次的学生均能参与其中,如何将作品进行个性化的表达?带着这样的思考,我们开启了美育教育之下的项目研究之旅。为了增强学生的参与性与作品的理解性,从音乐实践活动出发,让孩子们举办一场自己的音乐会。在音乐会的组织、开办过程中,鼓励学生发挥团结协作精神,同时立足音乐本学科的特点,不断融合其他学科的内容,比如在语文学科之中增加音乐作品的赏析理解,在英语学科之中展现音乐作品的世界背景,在数学学科之中掌握组织音乐会的过程要素;在美术学科之中画出音乐作品的个性表达;在体育学科之中体会音乐作品的律动节奏……每一堂音乐课,都以班级音乐会的形式展现,在音乐表演中,每一个孩子都能够在课堂中找到自己的位置与兴趣。在这样的资源整合中,孩子们用音乐表现文化底蕴,用音乐体现合作律动,用音乐表达自我,成就自我。

其次,以美术学科为例,同一幅美术作品,有着不同的表达方式。如何让不同层次的学生均能参与其中,进行个性化的表达阐释?带着这样的思考,我们在学科联动中,发展培养学生的美术素养。比如,在语文学科之中,以课题《古诗文教学中对学生形象思维能力培养的研究》为抓手,鼓励学生在古诗文的基础上,通过意境想象与美术呈现,培养学生的形象思维能力;在英语学科之中,体会美术作品发展演变世界背景和现实趋势;在数学学科之中掌握组织美术展示的过程要素和空间构成规律……在跨学科资源整合中,孩子们能用美术作为表达自我、张扬自我的工作。同时,为了更好地感受美术文化,在美术教学的过程中,我们积极拓展教学空间,创新美术教育途径,带着孩子走出教室,尽可能利用自然环境资源进行美术教学。一方

---

① 吴跃跃. 新版音乐教学论[M]. 长沙:湖南文艺出版社,2005:43.

面,我们积极走出去,主动开展丰富多彩的实践活动,名山大川、丘陵小溪、河流湖泊、沙滩岛屿既可以对孩子审美能力的培养起到潜移默化的作用,也可以为美术的写生、丰富感性认识提供良好的条件,是美术教学最好的素材之一。那些海边的贝壳、水畔的芦苇、河边的鹅卵石、街道边的树木、农田中的麦秸秆等为开展具有地方特色的美术教学活动提供了便利条件,从而使学生创造、制作出独具特色的美术文化与美术作品;另一方面,我们积极请进来,让各种丰富的资源为教育服务,因地制宜地将许多物质材料带入美术课堂,开发出各具特色的校本课程。比如设计超轻黏土、鹅卵石、树根造型、利用树皮、树叶、树枝、坚果壳、豆类、麦秆、蛋壳、沙子、羽毛、碎布、毛线等制作实物粘贴画等等。我们深知,美术文化素养的提升,不仅有助于学生理解和运用视觉语言进行交流,而且可以促进他们积极参与祖国文化的传承,帮助学生认识人生、认识自我,真正将知本教育深植于心。

最后,我们在学科立体交叉中,建构美育课程个性化的教育模型。《风筝》课程便是学科立体交叉模型建构的重要尝试。在风筝课程中,我们将美术学科的《画脸谱》、语文学科的《走进京剧》与音乐学科的教学以及戏剧课程等多学科联动整合,设计相关学科实践活动,既传承与弘扬了中国传统文化,又提升了学生的能力与素养。学生以团队分工合作的形式,搜集京剧故事,认识京剧名人,查找经典唱段,赏析精彩剧照,在课堂上分享京剧成果及自己对京剧的解读;学生拿起画笔,在风筝的制作过程中设计形状,画出自己喜欢的京剧脸谱头饰,辅以自己对作品的诠释;再以学唱京剧选段或戏剧表演的形式完成小组协作。就是在这样的学科整合中,以风筝为载体,串点成线,勾勒画面,打破学科之间的壁垒,实现了对风筝与京剧的多面性深刻解读,丰富而深刻地完成了教学目标。

(二)立足成长,创新方式,探究创新语境下的师资成长规划路径

美育体系的建构,离不开美育师资的支撑。在学校美育资源的整合中,借助优质的项目专家资源,探究美育师资成长规划策略,为教师专业能力与艺术素养的提升提供专业助力。

依托专家资源,助力教师专业成长。学习是一件任重而道远的修行。借势高参小项目中的美育资源专家,进行美育教学能力与专业素养的指导,形成科学系统的教师培训体系,是学校助力教师成长的关键举措。在学校与首都师范大学高参小项目组的资源整合中,在"一校一首席""一校一团队"的专家团队支持下,我们探究教师成长规划策略,为教师素养与能力的提升提供助力。

在"课堂中的行走与行走中的课堂"教师培养模式中,邀请艺术教育专家学者走进学校,走进课堂,让教师与专家、名师近距离接触,通过专家讲座、项目教研、听课评课、示范指导等,解决教师的疑问,为教师教学提出参考性意见。以英语教师教育戏剧课程班为例,英语教师校本课程班在高参小助力下已经持续了近四年,本学期为了推进学校英语教育戏剧工作,在环球时代教育培训学校大力支持下,我们邀请到美籍华人JAY——专业的教育戏剧专家为老师们做系统的培训。通过戏剧游戏和戏剧故事的开展,生动的肢体动作表达和语言训练,让老师们切身感受语言和情感的相通性。老师们深刻认识到,英语课堂不是沉闷的,也不是独立的,而是应沉浸其中,善于表达,乐于表达,才能带领学生真正地走进课堂。每次课后的交流与分享,更让老师们渐进领会教育戏剧的核心概念"Yes-and"的寓意,在表达自己、接纳与支持中形成良好和谐的合作关系。学校实行普惠提高、精准培养相结合的方式,在通识普惠整体研训的同时也着力物色有优势、有资质、有潜能、综合素质较好的老师,拟定项目支持—学校搭台—专家指导—创设机会—实现成长的培养路线。前期,我们已为教师创造一系列学习的机会,建构教师行走的课堂。借助丰台区师慧杯教学评优和教学视导的契机,分别对语文、数学、英语、体育、

音乐、美术等学科教师进行全员培训及一对一精准指导,艺术、体育、外语教师经过校本研训及专家定制培养成长迅速,效果明显。

建构项目培养机制,实现师资队伍的阶梯式培养。实施教师阶梯化培养工程,该体系以阶梯形系统化培养工程为特色,以"课堂中的行走与行走中的课堂"为途径,着重提升教师主体价值,在"教-研-修"三位一体中建立教师成长模型。以"学习生活化,生活学习化"为行为理念,引导教师树立终身学习的理念,更新知识结构,使学习成为教育生活的一种常态。做好教师成长平台搭建工作,搭建教师交流平台,遵循"专家助力、项目引领、团队研训、德能并重"的思路,建立学术研讨与交流机制,通过专题培训、校本教研、协作组式课题研究等举措,提升教师"善研究-善总结-善思辨"的专业素养,为美育教学能力的整体提升做好奠基。

依托首都师范大学学校管理、教师发展等研究方面的丰富经验和资源优势,以提升教师的科学研究能力,培养教师形成独特教学风格为切入点,切实提高课堂教学与教学管理能力为重点,我们通过"1+X"(即1位理论导师+多位学员)合作研究模式,采用集中研修、课题研究、著作阅读与研讨、课堂观察研讨、导师指导等多种方式,借助"教师发展共同体"模式,引领教师在研究过程中提升自身的教育素养、教学素养、管理素养、研究素养,逐步打造出一支具有影响力的优秀教师队伍。

四、深化融合,激发动力,引领学生追求生命成长之美

在学校美育体系的建构中,我们与首都师范大学高参小项目美育资源深度融合,引领学生追求生命成长之美,以体育、艺术、外语为主题的系列活动,并在"一年一主题""一年一论坛"中收获一片芳华。为学生提供美育的滋养与平台的搭建,真正在策略化培养中实现学生的阶梯化成长。

多元融合的活动主题,描绘着成长的五彩斑斓。长辛店中心小学拥有广阔的操场与锻炼空间,足球、棒球、篮球、乒乓球等多元化的选择,在孩子们成长的过程中留下青春的活力。首都师范大学高参小项目组给予学校体育层面的助力,体乐汇的活动形式,让校园充满童趣,让童年充满生动感;音乐、美术与风筝的融合,让艺术打通链接的通道。小小的风筝,融合着多种学科元素,让小手拉大手,在共同放飞中,感受成长;七彩的外语元素,拓宽成长的视野,特别是首都师范大学外语学院给予学校外语戏剧的支持,当外语与戏剧结合时,一场关于成长的戏剧教育打开了学生新世界的大门,让孩子们在七语的世界中舒展自己,快乐成长。每一年的体乐汇、风筝节、音乐节、七语戏剧节……都让学生在不同的主题变换中,感悟多元文化主题带来的成长改变。

"一年一论坛",是高参小项目的重要深化渠道,在论坛中实现对过往的总结,对未来的探究,同时论坛更是长辛店中心小学实现自身成长与扩展影响力的重要媒介。当专家学者、教育同仁走进这里的时候,我们的教育成果、我们的成长足迹被阐释、被传播,我们自己也被激励,被鼓舞。

"如果我们想让未来社会变得更为美好,那就必须把我们对未来的所有期许放在今天的校园当中,今天不改变,明天是很难改变的,因为教育是关于未来的事业。"托夫勒在《为了明天,教育下一代》中,阐释了关于教育自身蕴含的未来属性。在新时代的大背景下,伴随着高参小项目的持续深入实施,我们更应该深刻地意识到:教育是一项长久且持续发展的民族命题,美育是一项关系到中华民族艺术素养的系统工程,首都师范大学高参小项目组以美育为内核的对于基础教育的支持,是利在当代、功在千秋的。我们收获着小手拉大手的教育成果,见证着曾经的薄弱校,在首都师范大学高参小项目组的支持下,绽放着属于自己的精彩。作为长辛店中心小学的校长,我由衷地表示感谢。在接下来的工作,我们长辛店中心小学将继续秉持大学科观的发展思路,借助首都师范大学高参小项目组的持续发力和专家指导,更好地将美育项目研究体系建构好、发展好,让学生享受更多的教育红利。

参考资料

(一)著作类

德廖莫夫,1984.美育原理[M].吴式颖,臧仲伦,方苹,译.北京:人民教育出版社.

郭成,赵伶俐,等,2017.大美育效应:美育对学生素质全面发展影响的实证[M].北京:北京师范大学出版社.

拉尔夫·史密斯,1998.艺术感觉与美育[M].滕守尧,译.成都:四川人民出版社.

李梅,竺照轩,2017.美育践行:艺术治疗教育行动研究[M].杭州:中国美术学院出版社.

李清聚,2017.蔡元培"以美育代宗教"思想研究[M].北京:中央编译出版社.

李天道,2006.美育与美育心理[M].北京:中国社会科学出版社.

李天道,2007.西方美育思想简史[M].北京:中国社会科学出版社.

刘彦顺,潘黎勇,等,2017.中国美育思想通史——清代卷[M].济南:山东人民出版社.

宋其蕤,2003.语文教学美学论[M].广州:广东教育出版社.

谭好哲,刘彦顺,等,2006.美育的意义:中国现代美育思想发展史论[M].北京:首都师范大学出版社.

涂途,1988.西方美育史话[M].北京:红旗出版社.

王敬艳,2015.审美教育"以美育德"的机理研究[M].北京:中国社会科学出版社.

吴东胜,2018.美育通论[M].广州:暨南大学出版社.

吴海庆,2008.美育与德育关系的当代阐释[M].济南:山东文艺出版社.

席勒,1984.美育书简[M].徐恒醇,译.北京:中国文联出版公司.

杨平,2000.多维视野中的美育[M].合肥:安徽教育出版社.

曾繁仁,等,2006.现代美育理论[M].郑州:河南人民出版社.

赵道飞,陆阳秋,2007.美育与艺术鉴赏[M].南京:东南大学出版社.

赵火根,赵传栋,2006.教师美育概论[M].南昌:江西高校出版社.

(二)期刊论文类

安翠霞,2015.美育教育在小学语文教学中的实施策略浅析[J].学周刊(3):91.

边霞,2001.审美教育与小学语文教学[J].南京师大学报(社会科学版)(2):6.

陈伊笛,2019.专业艺术教育人才培养的美育使命[N].中国社会科学报,2019-10-28(008).

冯远,杨雪,2019.美育漫谈[N].人民政协报,2019-03-14(015).

高洪,2019.充分发挥美术教育在美育中的重要作用[J].美育研究(5):5.

何起英,2019.小学语文课堂教学中美育教学的探究[J].科学咨询(29):172.

纪东琪,2019.美育视阈下学生美育素养提升路径探究[J].中国教育学刊(S1):142-149.

李云梅,2018.关于当前我国美育观的几点思考[J].教育现代化(6):200-221.

廖少华,2019.美育乃大道[N].中国美术报,2019-04-27(009).

刘悦笛,2017.生活美育:一种"大美育"[J].北方工业大学学报,29(1):31-32

马静,2019.用美的教育成就美的人生[N].语言文字报,2019-10-18(007).

钱晓芳,2019.培根铸魂 勇担美育工作新使命[N].中国文化报,2019-05-05(006).

冉乃彦,2019.试论美的规律与美育[J].教育科学研究(8):23-26.

石心,苏国华,2018.试论校园戏剧对学生美育素养的提升作用[J].小学教学研究(1):3.

史红,2019.《美育改革发展备忘录》背景下的北京市中小学美育改革探索[J].现代中小学教育,35(5):1-5.

孙华忠,鲍春,2019.以美育美 与美同行[N].语言文字报,2019-04-26(006).

陶宏,2018.大学美育:迟迟没有走出的三个误区[N].中国美术报,2018-12-24(025).

王虹,2012.小学语文教学中美育实施策略探析[J].辽宁师专学报(社会科学版)(5):90-93.

徐岱,2012.人之为人:美育学价值论[J].美育学刊,3(13):1-23.

薛永年,2019.建立新时代协同美育机制[N].光明日报,2019-03-08(006).

杨嘉晨,李庆本,2019.中国美育研究 2018 年度报告[J].美育学刊,10(50):38-45.

尹少淳,2014.改进美育教学正当时[N].人民日报,2014-06-01(007).

张海华,2019.论当代美育的超越性[J].教育理论与实践,39(19):12-15.

张红梅,2019.浅谈以美育援教联盟为主的社会艺术资源融入学校美育工作的意义[J].课程教育研究(40):224.

张锐,2017.热恋自然——威廉·莫里斯的生态美育学启示[J].美育学刊,8(38):53-59.

周妍,2019.儿童美育,不是"教"而是"浸润"[J].教育教学研究(9):91-93.

走过·看见——高参小理念下的全人教育实践与探索

瑞晓辉

一、政策导航,寻梦之光

1. 高参小理念与背景

京教体艺〔2014〕7 号文件《北京市教育委员会关于高等学校、社会力量支持中小学体育、美育特色发展工作的通知》(后将"支持"修订为"参与",故名"高参小")中有三方面为项目实施明确了意义、方向、方法和目标,也是实施过程中的重要指引:其一,要借助高校及社会力量的支持提升学校教育教学质量,提高学校均衡化水平,提升学生整体综合素质,逐步满足学生享受高水平素质教育需求。经过 6 年的实施,使学生的体育、艺术素质素养有所提升,初步掌握一至两项体育、艺术基本技能。支持中小学办学多样化、特色化发展,切实提高办学水平和教育质量。其二,不断增进优质教育供给和促进义务教育均衡,解决好关系人民群众切身利益问题。开展支持中小学特色发展工作,是落实党的十八届三中全会、市委十一届四次全会精神的重要部署,是全面贯彻党的教育方针,持续深化素质教育的重要举措,是学校办有特色、学生学有专长,提升整体办学水平的重要任务。其三,通过这项工作,要加强和改进中小学体育、美育工作,促进青少年身心健康成长,提高学生的审美和人文素养;要推动义务教育优质均衡发展,增加吸引力和影响力,进一步缓解择校矛盾;要充分发挥首都各方面资源优势,强化高校、社会力量和中小学的协作共建、资源共享,不断创新人才培养机制,形成育人合力。

2. 全人教育理念概述

全人教育是 20 世纪 70 年代从北美兴起的一种以促进人的整体发展为主要目的的教育思潮,后来传播到亚洲、大洋洲等地区,对各级种类教育产生了重要的影响,形成了一场世界性的全人教育改革运动。它的智慧来自古今中外的哲学家、教育家、政治家,他们的思想是全人教育的智慧之源。孔子、孟子、蔡元培、陶行知、柏拉图、亚里士多德、裴斯泰洛齐、杜威、马克思、毛泽东的教育思想等,蕴含着全人教育思想。作为一种教育思潮,全人教育得到了世界各地教育工作者的认同和支持。如19世纪末20世纪初,美国进步教育之父帕克和实用主义教育家杜威,主张教育即生活、教育即生长、教育即儿童经验的改造,倡导儿童中心主义,要求教育尊重儿童的本能和兴趣,在生活中、活动中发展儿童的潜能和创造性。

美国人文主义心理学的主要代言人马斯洛认为:"人的发展不仅包括知识和智力,而且包括情感、志向、态度、价值观、创造力、人际关系等。教育的目的在于人的整体发展,在于促进主观能动性的充分发挥和内在潜能的充分实现。"美国人本主义心理学的理论家和发起者、心理治疗家罗杰斯则主张教育要培养"完整的人"(the whole man)。所谓完整的人,是指"躯体、心智、情感、精神、心灵力量融会一体"的人,"他们既用情感的方式也用认知的方式行事"。

倡导全人教育,即关注学生全面、和谐地发展。"全人教育"就是要把学生培养成为具有"高境界的理想、信念与责任感,强烈的自主精神,坚强的意志和良好的环境适应能力、心理承受能力"等素养的人才。这不仅是素质教育的宗旨,也是21世纪人才规格的重要标准。正如苏联教育家苏霍姆林斯基所说:"教育劳动的独特之处是,为未来而工作。今天的孩子身上所培养起来的,要在几年之后,甚至几十年之后才会成为一个成熟人的公民性、道德性和精神面貌的因素。"

纵观西方全人教育家的主要观点,可以概括为以下几点:全人教育关注每个人智力、情感、社会性、物质性、艺术性、创造性与潜力的全面挖掘;全人教育寻求人类之间的理解与生命的真正意义;全人教育强调学生人文精神的培养;全人教育鼓励跨学科的互动与知识的整合;全人教育主张学生精神世界与物质世界的平衡,注重生命的和谐与愉悦;全人教育培养的是具有整合思维的地球公民。

在素质教育的背景下,借鉴西方全人教育家的主要观点,结合中华民族伟大复兴的时代使命,南京师范大学教育博士生孙军对全人教育作如下界定:全人教育以儿童为核心,是以学校为主导、家庭共同参与实施的整体的、系统的教育,该教育面向全体儿童,通过课程建设、师资培训、课堂教学、综合实践活动、家长学校等途径,致力于儿童的心智与体魄的全面发展、和谐发展、持续发展。

3. 高参小与全人教育

概括来讲,高参小强调的是整合力量、均衡水平、普惠众生与特色发展。播下一粒种,收获万颗子。高参小项目无疑就是一束叫作"希望之光"的种子,一粒普惠众"生"、全面育人的种子,一粒汇集了多方能量、聚焦体美特色发展的种子。全人教育强调教育的范畴应该是整体性的、全面性的,同时考虑受教育者的发展学习需要与顺序,这样培养出来的学习者才能在心智及体魄等方面得到健全均衡的发展。换句话说,就是让学习者不仅学习到各种知识,还要接受道德与正确的生命价值观念,帮助具备相关知识以迎接现实社会的种种考验,更重要的是,拥有追求"真善美"的人生目标,并不是偏重某一特殊领域,而是讲求全面的、均衡的身心健康发展。无梦想,不远行。培养一个全面成长的孩子,培育一批全面发展的学生,打造一个全面优质的学校是家长、老师、学校共同的梦想,而今这个梦在市教委高参小项目的参与下、支持下、助力下历经了六年的跋涉和努力,在首师大初教院、外语学院与我校的深度携手中,我们迈出的每一步,都成为实现这个梦想的一块块基石,脚步不停、进取不止、大小携手,用心做着实现教育梦想的合伙人。

二、花开有声,看见成长

(一)学校文化——全人教育的精神家园

"文化如茶须慢饮,岁月似歌要静听"。高参小项目实施的六年中,长辛店中心小学在知本教育文化场域里,在对理解生命、尊重生命、促进生命的教育实践不断探寻教育的原点与本质,努力建设一个全人教育的精神家园,学校依据市区高参小项目政策文件,结合15年办学实践,分析优势、查找不足、制定一套方案,营造一个环境,让这个场域里的成人与儿童都努力向真而动、向善而为、向美而行。

1. 方案与运营

学校围绕师生双主体发展确定了培养品学兼优、才艺相长的全面发展少年和打造创新务实、德艺双馨的优秀专业教师的总目标;规划了以"研训为本,文化驱动,整体涵养,全面育人"的项目实施方案与运营流程,见图1。

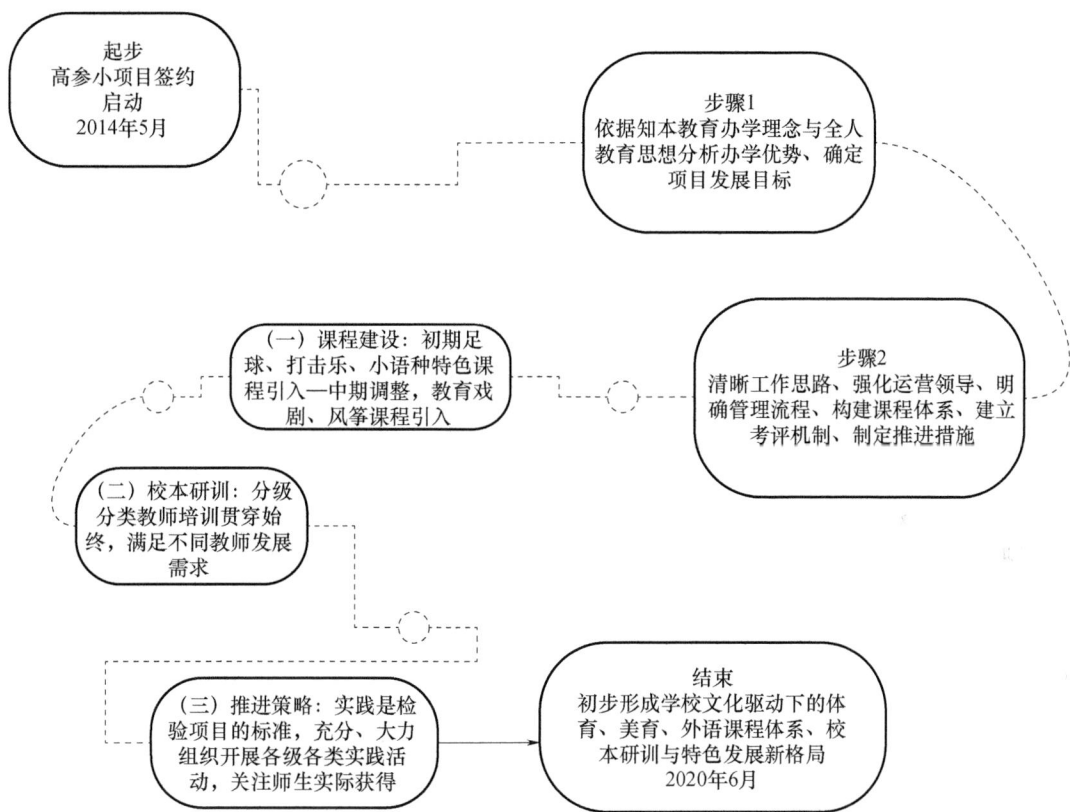

图1　方案与运营

2. 文化与环境

"美",在甲骨文中是上羊下人,像人戴头饰之形。人戴头饰——美也。美,通常指使人感到心情愉悦的人或事物。中国之美,气壮山河。如画山水,可看云海朝阳;碧海金沙,可赏落日晚霞;小桥流水,可遇梦里水乡。从大气磅礴的故宫博物院,到巍然屹立的万里长城;从一棵晶莹葱绿的翠玉白菜,到《延禧攻略》里的莫兰迪色,基于中华民族的美育溯源与长期生活实践、艺术实践积累的审美经验,美育也一一对应着学校文化建设的兴发创立、陶冶性情、净心向善等设计理念,这些都启迪着我们用先哲的思想以美示人,以美育人,以美成人。六年来,在知本教育理念、全人教育思想的引领下,学校设计了以"知本为长,育美恒馨"的校园美育文化。

(1)全人教育思想下生成的校园美育文化(图2)

自然的循环,生命的成长,皆离不开五色沃土。一阡一陌,孕育生长与希望;一张一合,演绎德行与美好;一棵树摇动另一棵树,拥有一片盎然森林。青白红黑黄,仁义礼智信,孕育生命与成长,憧憬美好与未来。标志创意源自长辛店中心小学知本立德的文化内涵,收集每一张灿烂笑容,释放每一份坚韧有力。在循序凝聚中,日积小善,在传递迸发中,方成大器。带上一颗发现的心灵,在这片五色沃土上,遇见一个知本立德的教育现场,遇见一个绿意盎然的文化磁场。于是,阡陌纵横,知本长新!这是从文化与审美角度对校徽、对学校文化的完美解读。

图2 全人教育思想下生成的校园美育文化

(2)知本教育理念中生成的校园"体育+美育"文化(图3)

在高参小项目的支持下,学校聚力空间建构,形成体育文化场域,依托原有篮球场设计了体育园地,利用操场围网设计了足球文化长廊,让体育与传统文化交融,让文化催生体育发展,让美育装点体育文化。

快乐体育园地由攀爬区、障碍区、投掷区、接力区四大部分组成,由易到难,每个孩子都能进行尝试,挑战自己,设计建设了结合数学的超市购物、综合实践活动的旅游景点以及中国传统节日的各项投掷区域,并配有套圈、投篮等简单项目,增加活动乐趣。障碍区学生需要通过钻、爬、跳、跨等方式完成,提高学生跨跳奔跑能力,发展灵敏、协调素质,培养学生勇敢、顽强、克服困难的意志品质,这里是学生一年一度校园体乐汇上的传统竞技场,是学生每一节体育课上的能量释放区,是学生课间、午间休息时段里促膝长谈、嬉戏玩耍的快乐驿站。

(3)承载荣耀与梦想的足球文化长廊

高参小项目重点扶持的足球课程、社团建设取得了丰硕的成果,我校在此基础上设计了足球文化长廊,这也成了我校校园文化建设一道靓丽的风景线,成为学校环境美育中不可或缺的组成部分。文化墙上不但有足球、棒球项目的起源和发展、世界知名运动员俱乐部的介绍,更多的是我校队员的介绍、取得的荣誉、成长历程,还有结合足球、棒球项目开展的队徽设计、绘画比赛、摄影比赛等作品的展示。看似简单的学校足球文化长廊不仅与环境美育巧妙融合,更蕴含着学校鼓励学生心有榜样,胸怀大志,为竞技体育荣誉拼搏,为民族体育未来奋斗的一份初心。

图3 知本教育理念中生成的校园"体育+美育"文化

3. 成果与成效

六年来学校以文化为驱动,借力高参小项目,大力发展体育、艺术、外语教育,连续三次被评为北京市艺术特色学校、北京市足球特色学校;被授予首都师范大学艺术教育基地、外语教育基地、丰台区心理素质教育先进学校称号;经评选被认定为丰台区管乐、书法、风筝、足球、棒球特色社团;在参加体育、艺术、外语为主的国际交流、市区专项展评、市区各类比赛中,学校共取得国家级荣誉、成绩 9 项/次,市级荣誉、成绩 15 项/次,区级荣誉 41 项/次。

在高参小项目教师满意度调查中,130 名参与教师(全员)中所有教师一致认为高参小项目有力地推动了学校文化建设,其中 74.62% 的教师认为学校校园环境发生了较大的变化,办学特色更加鲜明,办学理念更加突显。

(二)教师发展——实现全人教育的人本基础

长辛店中心小学是一所成长中的年轻学校,建校仅 22 年,却拥有着一支如今平均年龄将近 50 岁的"中老年"教师队伍。职业的倦怠、生活的压力、健康状况的下行、发展遭遇的瓶颈……这些都是摆在学校面前的实际困难,也是制约教师专业发展的关键因素。项目实施初期,学校就意识到这些现实问题,在校长知本教育思想启发下,学校领导班子反复磋商,最终达成共识:精神上要继续以文化为驱动力,引导教师知生命之本源,知文化之本根,知教育之本质;目标上坚持"打造创新务实、德艺双馨的优秀专业教师";思路上采取借助高参小项目和首都师范大学的综合力量,深挖资源、提升素养、重组能量、激发潜能、点燃希望、唤醒动力,再度成长,让教师发展成为实现全人教育的人本基础。

1. 艺术素养提升工程校本化、持续化、系列化

学校从参与人员、研训内容、时间、课时等方面开展了以艺术素养提升工程为主的全员通识培训,如在学期初、学期中或学期末开展全员朗诵、书法、传统文化、团建、音乐、国学、心理、核心素养等主题培训;如贯穿整个学年的"日课常馨"全员硬笔书法培训班。六年来共组织、开展艺术类培训 40 余场/次,惠及教师 4800 人次,通过培训有 66.92% 的教师认为自身的艺术素养有所提升。

2. 学科专业发展工程有的研、研得实、研出果

除了艺术素养提升工程,学校项目组将研训重点放在了学科专业发展工程上,开展了以体育、音乐、美术、风筝、书法、戏剧、英语、舞蹈为主,辐射语文、数学、科技、心理等全学科研训,以校本课程班、学科工作坊、小小课题组、一对一定制的形式全面铺开,六年来共组织开展 170 余场/次,惠及教师 1789 人次。一场场培训、讲座,一次次竞赛、练兵,一个个课题,一篇篇论文、案例……研训中《小学英语知识点手册》出炉了,知识目录的梳理帮助老师们更加清晰准确地掌握各年级的教材内容,让每位老师都能对各年级的教学内容、教学目标、知识内容体系都有所了解,从而在备课时,能更好地把握教材重难点、衔接各部分知识内容,有针对性地进行训练,《小学英语单词手册》问世、投入使用了。通过研训,在 2018 年的丰台区教学最具权威、水平最高的"师慧杯"教学评优中,我校摘取了 3 个一等奖,2 个二等奖,6 个三等奖,获得了优秀组织奖,实现了建校以来的师慧杯最佳战绩。

3. 中流砥柱——40 岁的"青年班"

2016 年 5 月 4 日,由学校党总支牵头,学校成立了 40 岁以下教师组成的青年班,在党总支书记刘焕琴、校长李军玲、副校长孙丽红以及主管主任的带领、指导下,从教研到科研到竞赛,采取了"立体"培养的方式,30 人的青年班成员体育、艺术、外语教师 13 人,占 43%,在市区范围做过教学观摩课的有 7 人,占 23%,各种教学研讨、课题研究、主题活动风生水起,异彩纷呈。美术学科与非遗项目风筝整合,成为学校新生特色项目,在艺术主管吕晖主任的组织下,学校连

续两年举办校园风筝节,承办三区联动风筝教学研讨会,青年班成员关静老师执教的风筝教学获得与会领导来宾一致好评;体育方面现有科研课题2个,分别是:区级一般课题《大课间活动模块化管理提升学生的运动兴趣和质量》和区级重点课题《学校学生裁判员培养的实践研究》,目前这两个课题都取得了可喜的成果。2017年11月28日,我校承办了全区的体育半日公开展示活动,张建忠老师做了一节篮球公开课,青年班成员李海霞主任做了课题汇报,体育组9名老师做课间操展示。50岁的刘建国老师的《学校学生裁判员培养的实践研究》2017年暑假取得了全国小学体育校园优秀案例前三十名的好成绩,并获得了去美国的交流机会;青年班成员谢浩老师多次代表学校、代表丰台区在市级、省际英语教学研讨交流活动中做课,频频获奖,被评为丰台区英语学科青年新秀、被聘为丰台区小学英语学科兼职教研员……学校在高参小项目的支持下,重组能量,激发潜能,夯实了青年老师的专业技能,为学校的稳定发展续航。

六年来,在高参小项目的带动下,学校体育、艺术、外语教师已经成长为学校特色发展、全人教育的骨干力量,成为全面推进素质教育的重要一环。据不完全统计,在国家级、市区级各类教学研讨、学生竞赛中有36名教师获得艺术类教学评优、指导教师奖或荣誉称号159项/次,16名教师获得体育类奖66项/次,9名教师获得外语类奖69项/次,教师专业发展水平达到历史新高。

(三)课程建设——走向全人教育的真实路径

1. 知本教育课题体系的构建与完善

在"实施知本教育 培育未来少年"的知本教育文化理念的引领下,学校确立了以"主题项目+"为特色"3+1"知本育人课程体系。"3"是指以基础课程、拓展课程与实践课程三大课程板块的建构;"1"寓指未来无数个1。"1"是指建构一个思维课堂,建构一种家校文化,在未来的发展过程中,"1"将是学校特色文化的突显。在三大板块的项目化实施过程中,建构具有特色的思维课堂,是学校知本育人课程体系的初衷。基于中国学生发展核心素养,从文化基础、自主发展、社会参与三个方面,培养"全面发展的人"即全人教育,结合学校文化内涵与"知本"育人课程体系的整体建构,我们确立了"知本"育人课程体系下的学生核心素养,即身心健康-善于思考-勇于创新-德行兼备-家国情怀。

2. 特色课程的引入、实施与发展

高参小项目实施六年来,在项目支持下,首都师范大学初教院、外语学院、音乐学院、美术学院(书法研究院)以及环球时代培训学校、国奥越野足球俱乐部、北京市风筝协会等社会机构为我校特色课程的引入和发展提供了强大的专业支持,我校的特色课程建设走过了三个阶段,即初期的足球课程+打击乐课程为切入点+小语种课程引入;中期篮球棒球+七语教育戏剧+风筝课程的引入;后期特色课程框架的形成即足、篮、棒+教育戏剧+风筝+小语种课程。其中"常馨"足球队、"HELLO WORLD"小语种社团、"梦之队"风筝社团、"小天鹅"管乐团、棒球社团、书法社团已经成为学校的品牌拓展课程和特色发展社团,在市区各级各类比赛中脱颖而出,展示出一骑绝尘的风采。

在高参小项目教师满意度调查中,在参与问卷的130(全员)名教师中,87.69%的老师认为学校体育、艺术、外语类的课程种类更加丰富了,59.23%的老师认为学校课程已经呈现出比较鲜明的发展方向,且有51.54%的老师认为学校课程体系日趋完善。

通过开设四大球(足、篮、乒、棒),小语种,风筝,打击乐,班级合唱,写实绘本,书法,管乐,篆刻,面塑,英文戏剧,中文戏剧等特色课程与社团学校的课程体系之树日渐丰盈,学生也在丰富多彩的课程选择中释放着自我,舒展着个性,涵养着品格,无论是在有形的教室里,还是在没有围墙的课堂上,让教育在课程这个主渠道真实地发生,成为全人教育的真实路径。

（四）实践活动——推进全人教育的有效方略

实践活动是学生展示特长、张扬个性、陶冶情操、锤炼品格的有效方略，是孩子们最喜欢接受的教育方式。高参小项目实施以来，学校拟定了以主题教育实践活动为主的项目推进策略。围绕一年一主题的校内成果展示，共组织、举办了五届"校园体乐汇"（第六届因疫情原因未能举办）、两届"艺"彩纷呈嘉年华、两届"校园风筝节"，承办了一次"大小携手展风采，健康筑梦新时代"首都师范大学高参小项目体育成果展示、两届"童心看世界，七语风采秀"和"花开有声，七语童心"七语文化（戏剧）节，举办了两场二年级全员自然班级的戏剧课程汇报演出，组织了一次"童年·爱"六一文艺会演，召开了一次"立足课程改革，培养核心素养"课群展示会，组织了两次高参小项目学校中期研讨会……实现了师生参与率100％，艺术外语体育类课程覆盖率100％，据不完全统计，参与教师1680余人次，参与学生9900余人次；组织开展了以"开放·探索"为核心的学校博物馆课程实践活动，观影、观赛、观剧、观演等实践活动30余场次，参与学生11335人次。

三、时光深处，馨叶微香

（一）大事记——高参小的微景观（图4）

从首度见面到签约落地，从课程引入到全面推进，从体育美育延展到外语教育，从单一项目走向多元发展，从师训走向科研，从课程走向文化，从特色发展走向关注全人教育，六年的时光里留下的是一串串深深浅浅的脚印，记录的是一幅幅美好的画面，讲述的是无数学生的成长故事，一份大事记组合成全体高参小项目干部教师全人教育实践与探索的微景观。

长辛店中心小学高参小项目发展大事记（2014.3--2020.8）

1. 2014年3月28日，首师大初等教育学院俞劼院长一行到校，就项目意向、需求与校方座谈。
2. 2014年5月9日（周五）上午在海淀区二里沟中心小学举行首都师范大学参与长辛店中心小学、白云路小学、展览路一小、二里沟中心小学、首都师范大学附小体育、美育特色发展工作签约，被授予首都师范大学艺术教育基地。
3. 同月，签署首都师范大学与长辛店中心小学合作协议。
4. 2014年9月，一年级足球、舞蹈，一二年级打击乐进入课程；英语教师校本研训启动；成立校级足球队，11月4日，与北京国奥越野足球俱乐部签订合作协议，与高参小艺术、足球项目全面实施。
5. 2015年1月20日，封一副院长、赵秦岭院长、张玉臻教授一行到校调研。
6. 2015年4月24日，被首都师范大学外国语学院授予外语教育基地，同年9月，一年级五个小语种自然班课程启动。
7. 2015年4月29日，召开了第一届校园体乐汇。
8. 2015年5月29日，举行了第一届"艺"彩纷呈嘉年华，首度实现了建校以来艺术展示形式最多，师生两个百分百参与的突破。
9. 2015年7月8日，英语教师参加了首师大举办的英语教师培训。9月，借助外国语学院生源力量启动了英语实习--助教互助项目。
10. 2015年11-12月，组织开展了"ENGLISH SEASON英语季"即HAPPY WEEK HAPPY DAY外语节主题活动。12月25日，举办了"童心看世界，七语风采秀"一年级小语社团专场汇报演出。

11. 2015年1月28日—2016年1月，组织开展了《借写字养心 以写字立品》全员教师硬笔书法培训。
12. 2016年1月19日—21日，召开了"发挥项目优势，强化研训力度，提高学校艺术、体育、外语教育水平"高参小项目校本培训。对硬笔书法研习班一年来活动进行了总结，同时进行了王羲之书法赏析培训；确定了学校体育工作三年发展规划；对两年的项目工作进行了阶段总结。
13. 2016年3月24日，邀请雷达教授对全体教师进行了"如何使你的声音更美妙"朗诵培训。
14. 2016年4月30日，召开了第二届校园体乐汇。
15. 2016年5月14日，邀请著名朗诵艺术家詹泽老师到校对教师进行朗诵艺术指导与培训。
16. 2016年10月28—29日，组织了"中国学生发展核心素养及教师团队建设"综合培训。
17. 2016年12月23日，参加了首都师范大学"大小之美 育于初心"美育工作研讨会。
18. 2016年9月，增设写绘本社团。
19. 2017年4月28日，召开了第三届校园体乐汇，体育社团展示效果、学生参与率和体育素养均优于往届。
20. 2017年6月1日，在传承中华优秀传统文化思想指导下举办了以"诗词梦 中国梦"为主题的第二届"艺"彩纷呈嘉年华。以书画展示、演绎经典、诗词长廊、艺术作品赏析四块构成。
21. 2017年6月11日，学校足球社团及舞蹈社团参加了首都师范大学艺术季高参小专场演出。
22. 2017年9月，启动了英语戏剧社团和开启戏曲文化之旅，共赴美丽文化之约戏曲大讲堂，至此，在我校传统课本剧和课本阅读展示基础上，教育戏剧（含英语教育戏剧、小语教育戏剧）全面铺开。

23. 2017年10月,学校召开高参小项目工作中期推进会。
24. 2017年11月15日,学校主办了丰台区小学体育学科教学研讨会。
25. 2018年1月23日,高参小项目——英语教育戏剧社团汇报演出,成功举办。
26. 2018年4月26日,学校举办了放飞梦想,风筝情——非遗文化进校园首届风筝节。
27. 2018年4月28日,学校举办了首师大参与我校体育发展工作之第四届校园体乐汇。
28. 2018年5月30日,学校美术、书法、艺术社团共计140余件作品参加了首师大"大小携手,美焕童心"高参小项目美术作品展。
29. 2018年6月21日,学校举办了"花开有声,七语童心"首届戏剧节。
30. 2018年9月,学校知本课程体系更加丰富,由二年级全员戏剧课程、三四年级(中文、英文、德语、西语、法语、日语、俄语)七语社团、五六年级中英文戏剧社团构成的教育戏剧计划全面启动。
31. 2018年10月,长辛店中心小学建校20周年《知本·路》画册成册。
32. 2018年12月20日,学校举办二年级班级戏剧课及中英文戏剧社团成果汇报会。
33. 2018年12月28日,学校参加首都师范大学高参小项目"大小携手,美焕童心,特色发展,促进均衡"项目推进研讨会,学校小语种儿歌联唱、表演唱、英语现场课共计200余名师生参与。
34. 2019年4月12日,长辛店中心小学教育戏剧专题培训。
35. 2019年4月16日,长辛店中心小学高参小项目接受北京电视台新闻频道"怎么看"栏目采访。
36. 2019年4月29日,小天鹅管乐团参加丰台区第二十一届艺术节比赛。

37. 2019年4月30日,学校举办了首师大参与我校体育发展工作之第五届校园体乐汇。
38. 2019年5月23日,学校承办了三区联动美术教学暨第二届校园风筝节。
39. 2019年5月23日,学校戏剧社团、外语社团参观宋庆龄中心一带一路科技展。
40. 2019年6月19日,学校举办了二年级戏剧课程汇报展示。
41. 2019年6月21日,学校召开涵盖七语的外语戏剧社团成果汇报会。
42. 2019年10月18日,学校承办首都师范大学高参小项目"大小携手展风采,健康筑梦新时代"体育成果展示活动。
43. 2019年11月,拟定高参小项目总结计划单。
44. 2019年11—12月,录制教育戏剧游戏、制作图解。
45. 2020年3—7月,受新冠肺炎疫情影响,校内现场总结会取消;学校高参小项目成果《高参小理念下的全人教育实践与探索》征稿、汇总、校正、编辑、拟出版。
46. 2019年10月—2020年8月,学校高参小项目成果专著《开放型教育戏剧》撰稿、征稿、编辑、拟出版。

图 4 大事记——高参小的微景观

(二)小数据——高参小的瞭望口

1. 透过课程开设情况、社团建设情况的小数据统计,我们可以看出,累计5868课时的11种普惠课程、20个特色社团(据不完全统计),受益学生7507人次,而六年来学生的流动累计量为2475人(不含中途转学)。在学生满意度调查中,仅从五六年级参与问卷的393人中,就有770人次参加过足球课、篮球课、棒球课及相应体育社团,有583人次参加过管乐团、风筝、打击乐、班级合唱、戏剧、书法等艺术类课程和社团,有441人次参加过5个小语种自然班级的课程教学、小语种社团、英语戏剧社团等外语类课程和社团,有19.59%的学生参加过3个以上的社团,36.39%的学生参加过2个社团,期间的重复率和三大类占比之高,足以说明在学校特色课程引入和社团建设中为学生的全面发展搭建了广阔的舞台和空间。

2. 长辛店中心小学现有在职教师133人,专任教师99人,自2014年9月—2019年12月,据不完全统计,共开展全员类、学科类、定制类研训176场/次,累计参与培训的小学教师5803人次,组织校内外市区各级文艺、体育、外语等方面的展示、展演、赛事等活动210余场/次,累计参与学生14225人次,组织各级各类观摩观演观赛等活动30余场/次,惠及学生

11335 人次。经现代教育报、北京电视台、北京时间、今日头条等媒体报道的活动 11 场/次。

（三）满意度——高参小的试金石

《北京市高等学校社会力量参与小学体育、美育发展工作项目管理办法》指出：以切实加强和改进中小学体育、美育工作，促进青少年身心健康成长，提高学生的审美和人文素养；推动义务教育优质均衡发展，支持学校办出特色，增加吸引力和影响力；充分发挥首都各方面资源优势，强化高校、社会力量和中小学的协作共建、资源共享，不断创新人才培养机制，形成育人合力；在小学阶段，使学生的体育素质、艺术素养得到提升，个性得到发展，并形成广泛的兴趣和爱好，基本掌握一至两项体育、艺术技能为高参小项目任务和目标。经过六年的实践与探索，如果说小数据可以作为长辛店中心小学高参小项目的瞭望口，那么教师和学生的满意度就是高参小项目成效的试金石，我们认为项目管理任务和目标全部达成。

四、致谢

可以说，从 2014 年到 2020 年，这是一段可以记入现代教育改革发展史的重要时光，更是一段承载了众多教育追梦人教育情怀的重要时光，也是一段记载了长辛店中心小学这样一所普通小学借助项目资源力量，整体涵养学校办学，师生整体素养双向获益，初步实现全人教育理想的重要时光。

教育从来不是抽象的，不是空洞的，不是说教式的，而总要附着在特定活动、专门课程、特有环境中得以实现，体育、美育（艺术教育）课程与实践活动就是帮助学生实现强健体魄，坚毅性格，完善品格，提高审美素养，发展技能，全面发展的真实路径，高参小理念与全人教育思想完美契合，为长辛店中心小学全人教育实践与探索注入了新的力量，打开了新的视角，形成了新的范式，开辟了新的格局。

在此，向给予长辛店中心小学高参小项目关怀、帮助、指导、支持的市、区教委高参小项目组，向全程参与、全力扶持长辛店中心小学项目发展的首都师范大学初教院、外语学院、书法学院、音乐学院、心理中心、环球时代学校、国奥越野足球俱乐部、北京市风筝协会等社会力量致以崇高的敬意；向一路陪伴、携手同行的高参小大家庭中的所有领导、伙伴们致以诚挚的谢意！感谢大家！

参考资料

小原国芳，1993. 小原国芳教育论著选［M］. 刘剑乔，由其民，吴光威，译. 北京：人民教育出版社.

谢安邦，张东海，2011. 全人教育的理论与实践［M］. 上海：华东师范大学出版社.

借助高参小项目　促进教师队伍建设

孙丽红

百年大计，教育为本；教育大计，教师为本。为深入贯彻落实党的十九大精神，造就党和人民满意的高素质专业化创新型教师队伍，落实立德树人根本任务，我校从 2014 年起参加到北京市教委牵头的高参小项目中，与首都师范大学结成对子，共同把我校办成高水平的、群众满意的学校。

历经六年的合作，我校在教学方面，尤其是教师队伍建设方面借助首都师范大学优质的教育资源，取得了较大的进步，青年教师迅速成长，教学水平逐步提高，一批优秀教师脱颖而出。

下面就这几年的教师队伍情况总结如下：

一、领导高度重视，达成共识

随着教育改革的不断深化，我校领导班子在李军玲校长的领导下，提出了学校"知本·立德"的办学新思路和新的目标，制定了学校三到五年的整体规划。从一定意义上说，学校能否实现可持续发展，青年教师起了关键作用。因此，学校领导班子统一思想，重点加强了青年教师队伍的建设和培养。学校于 2016 年五四青年节把 40 岁以下的青年教师组织起来，成立了长辛店中心小学青年班，由教学副校长孙丽红担任班主任。青年班成立以后，与首都师范大学一起，在各种场合为青年教师搭台子、压担子，并积极为青年教师成长创造有利的条件。

二、树立"抓根本，求实效，开拓进取"的管理理念

1. 一线教师现状分析

长辛店中心小学是一所成长中的年轻学校，却又拥有着一支平均年龄 47 岁的不年轻的教师队伍。在学校分工明确的教育体制下，孙丽红副校长主抓全校的教学工作，张文丽主任主抓一二年级兼五六年级语文，杨文会主任主抓三四年级兼英语教学，刘淑芳主任主抓四五六年级数学兼五六年级的事务性工作，吕晖主任主抓德育工作兼音、美、书法组，赵志立副主任主抓科研兼科学、品德、国学等小学科，内聘主任李海霞主管体育工作和社团活动。无论是在知本课堂的建构中，还是在教师队伍、家校文化的建设中，如何发挥教学干部的经验与优势，是我们在教育管理过程中不断思考的问题。

2. 学校办学理念梳理

2016 年年初，长辛店中心小学在李军玲校长的带领下，确立了"知本·立德"的办学理念，并在这一理念引领下，开启了学校教育与文化内涵式发展的崭新阶段。知生命之本源，知文化之本根，知教育之本质，在"知本·立德"思想的引领下，我们教师务本求实，传承中华优秀传统文化，坚守教师的本分，在传道授业解惑中，以学生为主体，以未来为导向，理解生命，尊重生命，促进生命的发展，提升生命的意义，让每一名知本少年在阳光的滋养下，志存高远，健康成长。

3. 达成共识

这是一支有丰富的教学经验但创新精神匮乏的教师队伍。我校教学干部和首都师范大学挂职副校长鲍晓莹老师共同商讨，确立了"抓根本，求实效，开拓进取"的教师队伍发展理念；思路是借助首都师范大学的力量，以青年教师成长为本，为学校的发展续航。

三、抓根本，求实效，开拓进取

(一)依靠党组织，外树形象，内练素质，提高老师的内动力

1. 找准结合点，借势发力

每学期在制定教学计划之前，教学干部先征求校长、书记的意见，比如，每学期"最美教师"的评比，我们都会在业务骨干中选取教师，在每年的开学典礼进行隆重的表彰，十月召开师德报告会。在发挥党员先锋模范带头作用方面，我们把党员中的骨干教师和高级教师发动起来，先后推荐孙蕊平老师参加北京师范大学举办的研修班；推荐王玉清、吕晖等 6 人参加区"春风化雨"学习班的研修。让他们师带徒，上示范课，做讲座，做科研带头人，尽最大可能地发挥他们"领头雁"的作用，满足这些骨干老师的成就感，加强使命感，这种使命感自然影响着其他老师，为老师们树立了努力的方向。在这些骨干老师的带动影响下，我们的老教师也不甘示弱，刘金秀老师已经 50 岁了，是这次参加"师慧杯"比赛年龄最大的一位，别人下班了，她还在学校背《课标》，看辅导书，最终获得了语文中段三等奖。时艳新老师 46 岁，坐公交时都在思考

教案,多次试讲,精益求精,她是此次"师慧杯"年龄最大的一位一等奖获得者。

2. 干部以身作则,凝心聚力,齐抓共管,提高教学质量

干部在教育教学等各方面发挥着火车头的作用。我们有分工又有合作,在每学期定计划之前都要广泛征求意见,定准目标,在过程中加以协调,在总结时表扬每个人的优点,有问题委婉指出,推功揽过。就这样,我们成功地完成了一项又一项的工作,在 2018 年,我们除了完成常规工作以外,还在区第八届"师慧杯"初赛、复赛、决赛中指导选手备课、说课,陪着去参加决赛,在备赛过程中得到首都师范大学外请专家陈慧老师、陈钢教授的辅导,最终取得了 3 个一等奖、2 个二等奖、6 个三等奖的好成绩,学校获得了优秀组织奖。

(二)以加强青年教师的专业发展为本,助力成长

2016 年 5 月 4 日,由学校党支部牵头,学校成立了 40 岁以下教师组成的青年班,我们采取了"立体"培养的方式。

(1)管理上给予支持。李海霞老师是我校的内聘主任,能力强,有活力,是我们 12 名干部中唯一一位 40 岁以下的年轻人,她主管体育和社团工作。体育工作是学校教学中最关键的一环,别的不说,就是体质健康测试一项工作就很艰巨。为了调动体育组 9 名老师,她在学校的量化评比中做一些改革,大胆创新,改革后,体育组的老师有了干劲,讲奉献的多了,懈怠工作的人少了,体育组连续两年都被评为学校优秀教研组。

(2)发挥个人优势。干劲有了,什么工作就都好开展了,李海霞老师是区科研骨干,我们就鼓励她抓住科研这个法宝,不要因循守旧,要用科研的力量给工作注入活力。体育组现有科研课题 2 个,分别是:区级一般课题《大课间活动模块化管理提升学生的运动兴趣和质量》和区级重点课题《学校学生裁判员培养的实践研究》。目前这两个课题都取得了可喜的成果,2017 年 11 月 28 日,我校承办了全区的体育半日公开展示活动,张建忠老师做了一节篮球公开课,李海霞主任做了课题汇报,体育组 9 名老师做课间操展示。50 岁的刘建国老师的《学校学生裁判员培养的实践研究》取得了全国小学体育校园优秀案例前三十名的好成绩,并获得了去美国的交流机会。

(三)夯实青年老师的专业技能,为学校的发展续航

1. 科研引领

2016 年 3 月开始,我校由校长和教学副校长主持参加了国家级课题《中华优秀传统文化与现代特质下的语文课堂教学结合的研究》,学校根据调研确定了《在古诗文教学中培养学生形象思维能力的研究》的子课题。我们以课例研究为手段,带领以青年教师为主的科研队伍,学习《课标》,请首都师范大学的俞劼教授讲解左右脑的思维路径。请区教研员张烨老师、张东岭老师、马洪波老师为我们把关、指路。

我们积极参加年会,先后参加了全国第一届和第二届年会,在开会期间,我们向同行学习,聆听专家的讲座和精彩点评,积极参加课题组组织的各种比赛。在第一届年会中,我们 6 人获得了写作组团体一等奖的好成绩;在第二届年会中,有 2 节录像课获得一、二等奖,3 篇教学设计获得一等奖,开题报告和王建辉老师的论文发表在《课题研究成果集》中。

在近两年的研究中,共有 4 位老师上了研讨课,我们的齐玥老师在 2018 年 5 月 25 日的区课题研讨会上做课《丰碑》一课,她虽然仅工作三年,但能够在反复磨课中迅速成长,她引导学生关联信息,以重点段落为抓手,几次复现,给学生强大的冲击,军需处长的形象和舍己为人的精神深深感染着学生,齐老师受到听课老师的好评。

2. 研训结合

为了青年教师迅速成长,不因地域和生源的问题而闭塞,我们采取"请进来,走出去"的方

法,先后请张烨、张东岭、李义杰、李晓梅、顾瑾、刘兵、张彤等教研员来学校听评课。走出去,我们最远到过通州第一实验小学,请市学带王静老师指导刘晚情老师的音乐课,她经过历练,这次"师慧杯"比赛获得音乐学科一等奖的好成绩。推荐谢浩老师参加区英语青年班的学习,请市教研员张鲁静老师为他辅导。经过努力,谢浩老师多次主持市、区比赛,他本人也有了从上届"师慧杯"三等奖到本届二等奖的可喜进步。还有一些老师每学期都要参加首都师范大学组织的朗诵、教学活动设计等培训,这些培训接地气,老师们学完之后就能在课堂中运用,为传统教学注入了新的气息。

在校内,教学干部后续跟进,一追到底。每次听完课都进行反馈,知无不言,言无不尽。这种教研是随时随地的,如果没时间面谈,我们就采取微信的形式交流。

3. 赛中提升

人无压力轻飘飘,不比一比、赛一赛,自己永远不知道自己的水平。我们先后举办了青年班"常馨杯"说课比赛、教学设计比赛、现场课比赛。在赛中老师们取长补短,把平时的理论学习应用到教学设计当中。在这次第八届"师慧杯"比赛中,经过学校的初赛,推选出17位参赛选手,其中青年教师有5人,4人获奖,在青年参赛选手中获奖率达到80%。若没有平时的严格训练,哪能经受住如此压力大的比赛? 真是"梅花香自苦寒来,宝剑锋从磨砺出"呀!

4. 课程整合创新

在课程改革的形势下,我们先后开发了足球课、乒乓球课、钢琴课,目前正在开发风筝课程,4月27日,我们整合了音乐、美术、书法、语文、科学学科,举办了学校第一届"风筝节"。另外,我们自主研发的扑克牌教学法与数学教学整合,学生能够在玩中学,大大提高了学习兴趣。

四、开拓进取,且思且行

今天,当我们面向基础教育的未来时,教育发展的崭新航道推动着我们的学生、教师与学校的深入发展。我们的学生综合素质得到提升,核心价值观得到巩固,社会责任感逐渐增强,创新实践能力得到培养。我们的学生成果逐步形成,《知本娃》《小读库》作文集等实践作品相继产生。我们的教师在主动发展中,由课程的执行者发展成课程的研发者,教师的研究意识与研究能力得到提升,多名教师在市区级比赛中获奖。学校办学质量与办学品位得到提升。

面对学生未来的成长,我们不断地反思与总结,基于学生成长的需要,扎实推进并不断完善知本教育引领下的层级化、综合性、可选择的知本课程体系,提升学生的主体意识,让学生知道自己未来的方向,让内驱力在学生的成长过程中发挥最重要的作用,让他们志存高远,创新前行!

感谢首都师范大学在我校教学队伍建设等方面的引领帮助!

大小携手项目行　共研共享促发展
——高参小项目支持下的体育学科综合汇报

李海霞

高参小项目打破了高校与小学各自"关门办学"的传统,提升了学校体育教育的品质与学生的体育素养,在良好合作机制与合作模式中,顺利实现了高校和我校之间的"牵住手""牵好手",并在共研共享中为我校体育教学及发展积累了宝贵经验。现总结如下。

一、聚焦健康素养　创新教学实践——学校体育课、课间操改革探究

（一）模块化课间操改革三部曲

回忆起我小时候的那个年代,嘹亮的"小学生广播体操"音乐声,伴随着孩子们一板一眼、横平竖直的做操场面,现如今恐怕已经成了朋友圈里的回忆了。现在的孩子运动量小、身体协调能力差,对一成不变的事物有着太大的抵触情绪。广播操还没有做好却已嫌弃至极。个性张扬的他们虽然没有公然反抗,却用他们的松懈情绪表达着不满。

对于体育教师来说,广播操时段常常感到"无论老师怎么说,学生就是不听话",十分无奈,挫伤了教学的积极性和创造性。

通过对我校学生调查显示:90％的学生认为"课间操活动"千篇一律,98％的学生对"课间操活动"没兴趣,100％的学生愿意进行游戏活动,95％以上的学生愿意接受新的锻炼内容和形式,而不愿在相同的时间内进行统一的、整齐划一的动作练习。

恰当的"课间操活动"对于学生来说既可以起到锻炼作用,又可以起到休息作用。学生紧张学习时,大脑一直处于大负荷的活动中,持续时间过长,易发生疲劳和学习效率降低。此时最需要休息。体育锻炼是最积极的活动性休息,它可以使大脑功能活动得到更加充分的恢复。同时,课间操活动对增进学生间情感,提高凝聚力,形成良好的校风以及培养学生的节奏感、韵律感和审美观,使学生在课间操活动中有所获得都具有特殊的教育意义。

1. 起步,承载着体育老师们和孩子们的期望

高参小项目开展进入正轨的第二年,2016 年 4 月,全体教师在稻香湖培训,经过前期对学生现状的分析,第一次提出了体育工作的三年计划。计划中准备用三年的时间打造出既能锻炼身体,又能让学生们喜欢的课间操活动。

课间操的改革牵动着所有学生,牵动着所有的体育老师。为了不给更多的老师增添负担,我们大胆地提出了 1200 多人的课间操由体育组 9 位教师全部承担,让其他教师也能利用这个时间跳跳工间操,孩子锻炼身体的同时也提升教师们的身体素质。好身体是好好工作的前提。

说出来容易,做起来难！为了节省人力资源,我们决定用音乐控制整个课间操过程,孩子们根据不同的音乐进行不同的内容,一位教师在领操台上整体观察孩子们的活动情况进行点评,其余体育教师开通对讲机,一个人巡视一个年级活动情况,有问题随时沟通,指导孩子们活动的同时关注孩子们的安全。

体育组的教师们通过一次次教研及实际练习规划出了课间操活动的完整过程:秩序下楼——精神入场——快乐准备——激情游戏——放松回楼。

（1）秩序下楼:孩子们每天根据安全疏散路线进入操场,学生多,上下楼必须有序,注意安全。

（2）精神入场:为了能让孩子们带着精气神上操,监督和评比机制必不可少。三年计划开始以来,刘建国老师组建了小裁判员队伍,对各班的课间操进行评比。

（3）快乐准备:为了使孩子们能认真做准备活动,老师们查找并设计出了两套韵律操《健康快乐跳起来》《疯狂跳跳操》作为准备活动,并利用插空时间（雾霾、雨雪等）学会。

（4）激情游戏:在学校领导的大力支持下购买了一批器材,为游戏式课间操的开展做了充分的准备。准备活动结束后每班分成两队,做两种游戏。第一段音乐开始,两队孩子做第一种游戏,中间转场音乐时换器材,然后结合第二段音乐做第二种游戏。

（5）放松回楼:游戏结束,做放松操《假如幸福你就拍拍手》,然后按疏散路线顺序带回。

第一阶段课间操模式在一个多学期的准备下基本成型。一天,有位校领导与一个学生聊天时,这个孩子说:"我只爱上课间操和体育课,因为特别好玩,我们都爱上。"听到这话我简直心花怒放,体育老师们的努力没有白费,是得到孩子们的认可的。这也达到了我们最初的期望,让孩子们喜欢。

整个过程熟悉了之后,我们邀请了区体育教研员张桐老师到我校来指导,张老师指出了一个关键问题,孩子们运动的密度和强度不够。一针见血呀!的确,游戏的时候大部分的孩子在排队,怎么能达到锻炼的目的呢?

没关系,办法总会有!

2. 整改,让训练强度、密度落到实处

在课间操模式不改变的情况下,要增加强度和密度就必须增加游戏内容,减少排队等待。游戏过程中,每班调整成三大组9小组,同时开展9个游戏,并根据音乐进行小循环和大循环。体育老师设计小循环大循环路线、音乐时,段德剑老师对此提出宝贵的意见被采纳,在体育课上协助拍出循环示范视频发给大家参考,使得课间操方案得以顺利定型。

小循环:将每个班学生分为 A1、A2、A3、B1、B2、B3、C1、C2、C3 三大组 9 小组,在音乐的陪伴下分别进行游戏,A 大组游戏顺序为 A1 到 A2、A2 到 A3……称为小循环。

大循环:在音乐提示下,A 大组移动至 B 大组,A1 到 B1、A2 到 B2、A3 到 B3,B 大组移动至 C 大组,C 大组移动至 A 大组时,考虑到时间、位置,C1 移动到 A3,C2 移动到 A2,C3 移动到 A1,称为大循环。

游戏式课间操模式基本成型,每天我们的操场前面都会按照年级摆放好各种各样的器材。六年级课间操游戏环节项目见表7。

3. 精简器材,将发展五大素质作为重点

器材的复杂为可操作性带来了障碍,这又是摆在我们面前的一大难题。体育组组长张建忠老师结合体育课堂的改革,将每个年级的 9 个游戏梳理出了五大素质版本,精简了绝大部分的器材,借鉴了很多课堂上和生活中的小游戏,让课间操的改革更具有可操作性和推广价值。

表7 六年级课间操游戏环节项目

分组	A组	B组	C组
移动顺序	A→B→C	B→C→A	C→A→B
跑道 3	速度1,跑格＋折返跑(计时),绳梯 1 个	灵敏1,篮球运球,篮球 1 个(计时)	耐力,3 道＋5 道＋7 道,折返跑
草地 2	力量1,负重快走	速度2,立定三级跑(计时)	灵敏2,跳跳杆 2 个
草地 1	柔韧1,反射拍踵行进	力量2,仰卧起坐＋俯卧撑(计时),折垫 2 块	柔韧2,足跟竞走

4. 达成的训练效果

(1)心肺功能得到锻炼:心率监测是最直观的检测孩子们训练效果的手段。通过前期监测数据和现在做对比发现,目前的课间操形式大大提高了运动密度和强度,孩子们的心肺功能得到了锻炼,身体的灵活性和耐力都有了提高。

（2）体质健康测试成绩有所提高（表8）。

表8 体质健康测试成绩

测试时间	参测人数	优秀率	良好率	及格率
2016年5月	659人	8.5％	52.66％	97.88％
2018年6月	690人	14.22％	57.97％	99.18％

由此数据可以看出：体质健康测试成绩进步明显。

（二）体育课堂教学意识转身记

两年前，体育老师教研时经常边说边做各种技术动作，比如：跳高时如何杆上转髋；投掷时何时屈臂……最后研讨的结果总是很相同，老师们把动作分开一步一步讲，孩子们都会做，可是连起来就没什么对的了。

在一次观看马拉松比赛时，肯尼亚的选手跑在最前面，他们有的运动员摆动手臂到脖子，而且像是夹着跑，有的运动员摆臂就到胸以下的位置，这些世界顶级高手到底谁的摆臂动作更科学，谁的步频、步幅更准确，现场评论员也无法给出答案，都觉得适合自己的、能让自己跑得更快的就是最好的。

近几年体育教学一直在提倡弱化技术教学，那在课堂上我们的重点应该在哪里？头脑中的种种疑问在一次北京市教学视导课上张彤老师的评论使大家逐渐清晰起来。我们上体育课、进行体育锻炼最主要的目的是提高身体素质，而不是培养顶尖的运动员。正常的人进入小学阶段就已经会跑、会跳、会投，只是每个人跑得快慢不一样、投得远近不同。我们课堂的教学目标是不是也该由学生学会了什么技能，改为发展了什么素质，提高了什么能力更合适一些呢？人的运动素质包括力量、速度、灵敏、耐力、柔韧五项，如何在课堂上发展这些素质成了我们体育课堂的主线。

通过和张彤老师带领的地方教材编写组的老师们一次次思想的碰撞、实际的检验，我们学校体育组的老师在体育课堂教学意识和方法上有了转变。例如，杨秀英老师的这节课，我们先考虑这节课要发展的是孩子的哪项身体素质，再考虑的是这个素质中的哪一类，采取什么样的方式和内容来发展这项素质。力量素质练习见图5。

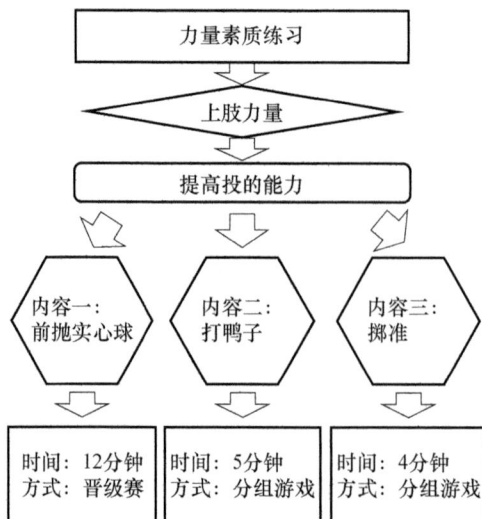

图5 力量素质练习

这节课的第一个活动内容：前抛实心球，也正是人教版教材五年级中的一项内容，老师在进行这一活动时进行简单的技术要领的引导，让孩子们在大量的练习中调整感悟，最终达到的是发展上肢力量的目的，这也是和人教版教材内容的融合。

通过近一个学期的转变，最大的收获是孩子们喜爱上体育课，即使同一内容反复上好多次依然乐此不疲。虽满头大汗，却充满欢愉。

二、聚合关键构成 研究实践同步——学校体育活动创新性开展

作为家长，最期望的是孩子们健康成长。作为学校，学生的健康也是摆在首位的。可见，体育课、体育活动在学校的教育教学中多么重要。我校的体育组教师最年轻的也近40岁了，可没有一位摆老资格，拈轻怕重，任务面前，目标面前，体育组的9位老师不计个人名利，为学生身体素质的提高倾注巨大的心血和精力，从以李军玲校长为首的行政领导班子，到班主任、科任老师乃至后勤人员为学校体育活动顺利转变给予了强有力的支持和保障。在学校体育活动开展的过程中，我们以体育活动为载体，聚合体育教学改革创新的关键构成，在研究与实践中实现品质化发展。

（一）独具特色的小裁判员队伍

高参小项目第三年伊始，刘建国老师组建了小裁判员队伍，大胆启用体育"学生裁判员"，不仅符合新课程的要求，也能缓解教师裁判力量不足的矛盾，对促进学校体育工作的开展起到了巨大的推动作用；增强学生对裁判知识的了解，促进学生对技术动作的巩固，培养学生自信心，提高学生的综合素质；另外，让"学生裁判"同时参与课间操以及课外活动的管理，这样也可加强学生的自我组织能力和管理能力，提高学生的社会适应能力，发挥体育的多元作用，达到素质教育的目的。

我校为促进学校体育工作的开展，选拔热爱运动与裁判工作的学生成立学生裁判社团，并加以严格的管理，在学校各类竞赛活动中，学生裁判员参与裁判工作，成为各种竞赛活动的中坚力量及各类活动的积极参与者与带动者；促进学生裁判员的人格培养，提高学生裁判员的语言沟通能力与领导力。

根据学校开展的各类体育活动及赛事，对学生进行裁判培训，服务于校内以及集群、社区等各类活动及竞赛。

通过学习裁判知识并进行裁判工作，同时积极地参与各项运动，使得裁判员们对体育运动规则、文化有了更深一步的理解，运动的教育价值得以彰显。

了解项目运动的起源与发展，明确竞赛规则制定的目的，积极地体验规则运动的乐趣，酣畅淋漓地体验运动文化。裁判员大部分已经成为各个班级中运动的骨干力量，协助老师进行运动员的选拔与报名，并进行训练。在这学期的篮球、足球、棒球联赛以及啦啦操表演活动中，这些裁判员们积极自学相关运动的方法与规则，利用课余时间组织班里同学进行有序的训练活动，啦啦操的创编与排练都活跃着他们的身影。运动竞赛的教育价值得以充分的体现，裁判员工作的意义得到了充分的说明。

（二）知本生成中的吉尼斯纪录

学生体质健康工作正在蓬勃开展，但是孩子的惰性，家长的不理解，为孩子养成良好的锻炼习惯平添了一道障碍。虽然学校利用"小黑板"锻炼打卡的方式在全校范围内进行了推广，督促孩子进行自主锻炼，形成了家校联动的锻炼模式，但是孩子们锻炼身体还是处于被动锻炼的状态。

刘建国老师结合我校办学理念，提出开展"知本教育中的吉尼斯纪录"体育创新活动，让学

生去创造学校的体育纪录,同时可以去挑战自我,挑战和创造新的校园吉尼斯纪录,并带领小裁判员们一起完成裁判任务。

根据往年的测试记录,筛选出校园吉尼斯各个年级各个项目的种子选手成绩,把他们的照片和成绩在校园吉尼斯光荣榜上展示。目的是让全校的师生能够清楚地知道谁是校园吉尼斯纪录保持者,让更多的学生产生挑战的想法。接下来,在全校范围内发出挑战校园吉尼斯的倡议,鼓励大家积极地锻炼,为挑战充电,激发锻炼兴趣,从而为养成自主锻炼习惯埋下理想的种子。

第一届吉尼斯校园挑战赛报名高达 900 多人次,规模如此之大,始料未及。学生裁判组成员紧急集结,讨论活动安排,决定分 4 次来完成。利用周一大课间时间进行三至六年级 50 米跑、1 分钟仰卧起坐、1 分钟跳绳和坐位体前屈 4 个项目的挑战活动。周五中午时间进行三至六年级田赛项目的挑战活动,一二年级下一周的同样时间来进行。全校 10 个项目,132 个组别,共刷新了 53 个吉尼斯校园纪录。

孩子们锻炼的热情之火被点燃了,中午和放学时间锻炼的同学猛然多了起来。挑战自我、挑战纪录是孩子们的目标,激发锻炼热情、培养锻炼习惯是老师们的良苦用心。此项活动我们会在进行中不断地完善,更新项目、增加乐趣,向着更加科学、更加全面的方向打造,使之逐渐成为孩子们喜爱的、随时随地能够进行的活动,营造出更加健康的竞争氛围,形成我校更具特色的体育文化。

(三)充满活力的晨练队伍

早起来学校锻炼估计很多学生都不愿意吧,我校的晨练队伍可是名额难求啊!这主要是因为我们的晨练内容丰富多彩,孩子们乐意参加,可老师们实在是精力有限。晨练队伍分为三部分,一是校队由朱宏林老师和段德剑老师带队,由运动能力较强的学生组成,代表学校参加市区级竞赛。二是体测成绩较弱的孩子,由杨秀英老师、张志山老师和王卫民老师带队。根据测试成绩分析学生运动弱项,有针对性地进行训练。三是提优班,由体测成绩 80~89 分的学生组成,由张建忠老师带队。分析学生体测数据,找到发展空间,争取通过训练达到优秀。每天清晨 6 时 40 分开始练到 7 时 30 分,不但锻炼了学生的身体素质,也是学生良好意志品质提升的有效手段。

(四)天真稚气的小领操员队伍

一二年级小不点的操最难上,还不知道什么是好好站队,就要开始学习一套一套的操了。王卫民老师、何江老师、张志山老师主动想办法,打破传统的只有一两个人的领操方式,在一二年级各班招募小领操员,有意愿就可以参加。利用中午时间学习三套韵律操,并把操的视频发到家长群里,孩子们晚上也会和爸爸妈妈一起做。几位老师还把领操员们按照掌握标准情况分级:团长、队长、高级、初级。团长——做得最标准的,可以在领操台上领操,并负责指导团内其他学生做操及安排上领操台人员。队长——可以在领操台上领操,并负责指导本队内其他学生做操。高级带操员——可以在领操台上领操。初级带操员——一般都是刚刚参加的孩子。孩子们每周经过评比,低级别的孩子通过努力晋升高一级别。小操场的前面和两侧都站满了带操员。这样,在一二年级同学的身边就有了学习的榜样,天真稚气的小领操员操做得有模有样!

(五)覆盖集群的体育运动提升项目

我校体育设施相对完善,场地充足,为积极响应北京市中小学体育运动提升工程,我校运动场、篮球场、乒乓球馆周六日对长辛店教育集群内所有学校中小学生开放,设有足球、篮球、棒球、乒乓球、旱地冰球等内容,服务学生 250 余人,专人负责、管理规范、成效突出,在日常训练、活动、参赛的基础上定期组织家长汇报展示,较好推动了本地区青少年体育素质的提升和体育文化活动的开展。

三、聚力空间建构　形成体育场域——学校体育文化环境的结构化塑造

(一)充满期待的快乐体育园地

在高参小项目的大力支持下,我校依托原有篮球场建设了体育园地。体育园地由攀爬区、障碍区、投掷区、接力区四大部分组成。

1. 攀爬区设置了六大组不同内容的攀爬设施,由易到难,每个孩子都能进行尝试,挑战自己。

2. 投掷区借助篮球场的围网,设计建设了结合数学的超市购物、综合实践活动的旅游景点以及中国传统节日的各项投掷区域,并配有套圈、投篮等简单小项目,增加活动乐趣。

3. 障碍区学生需要通过钻、爬、跳、跨等方式完成,提高学生跨跳奔跑能力,发展灵敏、协调素质,培养学生勇敢、顽强、克服困难的意志品质。

4. 原有篮球场地作为接力区使用,可开展毛毛虫接力、钻圈接力、爬行接力等接力项目的活动场地,发展学生运动素质的同时,培养学生团结协作的精神。

从建设伊始,孩子们就对体育园地充满了期待,为了使体育园地的器材能够充分利用,体育老师们将体育园地的锻炼项目编入了体育课之中,不但如此,为了激发孩子们的锻炼兴趣,还在每年的运动会中开展了铁人赛,铁人赛的内容就取材于这些设施。

(二)树心中的榜样,足球、棒球文化墙建设初衷

高参小项目重点扶持的足球、棒球社团建设取得了丰硕的成果,我校在此基础上设计建设了足球、棒球文化墙,这也成了我校校园文化建设一道靓丽的风景线。文化墙上不但有足球、棒球项目的起源和发展,世界知名运动员俱乐部的介绍,更多的是我校队员的介绍、取得的荣誉、成长历程,还有结合足球、棒球项目开展的队徽设计、绘画比赛、摄影比赛等作品的展示。让榜样就在身边,努力做身边人的榜样,这也是文化墙建设的初衷之一。

四、项目研究领航　大小携手同行——学校教研活动科学化开展

自 2016 年起,借助高参小项目的支持,依托体育老师们孜孜不倦地钻研与创新,我校体育工作开展得有声有色,受到了区教研室的关注与肯定,8 位体育老师受邀成为"小学地方体育教材编写组"成员,我校也成了课程改革实验校。近两年在我校共举行 3 次区级体育教学研讨活动,在进行体育课程改革的同时,也将我校课间操的改革成果以及我校丰富多彩的体育活动向全区体育教师进行推广,得到参会领导和教师的充分肯定。

不仅如此,借助高参小项目的支持,体育教师有幸前往石家庄宋营小学进行体育工作交流。宋营小学的课间操独具特色,作为全国活力校园的创新案例有太多值得老师们学习的地方。此次交流,犹如一束光照亮了老师们三年来的心结。课间操改革中"快乐准备"部分总是达不到老师们期望值,韵律操做得没有精神就达不到准备活动的目的,老师们都不具备创编啦啦操的专业素养,这一难点始终无法跨越。通过这次交流,老师们找到了创编啦啦操的方向,并与宋营小学体育教学主任合作,创编了两套与街舞元素融合的啦啦操,男女生都很喜欢,不但充分伸展了身体的各部分,还将队形变换融入其中,既实用又具有观赏性。

高参小项目为我校的体育教研工作提供了丰富的营养,开阔了老师们的眼界,唤醒了老师们的创新意识,更调动了老师们工作的积极性。

五、举力培育未来　荣誉砥砺前行——学校体育成绩诠释收获与成长

1.2018年7月,小裁判员案例参加了教育部主办的全国活力校园创新案例评比,在3000余份案例中脱颖而出,获得了全国前30强,前往美国参加了国际交流。2019年8月,被活力校园大赛推荐为交流大使,出席全国活力校园案例交流活动,受到专家一致好评,认为此项目接地气,对学生的锻炼是全方位的。随后,收到清华附小窦桂梅校长邀请,对清华附小所有校区600余位教师进行体育培训。

2.2017年4月,由刘建国老师作为组长,王卫民老师、何江老师、张志山老师作为组员的研究课题《培养学生裁判员为开展学校体育活动提供有力支持》被命名为区级重点课题。由张建忠老师作为组长,朱宏林老师、段德剑老师、杨涛老师、杨秀英老师作为组员的研究课题《游戏式课间操》被命名为区级一般课题。

3.2019年11月,张建忠老师、刘建国老师被评为丰台区体育学科骨干教师。

4.2019年4月,体育组被评为丰台区创新班组。

5.2016—2019年,体育组9位教师论文、案例获奖20余次。

6.2018年,体育组9位教师中的5位被评为校级骨干教师。

我校作为首都师范大学高参小项目的受益者,非常感谢高参小项目给予我校的支持,多样化的教学方式和丰富的体育活动不仅强健了学生体魄,提升了学生的综合素养,而且专家们全新的教育理念也为我校实现跨学科的项目研究提供了崭新的思路。未来,我们将在高参小项目专家的同行与指导下,在知本教育的引领下,发挥自身的学习力与研究力,以学生为主体,为培养德智体美劳全面发展的未来少年举力前行。

借高参小项目之力创建足球特色学校
——高参小项目支持下的足球社团建设汇报

李海霞

长辛店中心小学成立于1998年10月,地处槐树岭地区,占地4.1万平方米,建筑面积1.1万平方米,拥有标准的400米跑道,11人制标准足球场,1.7万平方米足球场地。校园环境优美,布局合理,硬件设施齐全,是目前丰台区硬件设施比较完备的小学,充足的硬件设施为学生提供了足够的体育运动空间。近年来我校在"知本立德"办学理念的引领下,在高参小项目推动下,充分挖掘体育教育资源,逐渐形成了以小足球为主的特色体育项目,我校校园足球工作风生水起,有效地提高了校园足球普及程度和运动水平。

一、项目引领,校园足球应运而生

1. 项目签约

2014年9月,我校借助首都师范大学参与小学体育、艺术全面发展项目(高参小项目)与北京国奥越野足球俱乐部正式签约。足球进课程,一年级五个班全部开设足球课,与此同时,建立两支学生校级足球社团,经过将近五年的实践探索与努力,目前进展顺利,成效显著,一至四年级开设足球课,课堂抓基础、社团促提高。足球运动让学生在强身健体的同时,在学习技能技巧的同时,培养了他们各种好习惯,锻炼了坚忍的意志品质。

2. 领导小组

学校成立了专项工作领导小组,以保证校园足球各项工作的顺利开展。

组长:李军玲(校长),对校园足球负有全面领导责任。

副组长:瑞晓辉(副校长,高参小项目负责人),孙丽红(教学副校长),李海霞(体育主管领导),负责校园足球课程开发、社团建设、交流比赛、计划实施、宣传报道、师资培训等。

组员:体育组全体成员、外聘两名足球教练,负责日常训练外出交流比赛、足球课程等的组织、管理与运动安全防范教育引导。

后勤保障:学校医务室负责学生运动伤害的应急保障及处置;后勤部门负责校园足球日常设备设施、场地维护及耗材的保障;财务教师负责足球用品财务审核及支出。

3. 条件保障

我校目前有专职体育教师 8 人,俱乐部专职教练 2 名,足球队由俱乐部两位专职教练员负责训练及组织管理。为了满足教师对足球专业培训的需求,学校组织体育教师利用每周教研时间进行足球理论、课程观摩等交流研讨,以促进体育教师专业技能提升,并积极参加区级足球项目的技能培训。每年一次校园足球班级联赛。

此外,学校根据学生体育活动工作计划用好用足市区教委关于学生体育活动的经费,投入专项资金用以保证学生户外体育活动相关设备设施、运动耗材的购置等。

(1)购买足球训练装备若干,充分满足了足球课和社团训练使用,还为学生免费定制了球队训练服、比赛服等。

(2)外聘两位足球教练:每周足球社团活动 5 次,从周一至周五,活动时间:每天 2:45—4:45,每次 2 小时,每节课时费 150 元/次。

(3)教练员定期外出交流、学习,外请专业人士进校园交流。

二、营造氛围,强化校园足球文化建设

几年来我校紧紧围绕办学理念,以校园足球活动为平台,通过微信公众号、校刊、新闻媒体等全方位的宣传渠道进行宣传,北京电视台报道过两次,形成了浓厚的学校足球文化特色,提升了办学品味,学校通过校园足球运动增强了学生体质,树立了师生的团队意识,提高了班级凝聚力。

我们确立了"以创新求发展,以特色求品牌,让足球运动影响孩子一生"的目标,通过广播,宣传足球运动带来的快乐和足球精神。学校、俱乐部联手通过"走出去,请进来"的形式,组织丰富多彩的活动,定期邀请家长和孩子球场互动。

与北京电视台绿茵好少年节目组共同开展"校园足球文化节"活动,在学校举行的"校园体乐汇"开幕式上,小足球队队员为全校师生展示了精彩的足球操、足球趣味赛、亲子游戏。

组织全校学生开展"我心中的足球徽章与绘画"征集活动,家长、老师、学生积极参与,"小手拉大手,共圆足球梦",期末,评出了寓意深刻、构图精美的"我心中的徽章",通过学生投票选出一枚足球徽章作为足球队队旗旗标,绘画、摄影作品若干,并进行了展示。

建设足球文化墙,让孩子们了解足球的起源、世界有名的足球俱乐部和球星;宣传了我校的足球队员、精英球员以及冠军球队;展示了孩子们设计的队徽、绘画作品;记录了足球队员的成长历程。校园内足球氛围浓厚,有不少的家长也因为我校的这项特色运动愿意让孩子来我校上学。

三、夯实过程,强化校园足球素养提升

1. 足球课程——普及校园足球技能和知识

为了让更多的学生了解足球知识、参与足球运动、掌握足球技能,提高体育运动的兴趣,我校积极探索校园足球进课堂的教学模式,大胆进行课堂教学改革和创新,开展"足球进课堂"活动。

学校与俱乐部协同积极开发足球校本课程《长辛店中心小学校园足球校本课程》,足球教学纳入课程进行课堂教学,目前一至二年级每班每周开设一节足球课,课堂上教授学生学习运球、传球、颠球、带球、顶球、射门等基本技能,体育老师们也会将足球基本技术融入其他体育课游戏教学之中,提高学生参与足球活动的兴趣。

先后两次,接受市里高参小项目负责人来校听课评课,得到了好评。通过听评课,促进足球课堂教学的稳步提高。

2. 校园围栏足球——让更多孩子喜欢上足球运动

在丰台体卫中心以及少年儿童足球发展公益项目的支持下,为我校安装了8组足球围栏。目前我校每班成立了两支足球队,每队5人,每队每周要参加两次比赛,一个学期要完成30场比赛。为了让孩子们能够坚持,体育老师们还设计了足球明星卡,开展"集足球明星卡玩转校园足球"的活动,孩子们兴趣高昂,坚持参加比赛,身体和意志品质都得到了锻炼。通过活动的开展,"娇气包"明显减少,摔倒了、球砸到了爬起来继续参加比赛;炎热的季节满头大汗,可是不叫苦不怕累;还有的孩子通过练习和测试成了校队的一员;有的孩子放学了也会有家长陪着再踢一会儿球才回家……

3. 辐射长辛店集群的体育技能提升工程

我校是丰台区体育技能提升工程试点校,长辛店集群的7所小学和初中参与了体育技能提升工程,共计50余名学生参与足球训练,起到了辐射作用。

4. 做好队员培养,让有天赋的孩子向着自己的目标前进

我校对足球队员的要求比较严格,学习成绩需要达到班级中等偏上。有3名队员获得国家三级运动员称号,3名队员被输送到北京市足球特色校,赵宇涵、罗子祥两名队员入选北京足协07年龄段精英球员。罗子祥同学入选国安U12梯队。

5. 体质健康测试成绩稳步提升

2017年体测成绩:及格率99%,优良率:68.4%。

2018年体测成绩:及格率99%,优良率:66.2%。

四、今后努力的方向

未来打造一支业务能力强、敬业的体育教师队伍,力争所有体育教师会指导、会裁判。在原有两支学校足球队的基础上扩充至4支校级足球队,人人会踢球,形成梯队甲、乙、丙组各一支,女队一支。不断创新和发展学校足球特色。加强宣传、普及足球文化,创造性发展校园足球,更广泛地组织校际和班级与班级之间的交流、现场观赛、评赛指导、地区间交流等活动。

我校足球队在高参小项目和上级领导的关心、支持下,学校通过丰富多彩的足球活动,打造了精彩纷呈的足球文化,践行了"足球从娃娃抓起"的目标,通过足球运动,推动了学校的阳光体育活动,今后的工作中,我们会力争将足球特色社团打造得更加鲜明、更加靓丽。

在高参小项目的支持下,风筝、书法及音乐等学科夯实基础,继续前行

吕　晖　李凤霞

从弘扬中华民族传统文化,提高全民族素质的高度来认识艺术教育的意义,结合学校"知本·立德"的办学理念,以及"创学生成长乐园,办人民满意学校"的办学目标,通过高参小项目的支持,我们确立"以字育德、以字促艺、书法育人"的书法教育指导思想,开展了钢琴、风筝校本课程,并与语文教学相结合,逐渐渗透相互融合的教育,激发学生的兴趣,提高学生的能力,提升教师的文化底蕴,为孩子的人文艺术素养奠定良好的基础。

一、确立目标,固定开展,寓教育于课程

学校书法教育开展有十多年了,每学期在明确的教学计划、丰富、翔实的教学内容、固定的教学时间等的严格管理中,书法教学创新正常开展。尤其是教务处明确要求把教师板书与学生课堂书写水平纳入课堂评价指标,更在备课及教学实施过程中要求老师注重良好写字习惯的培养,语文教学中识字教学重视汉字的笔顺笔画、书写要点的指导等;每学期开展一次学生作业普查等,明确要求,发现问题,及时反馈……班主任还经常开展班级优秀作业展览、班级书写小明星的评选等活动,楼道书法园地也是学生展示作品的大舞台,越来越多的孩子加入到"课后多练字,自觉写好字"的行动中来。

制定风筝学习发展规划与风筝文化校本课程。邀请风筝文化非遗传承人为教师培训,担任学校风筝社团的辅导员,教师带领学生学习风筝的文化与制作,在基本的教会学生制作风筝的基础上,建构以风筝为质素的项目研究体系,实现风筝课程与学校其他课程的融合,校园风筝节成为系列展示活动,实现学校文化体系的多元性展示。同时,让孩子们在放飞风筝的同时感受与传承中华优秀传统文化,增强德育爱国主义教育。

二、优质团队,助力持续发展

1. 科学设置组织机构

校级领导负责分管科技教育工作。学校成立了以书记校长为组长、教学副校长和德育主任为副组长、专任教师和兼职志愿者为组员的各项工作团队。明确职责与分工,细化工作流程与运行机制。

2. 学生社团,以点带面

从二至六年级中挑选对风筝有兴趣、有制作基础、有一定绘画技术的学生组成风筝社团,先行其他学生学习制作风筝、画风筝及放飞风筝等技艺,然后以点带面,带动全体学生参与到风筝课程中来。

书法课程是全校开展的,但是参加比赛和大型活动还是需要有一定水平的学生才能参加,所以社团的成员都是各年级书法老师自己在所教班级中挑选出来的,而学生进入社团后的作品会展示到各班及学校的文化墙,这样来带动更多的学生练习书法。

钢琴社团的成员就比较统一,因设备有限,孩子基本是有一定钢琴基础的学生,大概26人,他们参加活动后部分会服务班级,在歌唱比赛担当伴奏或进行才艺展示,才好起到推广作用。

三、融入学科,开展校园文化节——音乐、书法、风筝等

风筝文化与语文、美术、科学、品德学科联动,使校园文化鲜活、灵动、丰厚起来。

（一）风筝文化与书法、语文学科联动——风筝诗歌创作

从文学的角度去感知风筝的内涵韵味，滋润学生的文学素养。在风筝制作与放飞中激发学生诗歌创作灵感，让学生吟诵经典的同时，进行诗歌创作，既锻炼了学生们的写作能力，又将风筝文化内化成语文素养。

（二）风筝文化与美术学科联动——风筝创作以及衍生品

在制作风筝、放飞风筝活动中，学生也开始研究风筝由来、风筝种类、风筝流派等风筝文化，以书画和手抄报的形式，把他们掌握的风筝知识描绘或记录下来，也可创作一幅风筝画，逐渐提高艺术审美能力。

（三）风筝文化与科学学科联动——走进科学殿堂（图6）

风筝制作是一项综合运用数学、美术、科学知识，动手动脑的科技活动。研究风筝的结构原理，进而初步探究飞机的构造与力学原理，在探究中发现风筝、蜻蜓与飞机，在结构上的异同。通过兴趣引领，使学生迈进科学殿堂，从而使探究学习真实发生。

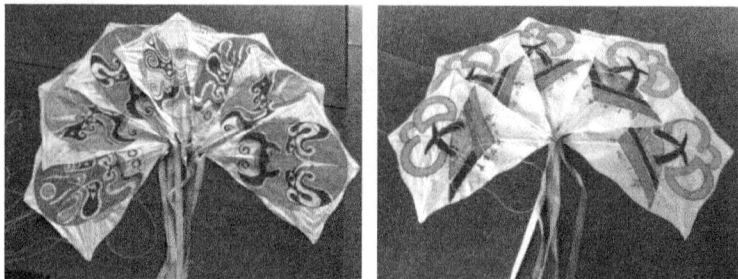

图6　风筝

（四）风筝文化与品德学科联动——渗透情感教育

班级的精神文化，是班级文化的核心和灵魂，具有移情、承载和凝聚的功能。奋力拼搏的进取精神、对美好生活的向往、对真善美的追求是我们从风筝放飞过程中感受到的，因此，要使之成为唤醒、滋养乃至引领整个班级教育文化的重要力量。

四、主题活动，异彩纷呈

（一）利用环境资源，举办特色主题活动

我校充分利用校园各种条件，营建良好文化环境，创建科技教育氛围。在学校展区设有风筝文化展区、书法展区，展示书法作品，介绍风筝的历史及工艺制作。每年，都有举办校园各类文化节的活动，图7为杨广馨老师、耿鑫教研员、支梅书记和周鸿宇科长为龙风筝画龙点睛。

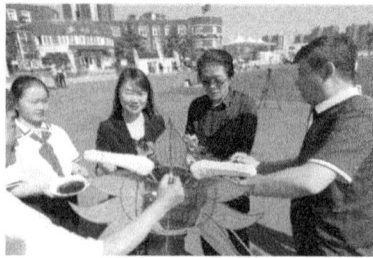

图7　画龙点睛

岁尾开展辞旧迎新活动之际，书法组开展了"得将鸿福唤春归"为师生送"福"学科实践活动。老师们结合教学《我来写个福》，课上教师指导、学生练习、成字，经过认真地练习，选出数十幅作品，为老师、为班级送上一份中国文化味儿十足的新年祝福。

书法节于2017年正式走进孩子们的世界，以中队为单位，分成低、中、高三个阶段，从初选—复赛—决赛，评选出优胜者的过程，让孩子们真正地踏实下来，静心地完成一幅幅作品，最

后的优胜者有资格在全校学生面前进行展示。展示的不仅仅是队员们的风采、才华,更是一种勇气,一种坚持不懈学习书法的精神。

目前,我校已经成功举办了两次风筝节。长辛店中心小学外聘专家——享誉中外的哈氏风筝第四代传人哈亦琦老师亲临会场,风筝艺人展示了各种动态风筝、立体风筝及龙串类风筝的精彩表演,同时,学校风筝队的学生也有出色的表演……串类、板类、软硬翅类等,让同学们大开眼界,在感受风筝斑斓多姿的同时,也感受到了天空中那放飞的串串风筝,带着学生的美丽梦想翱翔……另外,还有部分学生进行了风筝制作、绘画等展示,见图8。

图8　制作风筝

音乐节举办了三次,分年级进行个人才艺展示、班级大合唱等,在这些活动中挑选出好的还会在六一儿童节等进行表演和展示。

(二)课堂教研引领活动

1. 市级风筝课程研讨

2019年5月,以小课题引领艺术教师专业核心素养提升的研究——北京市小学美术教研活动在我校举行。此次活动真正打开了风筝课程的大门,让孩子们感受到了美术学科与风筝课程的融和,真正体会到风筝的绘制为美术学科增添的不仅仅是色彩,更是中华传统文化的传承,是我们中华民族文化博大精深的展现。

2. 风筝课程与美术学科整合

在校外辅导员风筝艺人赵老师的指导下,着重培养我校教师掌握风筝制作的技艺,同时,带领社团师生学会不同流派风筝的制作,开始风筝校本课程,将风筝融入日常的美术课程中。低年级学生以填色为主,中年级学生以设计为主,高年级学生是设计+制作。这样全校的每一位同学都参与风筝的绘制与学习,将风筝校本课程中风筝文化熟念于心,在学习与制作中体会风筝的文化内涵,图9为放风筝。

图9　放风筝

3. 书法活动

(1)我校2017年6月与扶轮小学签订了《"资源共享,优势互补,携手共进"艺术、体育工作手拉手三年协议》,在未来三年中开展丰富多彩的教研、笔会、师资培训、师生交流、学科实践等活动,以此促进两校书画、体育工作的共同发展。

(2)书法学科在近几年更加注重参与到学校文化建设、特色活动中,例如,与德育相结合,"喜迎十九大,我向习爷爷说句心里话""冬奥会"等契机开展丰富多彩的书法活动。

（3）书法教学结合社会主义核心价值观24字，书法教师与专家进行深入研讨后，有机地将24字融入书法课堂。例如，在"爱"字头的讲解中，就打破了以往的陈旧教学方式，让孩子们自主地感受"爱"，来自友情的爱、亲情的爱、教师的爱、祖国的爱等语句、诗歌、词语从学生的言语中流露，每完成一幅作品，孩子们都能够讲述一个美丽的故事，这正是我们所说的将社会主义核心价值观植根于学生心里的方法，同时让孩子们深入体会到祖国文字的博大精深。

五、收获成效，梦想继续前行

（一）书法成绩

1. 发挥工会职能，展示教师书法水平

至今写字、练字、比赛成了我校工会的一项传统活动，学校每年至少一次的教师硬笔（或软笔、粉笔字）比赛，帮助老师养成"动笔即练字"的意识和"借写字养心，借写字立品"的写字观，积极组织有书法特长的老师参加区教育工会组织的书画大赛，对优秀作品进行集结、展览。近两年共结集印制了4册《日课常馨》教师硬笔书法作品集。

2. 书法教育走进社区，以志愿者的身份传承书法文化

学校德育少先队与时俱进，抓住社区这一社会力量，协同书法社团开展与社区手拉手创建活动，让学生在丰富的实践活动中增强公益意识，提高书法能力。2017年9月，书法社团师生走进槐树岭社区，参与了"手拉手，心连心，共筑美好和谐家园"活动，学生现场书写的"小手拉大手，争创首都文明示范区"博得了在场观众的阵阵掌声。2018年1月，我校组织部分文明小使者走进芦井社区，活动中，书法社团学生将亲手书写的文明礼仪对联赠送给社区居民代表，向大家送上特别的祝福。

（二）风筝初试比赛　小有成绩

1. 市级

（1）在第三十六届北京学生科技节风筝比赛中，多名学生分别获得串类、板类、翅类等一等奖、二等奖，我校获得了团体一等奖。

（2）在北京市第四届青少年风筝公开赛中多名学生获得了串类风筝放飞一等奖。

（3）在北京市中小学民族杯风筝工艺制作和放飞展示活动中，三名学生获得了一等奖，我校获得优秀组织奖。

2. 区级

（1）在第三十六届丰台区学生科技风筝竞赛中多名学生获得一等奖。

（2）在第三十七届丰台区学生科技风筝竞赛中多名学生分别获得串类、板类、翅类一等奖、二等奖、三等奖，我校获得团体一等奖。

（三）风筝文化，融进校园文化，打出品牌

1. 在风筝放飞中加强团队建设。在风筝制作中，各小组需要互助合作，共同完成复杂的制作工艺。在此过程中，大家充分发扬团队精神，形成强大的以风筝为圆心的向心力。班级文化建设中，要强化形成团结协作意识，为合作学习提供舆论导向和价值整合的文化支持。图10为风筝展示。

2. 利用网络记录风筝的精彩。充分利用网络的交互性，创建"放飞梦想"微信群，学生可自主交流、分享风筝制作的收获与困惑，拍摄风筝制作视频，并在公众号上晒出学生的精彩作品，激发了学生对文化的深度学习与探究。

3. 培养专业人士继续领航发展。邀请民间风筝艺人，加强高校风筝老师的师资队伍建

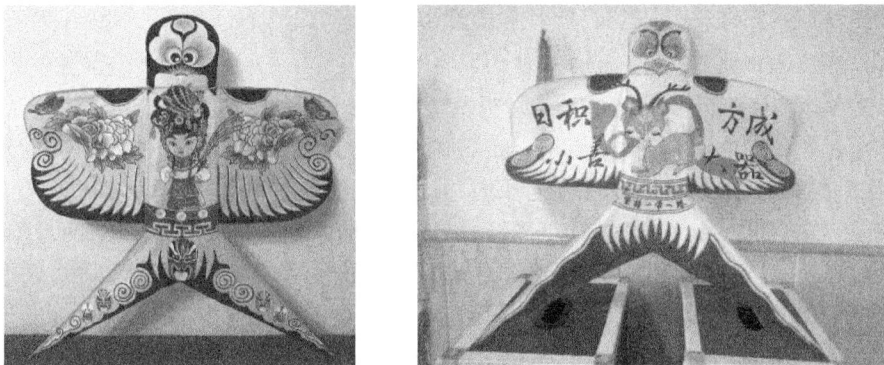

图 10 风筝展示

设,提高教学能力;安排老师向省级非遗传承人学习制作和放飞风筝,提高教师的专业素质,让教师在教与学的过程中提高自身素质。通过科研活动来提升教师的理论研究水平,培养教师将风筝教学中存在的问题提炼为科研选题项目,培养他们把相关风筝文化遗产的科研成果转化为教学资源的能力。

长辛店中心小学风筝课程工作坊的成立与发展,与高参小项目的大力支持密不可分。我们要让学生从小小的风筝身上感受到丰富多彩的中华民族文化的深厚传统,看到历代劳动人民的聪明智慧,感叹于中国传统风筝的精美及匠人的精湛技艺,让小小的风筝成为学校发展中最为靓丽的风景线。

借高参小东风助力师生成长

杨文会

一、树立"务本、求实"的管理理念

我校一直秉承着"让学生健康快乐成长"这一办学理念,开展教育教学工作,尤其是高参小项目开展以来,我校借势发展。2016 年年初,长辛店中心小学在李军玲校长的带领下,确立了"知本·立德"的办学理念,并在这一理念引领下,开启了学校教育与文化内涵式发展的崭新阶段。知生命之本源,知文化之本根,知教育之本质,在"知本·立德"思想的引领下,我们教师务本求实,传承中华优秀传统文化,坚守教师的本分,在传道授业解惑中,以学生为主体,以未来为导向,理解生命,尊重生命,促进生命的发展,提升生命的意义,让每一名知本少年在阳光的滋养下,志存高远,健康成长。

教师队伍现状分析:长辛店中心小学 1998 年建校,至今(编者语:2020 年)22 年,教师平均年龄 47 岁,是一支年龄偏大的队伍,但我们的老师仍然坚守在一线,他们班级管理经验丰富,学科基础知识的教学扎实。我们英语组青年教师相对来说还算多的,正是需要学习、锻炼、快速成长,从而担当起教育教学的重任。

面对现状,虽然困难较多,但我们在学校领导下,积极想办法,借助高参小力量,把学校的工作做稳做实,为学生发展打好基础,为老师们的专业发展铺路搭桥。因此,我的管理理念是:务本、求实、助力师生成长,在原有基础上提升教师的教学水平和学生的综合素养。

二、工作思路:抓根本,抓落实,促教学工作不断提升

(一)抓教师队伍建设,落实好梯队结构

1. 依靠党组织,外树形象,内练素质,提高老师的内动力

每学期教学计划的制定,与党组织重点工作相结合,找准结合点,借势发力。例如,每学期的"最美教师"的评比,我们都会在业务骨干中选取教师,在每年的开学典礼进行隆重的表彰,十月召开师德报告会。在发挥党员先锋模范带头作用方面,我们把党员中的骨干教师和高级教师发动起来,尽最大可能地发挥他们"领头雁"的作用,满足这些骨干老师的成就感,加强使命感,这种使命感自然影响着其他老师,为老师们树立了努力的方向。

2. 关注青年教师专业发展,助力成长

2016 年 5 月 4 日,由学校党支部牵头,学校成立了 40 岁以下教师组成的青年班,对青年教师采取了"立体"培养的方式。英语组 8 位教师,其中 6 位是青年班成员。

(1)师带徒活动。为了促进青年教师尽快适应学校的教育教学工作,我们为青年教师在组内确定了教育教学经验丰富的师傅,开展"一对一"的帮扶。从班级管理到课堂教学的设计等全方面进行指导。每学期结合组内研讨课、青年教师展示课、教学设计的撰写、青年教师汇报、定期座谈等多种形式观察掌握青年教师成长情况。

(2)研训结合。为了青年教师迅速成长,不因地域和生源的问题而闭塞,我们采取"请进来,走出去"的方法,先后请市区级专家张鲁静、李晓梅、孔燕君等英语教研员、专家来学校开展听评课活动,进行专业指导。我们充分利用首都师范大学为我们提供的专家讲座指导、外出学习机会,积极为老师们创造条件,鼓励老师们走出去学习,参加"魅力教师,精彩课堂""骨干教师培训班"等。

在校内,教学干部后续跟进,一追到底。每次听完课都进行反馈,知无不言,言无不尽。这种教研是随时随地的,如果没时间面谈,我们就采取微信的形式交流。

推荐谢浩老师参加区英语青年班的学习,COP 项目学习,请市教研员张鲁静老师为他辅导。经过努力,谢浩老师也有了"走出去"讲课的机会,从最初的讲课前的"杨老师,我紧张"的忐忑,到后来的"杨老师,您放心,我现在不紧张了"巨大变化。经过多次的历练,谢浩老师逐渐成熟起来,他多次主持市、区英语学科比赛,他本人也拥有了多次上市区级研讨课、公开课的经历,有了从第七届"师慧杯"三等奖到第八届二等奖的可喜进步。2019 年他和教研员李晓梅老师一起代表丰台区送课河北,获得大家的好评。

(3)赛中提升。我们先后举办了青年班"常馨杯"说课比赛、教学设计比赛、现场课比赛。在赛中老师们取长补短,把平时的理论学习应用到教学设计当中。在丰台区第八届"师慧杯"比赛中,经过学校的初赛,推选出 17 位参赛选手,其中青年教师有 5 人,4 人获奖,在青年参赛选手中获奖率达到 80%。

经过几年的锤炼,我们的教师队伍稳定,青年教师迅速成长,都能够很好地胜任自己的工作。

(二)以专业培训为抓手,夯实并提升教师专业发展

1. 专业学习促师生同发展

英语组固定每周四下午三点至四点进行英语课程班的学习。在这段宝贵的时间里首都师范大学教授对我们的老师进行英美文化教育以及口语等多方面进行指导。专家的课程,既夯实了老师们的专业基础,同时也拓展了老师们的视野,我们的英语组老师们既要完成教育教学各项任务,也积极准时参加课程学习,虽说很辛苦,但感觉受益匪浅。老师们的专业基础提升了,工作起来更加有底气。

教育戏剧是用戏剧方法与戏剧元素应用在教学或社会文化活动中,让学习对象在戏剧实

践中达到学习目标和目的的学习方法;教育戏剧的重点在于学员参与,从感受中领略知识的意蕴,从相互交流中发现可能性、创造新意义。基于这些原因,2018 年,英语组的老师们跟随 Jay 老师更系统地学习表演及一些思维训练。每节课 Jay 老师会结合游戏活动训练老师们的思维反应;通过情境表演提高语言表达能力和与他人的沟通能力。

在教育戏剧课程的学习中,专家改变传统单一的授课模式,课堂上轻松有趣的游戏环环相扣,适当运用肢体语言,让我们的老师透过戏剧表演掌握英语的实用性,增强学习兴趣,能够大胆释放自我,进而提升个人演说能力、交流能力、专注力、团队协作能力。在培训中可以变身成为饥饿的鳄鱼、着急的父母、热情的服务员,甚至贪婪的精灵。我们的老师从刚开始时不太放得开,不太主动,到后来完全卸下包袱,扮演不同角色,发挥自己的想象去创造剧情,全身心地投入。在戏剧课堂上,老师们尽情表现自我,将生活和戏剧巧妙地结合在一起,锻炼了老师们胆量及想象力,增强了自信力,激发了灵感,进而增强了创造力。

戏剧学习触发了思考,老师们开始反思我们的英语课堂教学。兴趣永远是学习的前提条件。如果能将英文戏剧表演融入日常的英语教学学习中,不仅激发了孩子的学习兴趣,也将学英文演戏剧延伸为一种行之有效的学习方法。从触动到反思,从反思到尝试。成立戏剧社团,向专家请教,与同事交流,观察孩子们的变化。老师们根据所学习的内容,引导学生们根据自己的兴趣、生活经验和认知体验创编成“生活化”的剧本;帮助他们搭建真实的舞台,让他们在“进入角色”的过程中深化对文本的理解,在反复演练的过程中增强语言熟练程度和表现力;在演出的过程中,使学生能获得语用的成就感和愉悦感,从而提升综合语用能力。通过有明确主旨的戏剧故事帮助学生养成良好的行为习惯,形成正确的价值观。经过老师们长时间的实践与努力,我校英语戏剧取得了丰硕的成果,学生在练习和比赛的过程中,实实在在地经历,全身心地投入,越来越纯熟的语言,以及脸上自信的表情,让我们深感教育戏剧塑造人,高参小为我们的老师和学生打开了更多的窗户,让我们的老师和学生看到更广阔的世界。

2. 多彩教研活动,扎实教师基本功

有针对性开展教研活动,为老师们的发展再助力。通过单元备课、同课异构、教学设计评比、说课、经验交流、检测分析交流、提优补差交流等多种形式教研,引领老师关注课本,关注学生,关注课堂。通过专家引领,老师们对英语阅读教学、如何撰写教学设计、小学英语习作如何开展、英语绘本阅读实践等内容有了更清晰的认识。通过外出学习,多校联合教研等形式,老师更加明确课堂教学如何设计,如何调动学生学习兴趣,如何提高课堂实效。

3. 梳理教材,扎实训练

以提高课堂实效为目标,我们采用分单元独立备课、集体备课形式,要求老师对自己负责的单元内容进行详细备课,在集体备课基础上进行修改完善。在专家引领下,我们梳理了一至六年级英语每册教材每个单元知识点、训练重点以及单词训练手册。在日常检测后,英语学科针对学生出现的典型错例,整理每个单元的错题集。前期的梳理和后期的整理,耗费了很多的精力和时间,但有利于老师们尤其是青年教师有针对性地开展教学及期末复习工作。最终目标既要夯实基础,也要提升能力。

我校英语老师每个人承担着 5 个班的教学任务,家长水平参差不齐,要提升学生的成绩面对的困难可想而知。针对这种现状,我们确定了“提优补差”工作重点。教师每个学期要撰写提优补差计划,学期中进行组内交流活动,大家共享有效的方式方法,期末结合检测情况撰写提优补差总结。通过一系列工作的开展,我校英语成绩有了较大提升,尤其是四五年级从原来的每个年级不合格的几十人,下降到现在的几个人。五六年级的统测成绩也在逐步缩小与区平均成绩的差距。

（三）落实助教参与教学活动，促学生发展

首都师范大学外教院为英语组的每位老师派了外教院的本科生及研究生作为助教帮助老师们更好地开展教学工作。在工作中，我们坚持"务实，用心与用情相结合"的原则处理工作中的各种问题。我们的老师指导助教研读教材、备课的环节、课件的制作以及怎样与学生相处等，为助教能胜任教师的工作打下良好的基础。同时，这些助教，能辅助我们的老师辅导学生，并承担一些力所能及的事情。

例如，在单词闯关活动中，助教们起到了关键作用，为孩子们录音闯关单词，让孩子们把音频 copy 回家跟读，在微信中听孩子们的语音并做记录，纠正孩子的英语发音，利用课间时间辅导孩子读课文等，在单词闯关的过程中为孩子们记录并打分。2015 年在圣诞节的"Happy Week Happy Day"活动中，助教们化装成圣诞老人积极与孩子们互动，让孩子们度过了一个生动、难忘并且印象深刻的圣诞节。

三、不忘初心　砥砺前行

回顾高参小这几年的工作，我们的老师们在专家的引领下快速成长，教师的研究意识与研究能力得到提升，多名教师在市区级比赛中获奖。我们的学生在习惯及能力等方面也有了长足的发展，取得了显著的成绩。学校办学质量与办学品位日益凸显。

面对新时代，作为教育工作者，我们时刻牢记初心，内化于心，外化于行，立足岗位，砥砺前行。扎实推进并不断完善知本教育引领下的层级化、综合性、可选择的知本课程体系，提升学生的主体意识，让学生知道自己未来的方向，让内驱力在学生的成长过程中发挥最重要的作用，让他们志存高远，创新前行！

首师大高参小"教育戏剧进校园"项目在长辛店中心小学的开展与实施

教育戏剧项目支持单位——北京环球时代学校　吴中东　王　谨

一、背景概述

教育戏剧不同于戏剧教育，后者提倡在学校排演戏剧时，不必拘泥于台词的背诵一字不差[①]，而是要启发孩子的创造性思维以及情感的表达。而前者强调将戏剧作为学习的一种工具，在学校教育中应用戏剧方法来开展教学工作，教师基于已有的经典文学作品，教孩子们自己在作品中发掘素材创作自己的戏剧，教师角色随着学生学习的情况随时进行调整，创造[②]一种"make-believe"（虚幻、假想）的自然学习环境。

在西方，以课程为中心的教育戏剧已完全脱离于传统的戏剧教育，突破了对其他学科的依附性，成为艺术教育中不可缺少的独立课程之一。Jonothan Neelands 提出教育戏剧应运用在一个可发展性的课程结构中，将工具性知识学习、个人与群体学习、表达式学习、美感学习[③]四个方面作为课程目标。

其实，这与我国学校美育的基本要求和任务是完全相符的，即将美育内容的思想性和艺术

---

① 温尼弗瑞德·瓦尔德. 创作性戏剧技术.1930.
② 哈丽特·芬蕾-约翰逊. 教学中的戏剧方法.1912.
③ G. Bolton, Changes in Thinking about Drama in Education.

性相结合,通过情绪体验与逻辑思维,运用戏剧艺术的表现形式,培养学生充分感受现实美和艺术美的能力,使学生具有正确理解和善于欣赏现实美和艺术美的知识与能力,发展学生创造现实美和艺术美的才能和兴趣,在全面发展的前提下因材施教,提升学生的趣味和情操,树立美好的人生观和世界观。

2017年秋季开始,北京环球时代学校作为国内教育戏剧的践行者,依托多年从事外语教育戏剧的教学经验与专业优势,荣幸地参与了首都师范大学高参小教育戏剧项目在长辛店中心小学的试点。短短两年半的时间,承蒙首都师范大学俞劼院长、挂职副校长鲍晓莹教授等领导的大力支持,以及长辛店中心小学李军玲校长、瑞晓辉副校长及多位老师的全力配合,教育戏剧在长辛店中心小学取得了丰硕的成果,从组建戏剧社团到走进一线课堂,从培训师资到普惠学生,从校内走向校外,从丑小鸭变成白天鹅,教育戏剧让老师看到了希望,让学生得到了成长,让教育的意义更完美!

二、建构历程

长辛店中心小学地处丰台区城乡结合地带,2017年秋季该项目启动初期,长辛店中心小学的学生很多都来自外来务工家庭,英语、戏剧对这些孩子们来说都是不小的挑战,从何入手?如何设计针对性的教学模式才能让孩子们容易接受并真正受益,达成高参小普惠教育的美育目的?为此,我们专门成立了项目专家组,由首都师范大学基础教育学院俞劼院长、长辛店中心小学李军玲校长、瑞晓辉副校长、环球时代王谨副校长等儿童教育专家牵头,由首都师范大学英语学院鲍晓莹教授、英语教育专家吴中东教授、滕继萌教授挂帅,丹麦戏剧教育专家Roman Roma,意大利戏剧教育专家龙少安、美国哥伦比亚大学戏剧专家Nathan&Jay,以及赵琳、文雯等国内电影戏剧学院毕业多年,且一直从事儿童教育戏剧教学的人士一起,通过多次研讨之后达成初步共识,并提出在实践中摸索,在实践中学习,在实践中完善的普及思路。图11为"花开有声"长辛店中心小学教育戏剧课程研讨会。

图11 "花开有声"长辛店中心小学教育戏剧课程研讨会

(一)教学理念与准则

"一千个观众心中就有一千个哈姆雷特",每个处于人生观和世界观形成的关键时期的青少年都应该通过观看、了解、参与戏剧表演来直观地获得对世界的认识,体验艺术的美感。同时,青少年时期也是语言能力形成的关键期。通过对经过精挑细选的剧本的记忆、倾听与表达,更能使孩子在沉浸式的语言环境下获得一般英语教育所不能提供的语言能力,从而解决学生的心理问题、成长问题、教育盲点问题,以提高学生的合作意识、创新意识、心理素质和身体素质。

除此之外,剧本不是课本,不具有大量的叙述性语言,能极大调动学生学习文本知识内容、语言基础的兴趣,激发学生进行创造性活动,通过肢体动作、表情来表现他们对剧本内容和人物性格的独特理解。在这个过程中也提升了学生观察人物、分析生活的能力。英语是一项语言能力,要运用到生活中去,与从生活中来的戏剧相结合,全方位、多角度地对学生的综合能力进行提升,并在学生表演和体验剧中人物时潜移默化地培养学生换位思考、思他人之所思的能力,培养学生的高尚情怀和理想情操。

"英语教育戏剧"是一个集"少儿英语"和"青少年戏剧"之大成的模式,学生们可以通过原汁原味的浸入式、专业化的戏剧表演训练,唤醒好奇、模仿、表演的欲望,老师可以高效地引导孩子们积极参与舞台,用英语和肢体语言表现自己并给予必要的肯定,我们的核心理念是为孩子们提供一个自由、安全的课堂,启发孩子充分发挥想象力和创造力,在模仿、同化、顺应和组织的学习中加强语言表达能力和逻辑思维能力,在艺术修养、健康人格、语言习得等综合能力方面得到全面提高,最终达到全科教育、全人教育的目标!

营造无压力、轻松愉悦的课堂氛围,让孩子们在放松、活泼的状态下,进一步吸收和内化学科知识,提升认知能力和学习兴趣;学生是学习的主体,教师是引导者和教学过程的构建者。引导学生从原有生活经验和知识出发,进行自我发现、自我决定、自我探索、自我反思、自我塑造、自我创新。以戏剧为媒介对知识进行原创。一种方式可以通过融入自我理解与认知,对经典原著进行再创造,丰富和调整自我认知结构;另一种方式为纯原创,即通过即兴创作、戏剧游戏等方式让学生充分发挥想象力和创造力,实现自我原创。每个孩子生来都是有天赋的,由于家庭、社会及学校提供的不同教育和成长环境,导致个人发展差异,部分学生发展差强人意。教育戏剧课堂要充分尊重学生个性,根据学生不同学习风格、性格特点、认知结构提供个性化指导,鼓励表达,鼓励创新,使学生更好地认识自己,更好地成为独一无二的自己。图 12 为师生合影。

图 12　师生合影

(二)教学内容与教育功能

秉承教育戏剧最终达到"全科教育、全人教育"的教学理念,我们认为教育戏剧从一开始就要打破学科的界限,充分发挥教师的学科优势及经验优势,逐步推进"教育戏剧＋X"的模式,即重视每个学生的个体发展,弱化教育的目的性,同时又有与国际接轨的能力水平评估系统,准确掌控学生的学习程度,以便因材施教,因能力施教。强调教室中的戏剧,让教育戏剧无处不在,在教学中同其他学科,如:戏剧＋美育,戏剧＋外语,戏剧＋传统文化,戏剧＋寓言,戏剧＋典故,戏剧＋成语,戏剧＋诗词歌赋,戏剧＋世界文学经典,戏剧＋课本,戏剧＋科学等等,教师团队应包括语文、国学、品德、科学、艺术、英语等各学科老师,通过开展综合的探索性和生成性课程,达到跨学科集成,体现杰出的教育水准和学生综合能力的同步提升,实现全人教育和全科教育,创建教育戏剧特色校,实现以下教育功能:

(1)艺术修养。戏剧本身具有教育功能,通过学习和参与戏剧,学生可以提高艺术修养(educated artistic taste),使学生举止高雅、健康向上、大方开朗。

(2)品质教育。戏剧本身具有提高学生自信心的作用。培养学生拥有良好品德,使学生乐观向上、富有想象力和创新力,具备敢为人先、突破自我的勇气和良好的团队合作精神。

(3)认知能力。戏剧本身可以潜移默化地提高学生认知能力。通过戏剧形式,培养学生观察和模仿能力,在观察、模仿及参与教育戏剧的过程中,激发孩子探索新事物的好奇心,增强孩子对事物的感知能力,洞察人类社会和自然界发展规律,实现自我发现、自我决定、自我创新、自主学习。

(4)语言发展。戏剧本身有利于促进学生的语言发展。在轻松愉悦的氛围和特定的语言情境下,进行语言交流,"消化"及生成语言,促进学生语言能力发展。

(5)领导能力。戏剧本身旨在培养学生的社交和领导能力。通过独白、演讲、结对、小组分工等方式,给予学生展现自我的机会,锻炼学生口才,培养学生的沟通能力、领导能力和组织能力。

(三)分步推进与全面实施

教育戏剧作为一门新兴的学科,在我国的推广刚刚起步,从以往的问卷调查中我们发现,不论老师、家长还是孩子,大家普遍认为"教育戏剧就是教孩子们唱戏、演戏而已"。因此,在数次研讨中专家们都一致认为师生同步、分段普及是必需的,也是必要的。

第一步:成立戏剧社团。

自2017年9月开始组建"英语教育戏剧"学生英语戏剧社,每周活动1～2次,每次2小时,英语社团由外籍戏剧专家亲自授课,中文助教配合,采用浸入式教学,以经典童话、文学名著为主题,运用欧美创新式教育戏剧元素实施教学,并在实践中逐步完善教学模式。戏剧社的建立是戏剧走进小学课堂的基础,是实现全校普惠最重要的环节。

长辛店中心小学第一期戏剧社的孩子东拼西凑也就十几人,其中100%的孩子没有看过戏剧,70%的孩子是借读生且明显表现出羞怯畏惧,90%的孩子英语成绩一般,不自信……

然而,令人惊讶的是,他们一下子就爱上了Roma老师,爱上了教育戏剧课。Roma不许老师、助教苛责任何一名学生,他给孩子们最大的空间去想象,让他们根据自己的理解选择剧本,选择角色,选择音乐,选择布景,选择服装……鼓励每一位学生都是最棒的、独特的!在他的激励下,孩子们很快丢掉了羞怯不自信,完全融入课堂,开心地释放表情,解放肢体,挥洒热情,专注地学习每一句台词,每一个动作,每一个表情,终于在10次课后15个孩子撑起了第一台全英文教育戏剧专场演出——安徒生经典童话剧《卖火柴的小女孩》《匹诺曹》《彼得·潘》。

首演成功后,校园内热爱戏剧、喜爱表演的孩子们纷纷报名。半年后第二期社团招募时,人数一下子扩充到七十多人,并成立中文戏剧社团、英语戏剧社团、小语社团等,一直延续至今。孩子们在教育戏剧的感召下,找到了一个发挥自己才能的舞台,真的从丑小鸭变成了白天鹅,成为聚光灯下璀璨的校园之星!

第二步:师资培训,同步推进。

普及教育戏剧,必须教师先行。这个道理是毋庸置疑的。然而,在崇尚内敛和师道尊严的文化传统下,"本土教师"普遍存在教学刻板、课堂拘谨的状况,只有改善教师心理,影响教师行为,才能改善传统的教学模式,教师们才能释放自己,做到人格统合,知行合一。师生关系得以改善,彼此才能在课堂上有更安全、更积极热情的情绪体验,从而提升教学效果。

但是,老师们是否乐于接受教育戏剧模式?会有哪些问题?如何避免?如何进行师资培训才能达到预期效果?在经过多次协商研讨后,我们决定采取理论结合实践的模式,由外籍专家亲自授课,国内外语与戏剧专家配合,从长辛店中心小学英语组开始试点,然后延伸到学校领导和教学骨干、班主任及全校教师;再借鉴长辛店中心小学经验向首都师范大学高参小其他对接学校进一步推广;最后,希望在条件成熟的情况下向更多学校推广。

在两年半的时间里,我们断断续续地进行了 6 期师资培训,短则两天,长则跨越一个学期,通过培训前后的调查问卷及教师访谈,我们欣喜地发现,教师们无论性别、年龄、学历、背景等因素如何不同,他们都能迅速融入教育戏剧的活动中,释放压力,建立自信,提高表现力、想象力、创造力,产生自我认同感,在认知、情绪、行为三方面达成人格统一,并能有效投射到周围环境对他人产生积极正向的影响。最令人感动的是,他们急切地期待更多的培训,并希望能尽快惠及自己的学生。我们可以自信地说,教育戏剧对教师成长意义重大,这可能是改变传统教学模式的一剂良药。

第三步:教育戏剧走进课堂。

2018 年 9 月 10 日,在戏剧社成立试点一年,经过多次研讨后,专家组与长辛店中心小学李校长和瑞校长及教学骨干反复开会论证后,教育戏剧终于作为常态课走进了长辛店中心小学二年级课堂。具体安排是面向二年级学生,每周每班 1~2 节,每节课 45 分钟,尝试"教育戏剧+X"模式,并在实践中完善教学,进一步实现普惠建构体系。

第四步:成果呈现,家校同心。

尽管教育戏剧的目的不同于舞台戏剧,但是呈现是必不可少的。呈现是对教学效果的检验,呈现是大众认可的窗口,呈现是不断进步的标尺,呈现是通向更高目标的方向。无论社团、教师、二年级全体课堂,无论校内还是校外,不断检验,不断进步。

为此,我们在过去的两年半中,每个学期都会给全校师生、家长做汇报演出,同时普及教育戏剧的理念和意义,并请家长参与进来,和孩子们一起体会其中的魅力。有的学生风趣地说:"爸爸的到来仿佛心中的小宇宙爆发了!我太激动了!"家长说:"如果我们小时候有这样的课程该多好!希望这样的课堂永远办下去,我们期待看到孩子如此快乐,如此真实,如此自信!"

第五步:特色教材呼之欲出。

教育戏剧教学要想顺利开展,关键需要一套与本土教学大纲相适应的教材。然而,如今市面上相关的教材几乎没有,戏剧专家不懂儿童教学心理学,教学专家不懂戏剧,国外的专家不懂中国教育……

"本土的教育大纲如何与多功能的教育戏剧珠联璧合?"在过去两年半的实践推广中,我们一次又一次探讨这个问题,这是摆在我们面前最艰巨的任务。但最终我们认为,每一个老师的经验和知识结构都是不同的,目前还不是拿出一个统一教学模式的时候,还需要有志于教育事业的人士共同努力,从思想上提高对教育戏剧的认识,上层主管部门应给予大力支持,辅之以相关的专业培训作为师资业务能力的必修内容,鼓励老师们设计出有特色的丰富多彩的教案,再进一步进行相关研讨,最后才能形成一个为中国本土所用的教育戏剧特色教材。

故此,在项目即将结束之际,我们也召集部分直接参与本项目的老师提供了某些课程的教案设计,从了解与走进、融入与指导、再现与表演三个阶段,对教学目标(文本理解、情感态度、价值取向、语言习得、戏剧表现、美育要点)、教学重点、教学难点、教学过程、教学评价等几方面进行阐述。没有统一的范式,仅希望能提供给大家作为借鉴。希望在不久的将来,更多的有识之士能联合起来,在"教育部新课标"的要求下,编纂出一套适合本土教学的中国教育戏剧教学指南,让教育戏剧确实能作为一个常态课进入学生的课堂。

(四)教学成果与剧目呈现(表 9)

表 9　教学剧目

序号	剧目	语种	备注(题材等)
1	卖火柴的小女孩	英语	世界经典童话
2	匹诺曹	英语	世界经典童话
3	彼得·潘	英语	世界经典童话
4	花木兰	中文	古诗词
5	丝路(原创)	英语	大型原创英文剧
6	暴风雨(莎士比亚)	英语	世界经典名著
7	枫桥夜泊	日语	传统文化-唐诗
8	春夜喜雨	日语	传统文化-唐诗
9	三顾茅庐	西班牙语	传统经典文学《三国》
10	丑小鸭	法语	世界经典童话
11	狼和小羊	俄语	世界经典童话
12	白雪公主和七个小矮人	德语	世界经典童话
13	七语儿歌表演唱	中英德法西日俄	世界经典儿歌
14	Magic Mellon	英语	英语经典绘本
15	寒号鸟	中文	课本剧-寓言故事
16	狐假虎威	中文	课本剧-寓言故事
17	曹冲称象	中文	课本剧-中国历史故事
18	小蝌蚪找妈妈	中文	课本剧-科学童话
19	玲玲的画	中文	课本剧
20	卧冰求鲤	英语	传统文化典故
21	药王谷的春天	中文	中医药文化
22	抹香鲸的故事	中文	环保与科学
23	二年级教育戏剧常态课	中文	二年级戏剧课堂
24	中文戏剧社团微课	中文	教育戏剧课堂
25	英语戏剧社团微课(1)	英语	教育戏剧课堂
26	英语戏剧社团微课(2)	英语	教育戏剧课堂
27	教育戏剧经典游戏	中文	教育戏剧游戏荟萃

三、展望未来

回顾过去两年半在长辛店中心小学进行的教育戏剧普惠项目的试点，我们惊喜地看到老师们的热情是高涨的，孩子们的表现是非凡的，家长们的反馈是积极的，可以说项目取得了阶段性的成功。从学校、家长、老师、学生多方面的访谈问卷中我们看到，大家期待项目的延续，这给了我们极大的鼓舞和坚持下去的勇气与信心。图13为学生表演。

图 13　学生表演

希望在不久的将来，我们能推出一套适合中国本土的教育戏剧指导教材，通过教师培训改变传统教育模式，进而推广到课堂惠及孩子，并在全国各地学校遍地开花！真正做到培养学生感受美、理解美、创造美，在全面发展的前提下因材施教，树立美好的人生观和世界观，最终达到全科教育、全人教育的目标！

高参小项目下加强科研管理，提升教师及学生素养

赵志立

在高度重视学校科研工作的今天，各个学校都在开展着多种多样的科研活动，以求解决教育实际问题，实现教师专业发展，凸现学校特色，提高教育质量。

我校在推进科研工作的过程中认识到：科研对于教师和学校的发展确实大有裨益。学校一方面要注重组织教师进行具体的课题研究以解决当前问题，另一方面也必须探索一条学校科研持续发展的道路，以不断增强学校科研的整体效能。学校的科研效能体现在解决现实问题的效果和能力两个方面。只有不断积累和提高学校科研的能力，追求科研效果影响的最大化，科研的整体效能才会得以提高。片面、孤立、短期的研究则难以积累成果，进而无法转化为学校科研合力。学校科研效能固然与每个教师的研究能力有关，但对于学校来说，如果能够有效地将个人行为转化为集体财富后，便可以发挥出整体大于部分之和的效果，而科研管理在其中则发挥了无可替代的作用。

恰逢高参小项目惠及我校，学校借助美育体育外语综合提升学生素养，产生了大量鲜活的案例，大量可深入研究的课题资源。基于此，我校从科研管理入手，着力从问题解决和能力积累两个方面提升学校的科研效能。现将我校高参小期间的科研工作进行一下简单的小结与回顾。

一、系统设计，层级化实施课题研究

教育的问题是复杂的，很多共性问题在不同年级、不同学科可能会有不同的表现，只有多角度研究问题才可能最后提炼出普适性较强的规律或解决办法。组织教师共同研究解决学校

的突出问题，无疑能够集全校教师智慧于一体，提高集体攻关的成效。

我校制定了教科研工作系统化、层级化的思路与策略，即学校提出总的研究课题，并将课题实施方案落实到年级、学科组，各年级、学科组根据本年级、本学科特点和发展需求或亟待解决的问题制定相应的研究专题并上升到研究课题的形式开展教科研活动，形成金字塔式研究系统，从而使教科研工作系统化、层级化。总课题统领，一方面可以指导教师的研究方向和研究重点，使成果更便于集中；另一方面也便于集中指导和开展研究工作；同时还可以增强研究的延续性和深刻性，逐步形成特色和集团优势。子课题则是一方面考虑到教师研究的个性化、独立性和自身特长，另一方面也可以极大地丰富总课题的研究内容，增加创新点。

二、加强指导，从教师实际出发提高研究水平

目前，我校教师在教科研方面有两方面问题，一个是如何选题，另一个是教师的研究能力，这些直接制约着研究的效果。因此，学校强化科研管理工作中的指导职能，通过设计调查问卷、访谈等方式，了解教师工作中的困惑和需要解决的问题，帮助教师确立科研课题的研究方向和选题，然后进行科研课题的过程资料如何收集，结题报告如何总结等方面的培训，以不断增强教师的研究能力。

1. 课题实施前，学校指导重点是课题的选题和论证。在市区级课题申报前，学校都会组织相关培训，使教师掌握基本的科研设计规范格式，消除教师认识误区；同时，学校会组织教师根据教育教学实践需要，认真选题，帮助教师收集整理资料，填写课题立项书。学校还组织教师制定切实可行的研究方案，并进行专门论证，及时发现可能影响实现研究目的的隐患。

2. 课题实施中，学校指导的重点是研究中显现的问题。学校定期召开科研工作会，研究教师课题实施过程中的问题和解决策略，保证教师课题研究的持续性和有效性。同时，学校也将最大可能地为每个课题实施提供保证，在学校安排工作时，尽量保证工作的延续性，以便让课题顺利实施。

3. 课题研究实施后，学校对于教师的课题结题报告，集中进行辅导，规范结题报告的格式，告诉教师怎样把一些过程资料和开题报告中的内容融入结题报告中，怎样提升课题的收获，对于研究中仍然存在的问题和今后的设想，让教师不断总结提升到理论，为今后的科研课题研究指明方向。这样便能不断提高结题报告质量。

4. 学校建立了领导分管负责课题的制度。每名领导在课题研究管理方面都有明确分工。领导们不仅对所负责的课题都认真负责实际参与，而且还发挥各自资源优势，积极与上级教科研单位密切联系，以为学校科研争取专家指导。

三、选择方式，促进科研与日常教学的紧密结合

科研作为学校的一项工作，必须找到适合的方式才能够融入学校主干业务，而不成为教师的额外负担，继而才能够深入、持续地发挥其独特作用。

学校科研普遍存在的一个问题就是两头紧中间松，即重视课题立项和研究报告，忽视研究过程；同时，课题研究的专一性也使得科研与教研容易形成冲突。我校针对一线教师进行专项研究时间少、日常工作量大的特点，鼓励和引导教师将研究内容与形式多样化，即在日常教育教学过程中，注重案例的及时收集与撰写，注重课后反思内容与研究专题的一致性，注重叙事研究等多种研究方法的运用，注重课堂教学与研究的生成性。日常教育教学既是工作的过程，也是研究的过程，将研究与日常工作、教研活动融为一体，从而实现教科研的一体化。

四、创设组织，实现群体协作互促

教师之间的协作、交流、启发、碰撞是其科研能力提高的有效途径，学校只有形成研究的

"场",研究意识、热情和能力才能够不断激发和提升,研究也才能够逐渐走向自主和深入。

针对小学教师在课题研究过程中理论知识的先天不足与文献资料收集整理存在的困难,学校成立了青年教师读书会,开展广泛的阅读活动。学校拿出一定的专项资金用于会员购置图书,加强阅读内容的交流;组织青年读书会成员积极参与各种论文的撰写,交流读书体会与收获等。此举不仅使青年教师养成了阅读习惯,分享了读书智慧,而且充实了理论知识,了解了课改与科研较为前沿性的知识与发展趋势。其他诸如教研组、课题组等多元化的研究性组织也促进了教科研一体化进程的加快,为教师研究提供了丰富的场域,使教师以一种更加开放的心态和思维方式进行教育教学研究工作。

五、整合成果,形成校本研究知识资源库

对于教师或某一研究小组来说,研究目的的实现标志着研究任务的完成,但对于学校来说,有责任将教师的研究成果汇集起来,形成学校的知识资源库,发挥已有研究成果的影响作用,提高后续研究的起点,减少重复研究。实施知识管理,是提高学校科研效能的重要保障。我们每学期都会定期出版学校的《教研论坛》,围绕一个专题进行研究,老师们积极撰写论文和案例,各层主管认真审阅,耐心指导,提出修改建议,不断完善,不断进步。在实践中逐渐提升学校教师的科研理论水平。在高参小期间,我校围绕"在古诗文教学中培养学生形象思维能力的研究"这个课题,全校上下一盘棋,积极配合教学副校长,完成了各个年级组的科研任务,经过无数次听课、磨课、撰写案例,收集大量的科研课题过程资料,最后编辑成册,撰写结题报告,上交参评,不断完善和充实学校的校本研究知识资源库。

六、研究探索,提升科研管理水平

如前所述,学校的科研管理水平影响着学校科研效能的发挥,因此,必须对学校科研管理工作本身不断进行研究和探索,才能不断更新科研管理理念,提升科研管理水平,从而从全局有效推动学校的科研工作。

我校进行了《学校教育科研管理的实践研究》,我们先撰写了学校科研的计划管理:学校的科研规划和年度计划,成立学校科研的组织管理,学校教育科研组织管理机构,教育科研组织形式,教育科研的组织效能。重视学校教育科研的过程管理:确定研究课题,查阅资料进行课题论证,设计研究方案,实施研究,收集研究资料,整理分析研究资料,撰写研究报告或研究论文。对研究过程进行监督。最后,学校科研的成果评价、奖励、推广管理。

另外,我们进行了学校科研的档案管理:制定学校的科研计划和年度计划;指导教职工撰写课题立项申请书,研究设计方案,课题研究过程中的汇报或检查记录,最后,指导撰写课题研究工作总结和课题研究成果。

根据科研工作发展现状,确定现阶段提升科研管理质量需重点研究的内容为:①学校科研规范化建设的实践研究。②学校教科研的研究功能的实践研究。③学校教科研信息化建设的实践研究。

总之,我们会依托高参小项目的航标,以提高学校教科研管理水平为己任,以全面提高学生的素养为核心,以促进教师科研能力为目标,开展丰富多彩的教科研活动,使老师们用科研指导实践,用理论武装头脑,切实提高教育教学实效性,以期达到提高教师素养的目标。

第三部分

岭上花开，馨叶微香

论 文

立足主题实践活动,培育学生民族情怀与文化自信

瑞晓辉

2013 年,中共中央办公厅印发《关于培育和践行社会主义核心价值观的意见》,在这个意见里面明确提出社会主义核心价值观的基本内容。2014 年以来,习近平总书记多次论述核心价值观问题。习近平总书记强调,培育和弘扬社会主义核心价值观,必须立足中华优秀传统文化,博大精深的中华优秀传统文化是我们在世界文化激荡中站稳脚跟的根基。他概括了 6 个方面:讲仁爱、重民本、守诚信、崇正义、尚和合、求大同,这样就把中国优秀传统文化内涵的当代价值概括出来了。中华优秀传统文化是社会主义核心价值观培育的土壤与基础,社会主义核心价值观是对中国优秀传统文化的创造性发展。弘扬优秀传统文化,践行社会主义核心价值观,让中国人有中国魂。

在这样的大环境下,长辛店中心小学进行了积极探索与实践,我们认为作为一个正在成长的中国少年,如果不能较好地认识自己的民族、认识自己的家乡、认识自己的祖国,爱国就是一句空话,难免会为将来的迷茫与偏差埋下消极的伏笔;如果一个学生不知道老祖宗都给我们留下了哪些丰厚的文化遗产,不能很好地将唐诗宋词这些最浅显基本的文化基因根植在自己的血脉中,即便将来走向世界也容易忘记自己的来路,淹没在异国文化的泡影中,行无依归。

为此,学校除了在学科教学中、学校管理中渗透社会主义核心价值观的各个层面和要点,更结合少年儿童身心特点,立足校园主题文化活动,培育学生的国家认同感和民族情怀,目的是营造一个浸润性的育人环境,规避口号性的宣传教育,寻找适合不同层次和学段学生需求的以弘扬优秀传统文化为载体的社会主义核心价值观实现途径,使这些精神理念和内涵入脑、入心。

一、在"校园民族风情节"系列活动中解决来路与归属

我国多民族的国情决定了民族团结教育始终是中小学德育教育的重要任务,作为教育工作者,有义务也有责任将国家意识通过教育的方式传递给青少年,作为教育工作者要通过不懈的努力让学生知道中国是统一的多民族国家,了解我国的民族政策,尊重各民族的风俗习惯和语言文字,知道民族平等、民族团结和各民族共同繁荣发展的基本原则,初步培养学生树立正确的民族意识、国家意识和爱国情感。我校目前外来务工人员子女占到了 42.6% 以上,他们来自祖国各地,其中也有一部分来自少数民族地区,借助这一资源优势,通过开展"心怀祖国,放眼世界"主题系列活动共分三个篇章:认识我们五湖四海的小伙伴,认识我们多民族统一的大家庭,认识我们多元文化构成的世界家园,一个楼层一个主题,各篇章依次开展,有些内容可同步开展,交叉进行。通过活动增长知识,拓宽视野;培养学生热爱家乡的情感,增强民族自豪感,同时通过活动对学生渗透包容、接纳、共享、共赢的优秀现代公民的品格和集体主义精神。

(一)认识我们五湖四海的小伙伴

1. 计算机和综合实践学科实践活动:借助学籍信息完成全校学生来源分类统计表,其中包括来源省份、城市、所属民族及各类人员的数量、班级、姓名,制成借读学生来源省市分布图。

以上数据及统计图主要用于一层主题区,主题区计划以完整的中国政区图为背景,各省份学生来源相关数据做牵线注脚,目的是让学生知道我们身边的小伙伴来自五湖四海,来自祖国各地,大家是因为同样的求学目标来到同一个学校,同一个班级,应该珍惜这份难得的同学情谊,互帮互助,团结友爱。这一点需要老师们在适当的时候渗透给学生,引导学生正确认识和处理好自己与伙伴的关系,树立班级意识、学校意识。

2. 班级亲子活动:学生和家长一起完成,每人制作一张"我的名片",一个年级一种颜色,一个省份一种形状。内容包括班级、姓名、个人照片、户籍省市以及一句家乡心语。

3. 班级自主活动:根据学生来源分布情况,楼道班级展板分别以省份轮廓及学生名片、该省份风土人情、名人典故、风景名胜等布展。

4. 主题班队会:"认识我的小伙伴""夸夸我的家乡美""我骄傲,我是××人""学说家乡话"等主题班会,教育引导学生认识自己的小伙伴,包容自己的小伙伴,理解、接纳不同的语言文化和习俗,从而进行集体主义教育。

亮点:一层主题区中完整的中国政区图上面学生头像照;全校学生来源省份、分布统计图以数字的方式显示出来,清晰、直观。

(二)认识我们多民族统一的大家庭

1. 学科组实践活动:开展一班一族专题展,二层楼道展板以学科组抽签方式确定对应民族对号布展,主要对该民族风俗习惯、饮食文化、传统节日、建筑、服饰、语言、民族英雄或名人等组织学生进行研究和学习。

2. 结合五月的民族团结月,(各民族)推选一个小讲解员,利用课间和中午时间为师生进行相关民族常识讲解。

3. 结合学校博物馆课程,四年级三月份开展"中华民族园之行",探寻五十六个民族的风俗奥秘。

4. 体育学科实践活动:以民族传统体育游戏为主要内容,二至六年级每年级挑出 20～30 名学生学习一种民族体育游戏(花样跳绳、花样前滚翻、跳竹竿、跳房子等)。

(三)认识我们多元文化构成的世界家园

1. 学科组专题实践及布展:①语言文化(英语组);②饮食文化(书法美术组);③艺术(音乐组);④体育文化(体育组);⑤节日文化(品社组);⑥礼仪文化(计算机综合组);⑦建筑文化(世界各地地标性建筑,五、六年级数学组),美化和装饰方面也尽可能使用一些相应的元素。

2. 三至六年级的以学科任课教师对所任教班级,每班利用一课时时间,对学生进行相关多元文化渗透,引导学生认识世界文化的多元性,理解并尊重不同国家地区的不同文化,引导学生将来要成为一个合格的优秀的现代公民就要从小具备世界眼光,从小培养自己的国际视野。

亮点:二层主题区由三部分构成,其一为自制的完整中国政区图,以牵线注脚的方式将五十六个民族的分布区域加以注释,学生可以直观了解;其二为五十六个民族速记歌诀,便于学生记诵;其三为"祝福随意贴",孩子们自发写一些对祖国、对家乡的寄语,对民族团结的祝福语贴在这个区域,表达一份真挚纯真的情感。

系列活动持续 3 个月,最终以"校园民族风情节"圆满结束!

二、在"诗词梦,中国梦"中解决情怀与去向

"天生我材必有用,千金散尽还复来。""长风破浪会有时,直挂云帆济沧海。"诗人笔下喷涌而出的跌宕起伏的情感,让我们感受到震动古今的气势和力量,这就是中国古诗词的魅力,这片精神的沃土更是根植了中华民族自古至今的情怀。

品读经典诗词,寻觅文化基因,培养生活情怀,圆梦中国自信,为贯彻落实习近平总书记关于弘扬中华优秀传统文化的指示精神,让经典诗词为学生成长打上文化底色,让萦于耳、记于心、诵于口的国学经典,成为中华民族的文化基因,让我们的孩子从小就有一种诗意的情怀,且趁鲜衣怒马的少年时光,在温故知新中拂去时光与记忆中的灰尘,用古代文人的情怀和智慧,续写当代情怀与智慧,点亮今日生活,筑梦未来。

2017年3—5月,我校开展了"诗词梦,中国梦"传统文化系列活动,营造浸润式的教育环境,让学生参与、体验、实践的同时认识诗词的魅力,学习一种礼仪,养成阅读习惯,培养家国情怀,初建文化自信。

系列活动一:摘录经典,学科执教。全体教师结合本学期教学摘抄要求完成不少于1500字的古诗文摘抄,语文教师结合"同课异构"组内课要求完成一节古诗教学。

系列活动二:班级诗词大会,争当诗词达人。一至六年级各班以《小学生必背古诗75首》为参考,布置主题黑板(题目自拟),在主题日当天与现场活动穿插开展班级诗词大会,选出班级诗词小达人。

系列活动三:演绎阅读经典,感悟美好情怀。三至六年级按照本学期教学活动要求,精选部分课外阅读展示作品参与主题活动日的现场展示。

系列活动四:知礼、学礼、明礼、用礼、守礼,学习、传承古风中的答谢礼(主题活动日当日凡答谢老师、同伴均施以答谢礼)。

系列活动五暨主题活动日:"传承经典,筑梦情怀"文艺演出。

系列活动六:同步交叉进行"词牌令"千人参与互动答题——"穿越诗词长廊,诵读经典名篇"——"师生艺术作品展览""现场软书"参观。

活动亮点一:为了营造一种浸润式的教育环境,学校精选了《小学生必背古诗75首》之外的励志诗、状物诗、田园诗、爱国诗、写景抒情诗、送别诗、怀古诗、经典宋词等二百余首,分类印制在古风旗上,张挂于学生每日必经的活动区域,形成一道风格独特、风景靓丽的诗词长廊,让孩子们每日穿行其间,接受古典诗词的文化浸润与熏陶。

活动亮点二:为让学校一千一百余名学生全员参与,学校精心设计了"词牌令"互动有奖答题区。以8个常用三字词牌名分别命名8个答题区:渔家傲、卜算子、浣溪沙、蝶恋花、念奴娇、醉花阴、青玉案、如梦令,选取其广为人知的代表作由学生进行讲解及诵读。全校42个班级学生按不同时段凭答题卡(每人2张)抽取不同题目进行答题,问题均由《小学生必背古诗75首》进行编制,题目类型分为:正音、填空、选择填字、挑错、说出上/下句、连字成诗、辨别作者等;答题前及答题结束须向老师行问候礼和答谢礼。此项活动深受学生喜爱,不仅可以检验孩子们平时记诵古诗的成果,同时增添了学习的趣味性,养成尊师敬师的良好习惯。

活动结束后,有老师有感而发:"我们长在北京,北京北枕居庸关,西靠太行山,东连山海关,南俯中原,沃野千里,山川壮丽,物华天宝,人杰地灵。我们生逢盛世,民族独立,国家富强,一带一路结盟四海宾朋,神州飞天,探秘遥远星空。唐诗宋词晋文章,诗经楚辞明小说,无数经典如同繁星闪烁。"

参与活动的家长也是感受颇多,有家长有言:"我们传承经典,让经典温暖我们的四季,明媚我们的时光。我们筑梦情怀,让情怀引领我们的成长,点亮我们的梦想。今天,诗情与画意齐飞,笑脸共艳阳一色。明天,青春与祖国同在,热血与华夏同燃。"

著名旅法作家边芹说过一句话:一个民族的文化认同和自豪感,是文明生存的核心,这关系着国家的存亡。在儿童中培育民族情怀与文化自信从来就不是说教而来,随着科技日益发展,世界仿佛越来越小了,作为教育工作者,作为父母,作为公民,我们都有责任也有义务通过我们的努力让我们的孩子拥有这种真正的力量,在举手投足间、在亲身感悟中,用心用情传递给他们正确的价值取向,不管是在他们的童年阶段还是在他们的青年时期,都是一件值得我们为此付出更多的大事!

小学英语字母教学综合习得法的探究

张景玉　白　宏　鲍晓莹

摘要:小学英语字母教学是小学英语教学的起点,字母课堂教学的品质直接影响学生对单词的拼读记忆以及未来英语的思维和学习能力的提高。作为小学英语一线执教者,着眼于目前字母教学的现状,从日常的教学工作和教材出发,在实践中不断探索与思考,以求在小学字母教学策略方面的改善能更高效地帮助学生在英语方面的专业成长。

关键词:字母教学　词汇教学　专业成长

一、问题的发现与提出

小学英语字母教学为什么如此低效?

作为一线教师,我一直认为小学英语字母教学无论是在教材编排还是在教师的课堂教学活动中都得到了充分的尊重。我们执教过的两种版本的小学英语教材,北师大版把 26 个字母的教学安排在二年级的第一学期,教学时间是一个学期,新版北京小学英语教材的 26 个字母的学习被提前到一年级的第二学期,学习的时间同样是一个学期。

按照常理,这么长的时间,对于这个年龄段的孩子,识记 26 个字母应该不是什么不可逾越的困难,情理之中的情况是绝大多数孩子应该都能够非常熟练地背写朗读字母。但是,事实并非如此,除了少量优秀生能长期地保有这样一种熟练地掌握程度外,大部分学生都处在一种因为需要应试考前突击强背,考过之后不久就残缺不全的状态,有极个别学生,甚至到了六年级都不能把 26 个字母完整正确地按字母表书写下来。时间长了,针对这样的状况,我们也麻木了,因为考试绕不过去了就突击一下,挫败之余,无奈地数落一下学生的懈怠也自责自己的无能。这样的状况不仅削弱老师教学的自信心,也在学习英语的初始阶段,就对学生们的英语学习投下了一道心理阴影,从而影响到学生未来英语学习的信心。

在进入信息时代的今天,由于互联网的迅猛发展和高参小项目的启动,使得一线的从教者有机会接触到最新的教育教学理念,让我们有机会比较深入地了解一些系统的外语学习理论。尤其是当我们有机会接触到二语习得理论之后,逐渐对之前效率低下的小学英语字母教学产生了质疑,这样投入和产出不成正比的教学效果是不是一种正常的状态? 如果不是,那么,产生这一状况的原因是什么? 我们能否找到一种高效率的字母学习模式?

二、问题的分析

小学英语字母教学低效产生的原因是什么?

正如有关小学英语字母学习专题研究的文章中所指出的那样,在有关研究语言学的文章和专著中很少涉及字母教学的研究,这或许是大家都认为,字母教学太简单。经过认真深入地语言理论的学习研究和思考,在实践的基础上,我们能够得知,这样的认识显然是肤浅的,正是执教者这种认识上的误区导致了字母教学效果的低效进而对学生以后的词汇和英语学习的兴趣都产生了深远的负面影响。

字母是英语学习的起点，英语所有的词句都是由 26 个英文字母千变万化线性排列组合而成，作为拼音文字，不同组合的字母发音又形成了表达一定意义的词和句子的发音。从这个意义上讲，英语其实是一门"音"语，声音在整个英语学习的过程中占据着非常重要的位置。所以，我们在实际的课堂教学中要充分利用通过字母或字母组合在单词中发音来识读单词，这样每次识读单词的过程就是练习记忆字母的过程，同时，在这个过程中也同步完成了对单词音形义的记忆，而不是把单词和字母的记忆割裂开来，学生不能理解字母和单词之间发音纽带联系，让两者成为没有交集的应试语言知识。那么，学生背单词就会成为强记无数个毫无连带关系的排列组合，这和记忆无数个电话号码没有区别，不难设想，这样的学习策略会让英语这门学科成为一块多么难啃的骨头。很多学生都是靠死记硬背的方法，记忆相关的英语词句，他们的记忆方法不科学和低效率，首先应该归因于一开始对字母的不熟悉，熟悉后又没能将字母与单词的读音和词性结合起来，基于此，那么多学生对英语学习望而生畏也就不难理解了。

我认为产生小学英语字母教学低效最直接的原因，首先是执教者没有意识到字母在单词中的发音对单词识读的重要作用，而只是把字母作为背写英文单词时的一种无声的书写形状来要求学生强行记忆。英语是一种拼音文字，拼音文字最大的特征就是"表音"，"音"是英语的灵魂，一个英语单词究竟该怎么写，几乎完全取决于单词的发音。书写一个单词时，主要靠按照发音来书写出单词的字母；要记住一个英语单词，也主要靠记住单词的发音。就如同我们在键盘上打字，嘴里一边发出声音一边把拼音打出来一样，如果我们在教学时不能让学生拥有见词读音的能力，背单词时字母就会成为学生需要逐个记忆的无声符号，而不是可以帮助他们记忆单词的有声工具，当一种东西不能当作工具来帮助人们更便捷地走向成功，就会成为一种人们前行的负担，被厌倦、被遗忘必然会成为它的宿命。侥幸最后的成功者一定是那些能够付出超强度劳动的人，但这样的人毕竟是少数。

作为长期工作在一线的任教老师，我非常能够体会小学英语老师在日常的教学工作中所付出的辛苦，但是，如果努力了，依然没有效果，那么我们就应该有勇气静思反省一下我们所固执坚守的工作模式是否是符合语言学习规律客观真相的，借此避免由于我们认识上的蒙昧导致对错误习惯的固守，让自己和学生都深陷对英语学习的无奈和倦怠之中，无法自拔。

我们的字母课堂教学不太符合学生认知掌握语言的客观规律。20 世纪 80 年代初，语言学家克拉申（Krashen）建立了第二语言习得理论。该理论以五个假说为基础：①习得、学得假说（the Acquisition/learning Hypothesis）；②自然顺序假说（the Natural Order Hypothesis）；③监视假说（The Monitor Hypothesis）；④输入假说（the Input Hypothesis）；⑤情感过滤假说（the Affective Filter Hypothesis）。其中习得、学得假说为理论的基石，其核心思想是：人类学习第二语言依靠习得和学得两个途径。习得（language acquisition）是指通过交际无意识地接触语言系统而掌握语言；学得（language learning）指的是人在习得母语后有意识地，通常是在教学环境里学习第二种语言知识的过程。据此理论，我们得知，语言习得的过程较为自然轻松没有压力，更符合儿童学习的心理特点，习得语言的过程需要全方位、沉浸式的语言环境。就目前我国语言环境，这样的条件显然是达不到的。但作为任课教师我们可以创造条件、营造习得的环境或近乎习得的环境促进儿童更快、更轻松、更好地促进语言学习，从而达到语言学习的目的。

在目前我国以应试为主要目的的教育体制下，我们的日常教学活动更侧重于围绕着应对考试展开，换言之，我们的英语学习并没有着眼于语言交际的工具性，日常的教学活动并没让学生感受到可以利用英语进行信息交流及情感表达的乐趣,相对于语言表情达意的功效,我们更热衷于让学生记住语言的词汇形状、语法、规则和结构。发现错误纠正错误是学习过程的重点。这对于作为完全靠身体和情感去感知外面的世界的儿童,他们学习语言的最好的动力是在使用语言的过程中,语言的意义给他们带来的情感愉悦和信息交流便利,期间不断感受到自身的成长,感受生命的快乐。显然,应试性的语言学习只关注于语言结构的学得过程,儿童长于习得语言的心理优势没有得到发挥,这样的语言学习模式,注定不会有高效的产出。这也印证了二语习得理论"情感过滤假说"中所指出的,学习者所接触的可理解输入的量以及情感因素将最终影响语言习得的效果的结论。

以学得为主的英语学习模式,具体到字母的教学上,表现就是出于应试的需要,执教者把注意力大部分聚焦在字母表中的发音和书写形状的死记硬背上,忽视了字母在单词中的表音功能,由于学生没能建立起对英语词句的自然拼读关系,不能通过不同音节的变化来表达不同的概念,未来很难建立起真正意义上的英语思维,这也就不难理解为什么"高分低能""聋哑英语"会成为社会上的一种常见现象。

割裂了字形与表音功能二者之间相互推动学习的纽带关系,导致了记忆负担的繁重。应试性重结构轻意义的枯燥表达,使得儿童在课堂上的情感渴求从来没有通过使用所学语言在师生或生生交流中得到满足。学生的情感就不能和所学语言建立起链接,教学的过程中如果学生没有感受到尊重与关注,那么他们就很难感受到自己的存在,儿童作为人的独立个体,比如自信、坚韧、乐观、勤奋等种种美好的品质就会缺乏生长的土壤,这样的课堂当然不会具有鲜活的生命力,效果低下也在情理之中。

综上所述,我认为小学英语字母教学绝对不是"不值一提的小把戏"。作为执教者,我们不仅要从课堂教学方法和教学策略上做出调整,在理性层面,我们同时应该深刻认识到英语课堂必须要以人为本,我们所教授的绝不仅仅是以分数为中心的实现学生鲤鱼跃龙门的敲门砖和衡量教师工作业绩的刻度表,更是人类千百年来用来表情达意的工具,在语言学习的过程中,通过使用所学语言在和学生交流的过程中,让学生感受到自己的成长,感受到爱和温暖,如此,语言学习的过程才会充满了鲜活的生命力,知识的掌握也必将水到渠成。

三、问题的解决

针对小学英语字母教学低效问题的应对策略

基于以上分析,我们如何在此基础上展开相对比较有效的英语字母教学模式呢?笔者在具体的教学实践过程中做了一些有益的尝试。愿和大家做分享,不妥之处望大家不吝赐教。下面我想分层次从几方面陈述一下我在英语日常教学中的具体思考和做法。

(一)针对教材字母学习安排的思考

笔者执教过两种版本的小学英语教材,分别是北师大版和北京版小学英语教材。这两套教材对于字母学习时间的安排和对字母组合音的拼读出示的序列思路是一致的,目前我们所使用的教材较之前的北师大版在字母教学安排上提早了一个学期,即由原来的二年级第一学期提前到一年级第二学期。下面谨以北京版小学英语教材在字母学习和单词拼读方面的学习安排,谈一点自己的理解和认识。

从一年级上册开始,教材就开始出现突出元音字母和元音字母组合发音的单词学习内容,一年级下册开始正式学习 26 个字母的读音及书写,并以单词示例说明读音。以此为起点,在接下来的各册有关语音的学习内容当中,按照我个人的观察应该是循着元音字母、元音字母组合、混合字母发音、辅音字母、辅音字母组合发音的序列一路走下来,其中也有循环复现便于巩固的安排。这样的字母和语音学习安排无可厚非,但是,由于任课教师从没有接受过针对教材的语音编写的整体思路辅导,在教授过程中一般都各自为政按照自己的理解,在教授这些字母或字母组合发音时,更多的是把它们作为应付试卷上有针对性比如听写、排序、填空类的考题上,而并没有把这些学习内容当作日常拼读单词的工具真正运用到单词的拼读和记忆上。在考试过后,这些靠死记硬背的单词拼读知识就马上被学生当作记忆的包袱扔掉了。所以,学生从一年级开始就学习字母和语音知识,经过六年的学习实际上在学生的脑子里并没有形成一个有序的逻辑记忆链并进而内化为一种识记拼读单词的能力,大部分学生始终处于一种水来土掩、兵来将挡的碎片化状态。每每遇到新单词,学生们依然靠死记硬背,功倍事半,枯燥乏味。也就是说,我们教授这些语音知识并没有着眼于学生日后应用所学语言能力的提高,而只是把这些语音知识作为一种陈述性的知识让学生机械地背熟于心,最终的目的是为了应试。自然长此以往这种毫无成就感的学习过程就会非常严重地挫伤学生学习英语的积极性。学生们没有从老师那里得来有效的学习策略应付学习中的困难,学生在艰难的跋涉中低迷和倦怠可想而知。

(二)应对难题的策略与方法的探究

在长期的执教生涯中,面对学生无声的抵触和畏惧,我一直思考着尝试有所突破,念念不忘,必有回响,现在我想就自己日常教学活动中积累的应对学生在字母学习和单词拼读方面的一些小方法和大家做一下探讨和分享。

1. 从儿童心理特点出发制定英语字母表的记忆方法

此前,笔者查阅了大量字母记忆的现有资料,方式繁多,但究其实质依然是以机械记忆反复操练的形式强化记忆为主。这样的方式不能最大限度地避免遗忘的发生。儿童的记忆特点是形象记忆远远超过抽象记忆,所以在我们学习字母表之初,就应该在此方面多为学生提供记忆的支持材料。我认为问题的关键是从字母一开始学习就应该在学生的头脑中植入字母表整体记忆的概念。在整体记忆的基础上再按照教材提供顺序分课教授字母读音及书写的细化巩固提高,防止边学边忘的现象出现,减少知识以碎片化形式在记忆中的堆积。根据这样的思路,我采取以下步骤教授字母表。

(1)先以苹果树的形式,将字母表分成四组呈现 26 个字母,每次学唱英语歌时以苹果树的形式找字母学唱。

(2)按拍手操的形式,有节奏地按照苹果树分四组朗读字母。

(3)为 26 个字母按照字母表的顺序根据其不同的形状为学生整体梳理书写记忆口诀,为学生记忆字母表提供完整的记忆提取链条。

(4)为整理的字母表书写记忆口诀绘制儿童漫画,增进形象记忆的具象,提高记忆效果。

(5)为书写记忆口诀以童谣形式配乐。

(6)用配乐童谣伴奏,学生组团按字母分角色表演歌谣。

下面为以上字母学习环节做一下补充说明。形象思维是人类思维的初级阶段,无论是儿童还是成年人,形象思维都是比较容易的。只不过这个特点在儿童阶段表现得更突出而已。把抽象的东西和生活中具象的生活细节联系起来,可以给抽象的事物赋予意义,让记忆符号以画面的形式在学生的脑子里展开定格,减少了学生的记忆负担。这就是字母记忆苹果树最大的作用。分成四组苹果记忆可以对学生记忆字母的顺序有帮助。拍手操可以让学生在有节奏的诵读中,快速地提取出单个字母在字母表中的顺序。书写记忆口诀是记忆字母表里非常关键的一环，此前也有很多资料中提到把字母用拟人化形象记忆的方法记忆，但没有形成一个按照 26 个字母表完整记忆的链条。通过长期教学积累，笔者做到了这一点，为学生提供了一个 26 个字母表的完整形象记忆链条。但是在学生默诵这些记忆书写口诀写字母的时候，对于记忆能力比较弱的孩子提取的速度不够快，所以，在此基础上，为了给学生更多地提供便利，为学生提供了配置的漫画和配乐童谣。如此，我认为这套包括五个环节的字母记忆法，为学生记忆 26 个英文字母的读音、书写形状和书写顺序提供了比较理想的综合记忆方法，在具体的教学实践中取得了非常显著的效果。

2. 借助汉语拼音对英语字母及单词记忆拼读的正向迁移作用

笔者通过对相关专业资料的查阅，了解到汉语拼音对英语语音的学习有正迁移作用。汉语中的声母就相当于英语中的辅音，韵母就相当于英语中的元音。例如，汉语中"开头"一词（kaitou)，其中/k、t/都是声母，相当于英语中辅音/k、t/、/ai、ou/就相当于英语中元音，而且辅音字母在单词中的发音和拼音的声母发音相似度很高，元音字母也有很多可以借鉴的发音。这些相似音素使得母语在二语习得过程中发挥着正迁移的作用。笔者在多年以前有幸见到了我国汉语拼音之父周有光老先生，曾当面向他请教过类似的问题，老先生说如果说对语言学习有利，二者是可以借鉴的。

小学生在一年级的第一学期已经学完了完整的汉语拼音，在一年级的第二学期学习英语字母和单词的拼读时，我们完全可以利用汉语拼音知识与英语字母和单词拼读学习相似之处实现语言学习的正迁移。有确切的资料表明，这种正迁移在说普通话的地区优势表现得尤为突出。我作为北京地区的执教老师，更能够借助这一优势为学生的英语学习助力。如前所述，英语作为一种拼音文字，声音是语言的核心。在学生初步掌握了 26 个字母的书写和发音之后，首先让学生建立一个字母的读音体系，不是字母在字母表中的名称音而是字母的"拼音"，也就是字母在单词中的读音。让学生看到单词就能自然拼读，让学生明白，字母除了在单词中的发音外，在单词中也有自己的固定发音。这一点上辅音字母可以借助汉语拼音的声母能解决一大部分问题，元音字母的发音，要让学生了解到元音字母的开闭音节两种基本发音，其余元音字母发音的多变形式要靠在拼读的过程中教师对学生拼读习惯的培养，渐渐地内化为拼读意识，语言的工具性很多习惯要靠在使用的过程中形成，有点类似体育技能，在用的时候能不假思索地到位形成工具性的表达，不能只靠教师的讲解就能解决问题。在这一点上，我作为一名执教多年的一线老师深有体会。最关键的是，要尽快让学生形成按照读音记单词的习惯，这样，一个个枯燥抽象的字母才能在学生对单词的反复拼读中被当作工具无数次地使用。一个被每天反复使用的工具是绝不可能被忘记的。这才符合字母在英语中的地位，在使用中彰显它在英语这座语言大厦中的勃勃生命力。在这个过程中，学生可能对某个单词在不明了其意义的情况下就能基本读出来，之后他们再去探求单词拼音的意义，这和语言工具表意的终极目的是相符的，意义的探求对于小学生来说更感性也相对容易。根据这样的思路，我采取以下步骤帮助学生识读并记忆单词。

(1)首先帮助学生在头脑中建立"拼音"作为动词的概念。所谓"拼音"就像小朋友日常玩的拼图一样，只不过我们平时拼的是"图"，现在我们要拼在一起的是"音"。

(2)告知学生五个元音字母在单词中的主人翁地位，无论它们出现在哪个单词中它们都是小组长的角色。

(3)辅音字母一般都守规矩，但小组长享有特权，它们可以有多种发音，一般情况下它们有两个发音，一个是字母在字母表中的"名称音"，一个是在闭音节下的"懒人音"。（把开音节单词后面的小"e"看作警察,没警察的时候元音字母就犯懒,发"懒人音")

（4）元音字母的发音有时候会有更多的变化形式,这取决于在单词中发什么音单词顺口一般元音字母就发什么音。

（5）在以上基本规则确定以后,同学们就可以尝试着像拼图一样来拼音,每出现一个新单词,老师首先让学生找出这组单词的"小组长"是谁。在确定了组长的发音之后,根据辅音字母的发音努力拼读读出单词。读不准没关系,老师和教材最后帮助你核准。

（6）组织学生可以像拼图一样,按照老师的指导,按音素或音节把单词的发音肢解成块,大家分角色扮演这些"音块",然后再拼读到一起,甚至在拼读的过程中组成另外的一个单词,学生乐此不疲。

（7）经过一段时间的训练,教材中每出现一个新单词,都首先由学生自己拼读,然后老师来核准。在有了英语针对教材的网络课堂后,单词的巩固可以完全交给网络课堂以多种学生喜闻乐见的形式完成,极大地节约了以往在课堂上靠机械记忆反复诵读以求记牢单词发音的环节所占用的时间成本,把更多的时间用在知识的拓展上,提高了课堂教学效果。

有关上述方法的第四点需要补充说明一下。这一方法是借助字母发音拼读记忆单词的方法,所以元音作为单词的灵魂人物发音至关重要,笔者曾经参加过著名的英语教学专家曲刚教授的学习班,其中一个非常重要的观点就是:英语采取的实际上是比我们汉语拼音更高明的一种拼音文字的对应规律,这种规律叫作"顺口选择"的对应规律,一个英语元音字母的发音是可以有多种选择的,但这里的多种选择并不是人们日常理解的"乱来",而是老百姓在日常生活中的使用中结晶出来的很科学的发音调整方案,按照这种方案去调整英语发音,使一个元音字母在不同的情况下发不同的音,就可以使英语发音顺口顺耳好听,"一切为了顺口"是英语发音的核心灵魂。语言的学习不应该把声音和结构分开来学,而应该把声音和结构统一起来学。我在教学实践中经过长期的验证认为,曲刚教授的发现是符合英语拼音文字的拼读规律真相的。所以在教授这一单词拼读方法过程中使用了这一观点。

四、结束语

字母的识记只有建立在对单词的拼读上才能成为知识的常青树,识记单词的最终目的是拼读单词,经过单词的拼读让学生尽快建立按音节记忆单词的习惯,在建立了对单词自然拼读的基础上,把对单词书写形状的死记硬背转变为见词读音,进而达到对单词发音的意义探索上。"通过教字母,让学生能熟练地反应出听到的声音是什么字母,用字母组成单词,来帮助理解听到的英语,是原来靠死记硬背的听说转化为探求听到的音节和句子的意义。"这样的一个英语字母学习过程,为推动学生使用英语进行交际最后达到用英语进行思维提供了一个切实可行的进阶路径。在这里我想最后强调的是,任何一种方法都应该建立在对事业的热爱和对儿童认知心理规律的正确把握上,教师的思维模式也要寻求与时俱进不断突破创新,缺失了这一点,任何方法都会失去生命力。我愿以此和大家共勉。在此也特别鸣谢小画家张珂瑞为本文独立创作的漫画,为论文增色,谢谢!

附:字母表歌谣及漫画示例（图 1）

26 个字母书写记忆口诀

皇冠 Aa,眼睛 Bb,月牙 Cc,撒娇小 Dd 妈妈抱,三横一竖领小 Ee,Ff 举旗招招手,大脸 G 小脸 g,下面有钩别忘记。Hh,Hh 盖塌房,小 Ii 有爱多漂亮,Jj,Jj 鱼钩 Jj,上有鱼饵别忘记,劈叉 Kk，踢脚 k，直角 Ll，圆钩 l，Mm，Mm 两座山，大山尖，小山圆，大山小山变一座，劈掉一半变成 Nn，双圈 Oo 笑脸 Oo，大脸 P，小辫 p，Qq，Qq 真奇怪，蝌蚪领着海马来，大 Pp 踢腿变成 Rr，领着他家的豆芽菜，Ss，Ss 两条蛇，曲曲弯弯爬过来。平头 T，探头 t，圆底 Uu，尖底 Vv，拉起手来变 Ww，Xx，Xx 错错错，再错 Yy Yy 弹弓射，淘气要用小鞭抽，我变成了两只小鸭子，Zz，Zz，逃跑啦……

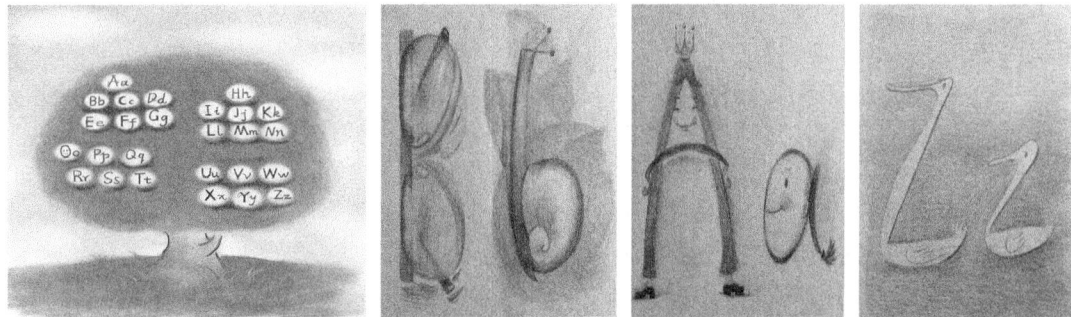

图 1 字母漫画示例

参考资料

卞佳慧，2015. 小学英语字母教学的三个借助[J]. 内蒙古教育(11):2.

陈丽香，2015. 巧妙利用英语字母培养学生拼读技巧[J]. 福建教育学院学报(3):75-77.

梁所丰，2010. 小把戏中的大道理:小学英语字母教学探究[J]. 海外英语(10):48-50.

梁所丰，王英，2008. 小学英语字母教学的重要性及教学策略探究[J]. 淄博师专学报(1):27-38.

杨建杰，2010. 从语言迁移理论议小学生音标学习[J]. 湖北经济学院学报(哲学社会科学版),24(3):132,144.

张梅，2010. 汉语拼音对英语语音的迁移作用[J]. 湖北经济学院学报(人文社会科学版),7(7):107-108.

张顺生，2002. 努力营造环境，促进英语习得[J]. 基础教育外语教学研究(7):17-19.

张茵，2016. 论小学英语字母教学的方法与策略[C]. 第四届世纪之星创新教育论坛论文集.

浅谈学生美术核心素养的培养

关 静

基础教育进入核心素养时代，随着社会的发展和人的认识的深入，教育也在发生着思想观念上的变化。学生发展核心素养，主要指学生应具备的，能够适应终身发展和社会发展需要的必备品格和关键能力。图像识读、美术表现、审美判断、创意实践和文化理解为美术学科五个核心素养。这一理论成为美术教育的核心概念，引领小学美术教育进行发展和变革。那么在美术课堂中又该如何去培养小学生的美术核心素养? 下面结合教学实践《京剧脸谱》一课谈谈我的一些方法与体会。

一、渗透传统文化，提高文化理解能力

美术核心素养中提出要从文化的角度观察和理解美术作品。习近平主席指出:"文化是民

族的血脉,是人民的精神家园。文化自信是更基本、更深层、更持久的力量。"

京剧是中国的国粹,是民族文化的瑰宝。在信息科技飞速发展的今天,孩子们对电子设备、数码产品非常熟悉,但是对传统文化艺术了解得却不多,学京剧、懂京剧的孩子越来越少,传统的京剧艺术离孩子们的生活越来越远了。因此,在上《京剧脸谱》这一课之前,我与语文课整合,让他们上网看一看语文课本中《赤桑镇》以及一些京剧名段的视频,让学生对京剧有一个大概的了解。然后让学生搜集了很多关于京剧的资料,包括京剧名家介绍、京剧中的人物简介以及京剧的服饰靴帽等等,培养学生的学习兴趣。在课上,我以京剧的唱段伴奏导入新课,介绍了京剧大师梅兰芳,配以相应的图片。在课件中,我大量地运用了图片、影视、歌曲等媒体资料,通过视听结合、声像一体,增强了京剧这门传统艺术的趣味性,使学生在视觉、听觉享受的过程中感受到中国传统京剧的艺术魅力。在整个课程中,我在课件上配有中国特色的团扇、折扇等图案,教室中我挂了一些中国结、灯笼等装饰,黑板贴上京剧脸谱的立体挂饰,通过这些环境的布置给学生营造了浓厚的中国文化的艺术氛围。

通过这些,学生们了解到了中国的传统文化,能从文化的角度观察和理解美术作品,了解美术与文化的关系;能认识中华优秀传统美术的文化内涵及其独特的艺术魅力。

二、组织认真观察,提升图像识读能力

图像识读指对美术作品、图形、影像及其他视觉符号的观看、识别和解读。图像识读既涉及艺术图像识读,也包括生活和工作图像的识读。

在讲脸谱的谱式的时候,我出示了大量的图片资料,首先让学生欣赏脸谱,认识典型的几个人物。如(黑脸)包公、(红脸)张飞、(白脸)曹操等的脸谱特征。然后各小组通过组内桌子上老师发给的图片共同观察分析总结出了脸谱的谱式,如"整脸""三块瓦脸""十字门脸""碎花脸""歪脸"等。通过图像的识别和分析,孩子们总结了不同谱式京剧脸谱的特征。这时我继续利用图片让学生了解分析各种色彩脸谱表示的人物不同的性格,如红色描绘人物的赤胆忠心;紫色象征智勇刚义;黑色体现人物富有忠耿正直的高贵品格;白色暗寓人物生性奸诈、手段狠毒的可憎面目;蓝色喻义刚强勇猛;绿色勾画出人物的侠骨义肠;黄色表示残暴,并让学生将这些用连线的方式答在答题纸上。在学生实践活动之前,我还亲自演示了脸谱的绘画与制作的方法。通过观察、提问、回答、相互交流、小游戏的方式,让学生深入了解脸谱的谱式与色彩,增强了教学的直观性和趣味性,把教学的重难点通过图文并茂来传达给学生,拓展学生的视野,让他们有充分感觉美、欣赏美的机会,分析美、设想美的空间,表现美、创造美的欲望。

学生具有了图像识读素养,能以联系、比较的方法进行整体观看,感受图像的造型、色彩、材质、肌理和空间等形式特征;能以阅读、搜索、思考和讨论等方式,识别与解读图像的内涵和意义。

三、采用多种媒材,增强表现创意能力

美术表现与创意实践指运用传统与现代媒材、技术,结合美术语言,通过观察、想象、构思、表现等过程,表达自己的意图、思想和情感;学习和借鉴美术作品中的创意和方法,运用形象思维,大胆想象,尝试创作有创意的美术作品。

在本课的实践活动中,我发给了学生白色瓷盘、纸盘、玻璃瓶、灯笼、面具等不同的材料,让他们挑选喜欢的材料制作绘画脸谱,有的同学把脸谱画在盘子里做成了摆件,有的同学把脸谱画在玻璃瓶和灯笼上做成了装饰品,有的同学把脸谱画在了面具上,有的同学把脸谱直接画在了脸上。孩子们大胆发挥,作品中闪动着智慧和灵气,展现了他们丰富的想象力。在作品展示的环节,我发散他们的思维,让他们用新颖的方式展示自己的作品。于是全班同学商量一起办了一个小展览,每个组分别有讲解员讲解自己的作品,而将脸谱画在面具和脸上的同学则进行现场表演,杨子乐同学画的脸谱是包拯,他便戴上了自制的帽子和胡须,演唱了语文课本中《赤桑镇》的选段。三组的同学们直接戴上面具表演了《西游记》。在展示的环节中,学生们能联系现实生活,结合其他学科知识,自觉运用美术表现能力,解决学习、生活和工作中的问题,对物品和环境进行符合实用功能与审美要求的创意构想。

在《京剧脸谱》一课中,孩子们在充满中华民族优秀传统文化氛围的熏陶中,不仅提高了文化理解与识图的能力,还增强了美术表现与创意实践的能力,使学生的个性得到充分发展。

总之,随着新课改不断推进,核心素质越来越重要。在小学美术教学中培养学生的核心素养方法比较多,无论采用哪种方法,教师都必须要将课堂还给学生,要尊重学生的主体地位,把握适度,让学生在学中乐、学中玩,从学中去成长。通过有效的方法培养学生审美观,提高学生核心素养,促进学生素质全面发展。

以教育戏剧游戏与表演为依托,促进学生语文素养提升的研究

时艳新

一、问题的提出

《2019 教育部部编版小学语文新课程标准》中提出:语文课程是基础学科中的基础,应面向全体学生,致力于学生语文素养的形成与发展。语文素养是学生学好其他课程的基础,也是学生全面发展和终身发展的基础。培育学生的语文核心素养,才能使学生夯实文化基础,促成自主发展,承担社会责任。小学阶段是学生形成语文素养、发展语文核心素养的关键期,但我们的语文课堂教学长期处于平面化教学模式中,通过书面、文字或语言形式向学生灌输语文知识,教学方法单调,缺乏创新,忽视了学生的个体差异与实践能力。而学生的知识来源也比较单一,对语文学习的印象是识记、背诵、练习等。教师的静态化教学很难引起小学生们的学习兴趣,学生仍只是以一个旁观者的角度去看、去听、去感受,缺少一种身临其境的真实体验,无法实现学生积极性的有效调动。将具有综合性和多元功能的教育戏剧游戏与表演运用在小学语文教学中,不仅可以拓宽教师的教学思路和视野,丰富语文教学的空间性和层次性,让语文教学"活"起来;还可以使学生通过活动中的亲身体验与合作探究,激发并保持学习兴趣,促进语文素养的提升。

小学语文学科核心素养是指学生的语文能力、语文积累、语文知识、学习方法、学习态度、学习习惯、认知能力和人文素养等方面的综合体现。在语文教学实践中,依托教育戏剧游戏与表演,让学生在丰富而有趣的语言实践活动中,提升和保持语文学习的兴趣,并习得一些有效的学习方法,养成良好的学习习惯;能够通过对朗读、默读、写作、表达等基本技能的训练逐步完善语文基础知识的积累,将自己独特的思维结果用规范的语言进行加工和表述,提升语文能力;融洽地与同学合作,学会倾听和尊重他人的意见与观点,并敢于表达自己的想法与观点,提升思维认知能力;领略博大精深的中华文化,汲取民族的文化智慧,提升文化鉴赏力与人文素养。

二、将教育戏剧游戏与表演融入语文教学的实际意义

教育戏剧(Drama-in-Education),即把戏剧方法与戏剧元素应用在教学中,让学习者在戏剧实践中达到学习目标和教育目的的一种活动,融合了教育学、心理学、美学、哲学、语言学等多种学科理论。教育戏剧游戏与表演通过"情境式"教学、"启发式"引导、"针对式"强化、"艺术

式"渲染,将枯燥的书本文字,"演"变成生动鲜活的人物情感、思想碰撞、情感交流,引导学生用心灵去触摸、感悟人物、背景、思想等,从而使语文教学更加形象化、生动化、立体化。

将教育戏剧游戏与表演融合在小学语文教学中,可以给师生更开阔的思想、情感空间,帮助他们收获愉悦的、丰富的学习体验;可以为学生提供不同的体验与尝试的机会,学生在主动参与戏剧游戏、角色扮演及剧本演绎等活动中,能充分发挥想象力和创造力,使创造性思维得到很好的培养和发展;能感悟集体智慧及团队精神的重要性,提升合作意识与沟通能力;能引发自己的思维与判断,表达自己的真情实感,提升思维能力;能了解悠久的历史与传统文化,陶冶性情,提升审美与认知能力。

三、教育戏剧游戏与表演在语文教学中的应用

《2019教育部部编版小学语文新课程标准》倡导:语文课程必须根据学生身心发展和语文学习的特点,关注学生的个体差异和不同的学习需求,爱护学生的好奇心、求知欲,提倡自主、合作、探究的学习方式,让学生在感兴趣的自主活动中全面提高语文素养,充分激发学生的主动探究意识、团结合作和勇于创新的进取精神。教育戏剧游戏与表演以其开放、灵活、多元的优势,助力学生的语文学习能力与素养得到锻炼和提升。

(一)教育戏剧游戏激活课堂,引导学生在合作创新中,促进语言建构和思维能力的提升

现代心理学之父皮亚杰说:"所有智力方面的工作都要依赖于兴趣。"对于学习者来说,只有他感兴趣的东西才会使他产生学习的欲望和动力。教育戏剧游戏符合儿童的心理特征,有利于调节课堂气氛,使教学变得生动、丰富,课堂变得有趣、活泼;有利于学生形成正确的学习方法和良好的学习习惯;有利于培养学生的兴趣和语言的建构与运用能力;有利于发展和提升学生的思维能力,化难为易。

1. 教育戏剧游戏激兴趣,培养良好的学习习惯

在学习过程中,注意力的集中和保持及认真倾听是学生进行有效学习的基本条件。从课程伊始,我就运用如"疯狂生字"的游戏引领学生快速进入学习状态。我出示7个学过的生字,第一轮次,学生先伸出左手快速抖动,同时跟着抖动的节奏,快速读出7个生字,之后依次伸出右手、左腿、右腿,最后扭动身体,每换一次肢体动作,都要大声读出生字。第二轮次,肢体动作及顺序不变,但要减少一个生字的朗读,直至念到最后一个生字。学生在欢快的情绪中,不知不觉地进入了语文课堂学习的状态。小学生的有意注意时间保持得较短,课堂上当学生们注意力不集中时,可以结合所学的内容以游戏形式将学生的注意力带回到课堂。如学习二年级上册识字教学中的场景歌、拍手歌等内容时,我采用了这样的游戏:我边说"一只海鸥",边做动作,全体同学一起边说边做动作,我指定一个注意力稍有些不集中的同学,让他先重复我说的话、做的动作,然后再选择一个他自己喜欢的内容,边说边做动作,我和其他同学重复,之后他再指定一个同学,继续游戏。在游戏过程中,注意力不够集中的学生会将思路又重新聚焦到课堂学习中,学生们在愉悦的氛围中,不仅巩固积累了所学的语言知识,还锻炼了注意力、观察力以及模仿能力等,学习状态和热情也大大提升,促进了良好的学习习惯的形成和培养。

2. 教育戏剧游戏搭平台,树立和培养合作意识

心理学研究表明:少年儿童只有在与同伴的互动过程中才会认识到别人的观点、需要与自己并不相同,从而学会了解别人、理解别人,学会与同伴相处并乐意与同伴进行合作、交流。因此,可以利用教育戏剧游戏给学生搭建合作的平台,让他们体会到团队合作对于成功的重要性。学习《小蝌蚪找妈妈》一课时,先让学生们找一找在课文中出现了几种动物,再通过PPT课件展示这几种动物的图片,引导学生观察特征,进而将学生分成4个小组,每个小组抽取一

种动物图片,小组内的学生一起合作摆出该动物的造型,并说出自己是该动物的哪个部位。为了让故事的画面更立体地呈现在学生脑海中,我又让学生想象:教室就是这个池塘,我们每一个人都是池塘里的一种动物或植物,请把自己变成它们,并找到自己合适的位置。学生们立即欢快地行动起来,有的同学说"我是池塘里的鱼",有的说"我是池塘里的荷叶"学生们在互相帮助下,很快就组成了一个生动、立体的场景。这不仅帮助学生能更深入地理解课文故事,还让学生们感受到了合作的力量,从而增加对彼此之间的责任感与信任感。

3. 教育戏剧游戏拓空间,促进思维能力发展

思维发展与提升是小学语文核心素养的重要组成部分。思维的发展与语言的发展相互依存,相辅相成,学生通过联想拓展思维,丰富自己的经验与语言表达。还是在学习《小蝌蚪找妈妈》这课时,我出示了水、荷叶等图片,让学生与这些素材互动,如:用水洗菜、用荷叶当扇子,学生们发挥无限的想象去描述它们的作用。之后,我利用"我是一棵树"的游戏,引导学生把自己想象成任意的植物、动物等,要求每一个学生说出的内容要与前一名学生表达的内容相关联,如第一名学生摆出造型,说"我是一棵树",第二名学生要在其旁边摆出造型说"我是树旁边的池塘",第三名学生继续做动作表达"我是池塘里的荷叶",第四名学生接着做造型表述"我是荷叶上的露珠,我把荷叶带走",扮演荷叶的学生下来,其他学生依次继续游戏。这类游戏不仅丰富了学生的生活经验,还可以培养和发展学生的发散思维和逻辑思维能力,并促进学生语言表达的准确性、条理性。

4. 教育戏剧游戏促交流,提升语言建构的能力与沟通能力

学生语文运用能力的形成、思维品质与审美品质的发展、文化的传承与理解,都是以语言的建构与运用为基础。语文学科又是交流性很强的学科,要求学生能依据具体的语言情境有效地运用口头和书面语言与不同的对象交流沟通,进行最有效的交流则需要准确理解对方的话语形式与话语意图,并精确妥帖地运用语言表情达意。小学高年级的学生在低、中年级学习的基础上,已经积累了丰富的语言,但是在写作中,还是会出现文不对题、内容平淡空洞、语句不顺、语言缺乏新意等诸多问题。于是我利用游戏训练学生的语言建构与沟通能力。我给出故事架构的核心词汇"让我们……吧;是的,不仅……而且……;直到最后……",学生分成小组,每人一句话,完成一个故事。学生可以天马行空地想象故事的情节,但语言结构要正确,语言表达准确合理。学生们在互动沟通中,对语言的架构及使用相互建议,个性的创意与想法不断产生,精彩纷呈。此游戏既帮助学生认识到写作要有起、承、转、合,内容丰富才能吸引人,又让学生知道要学会倾听、善于沟通、勤于阅读,学会积累、梳理和整合,才能建构有个性而精彩的语言。

(二)教育戏剧表演品味语言,引导学生在传统文化鉴赏中,提升阅读理解能力和语用能力

鲁迅先生曾说:只有民族的,才是世界的。因此,理解并传承传统文化,弘扬民族精神,提高思想文化修养和审美情趣,就成了语文课程关键的一项核心素养。而教育戏剧表演则通过对文本的理解和加工、肢体表情的演示、语言的表达及随机的创作助力学生认知、审美和能力的发展以及对传统文化的热爱和传承。

1. 品读文本语言,提升阅读理解能力

课本剧可以拉近学生与教材文本间的距离,促进学生对语文知识的学习和对课文的理解,也是帮助学生更好地学习中华传统文化的途径。《三顾茅庐》出自我国四大名著之一的《三国演义》,排练此剧时,我先带领学生通读剧本并观看视频,了解故事发生的背景起因:刘备邀请诸葛亮辅助自己实现统一中国的大业,但拜访两次都没有见着。于是刘备第三次去拜访,离诸葛亮住处还有半里多路就下马步行,到了诸葛亮家又等了几个时辰,诸葛亮看到刘备三顾茅

庐,又肯虚心求教,才与他会面,并帮他分析了三足鼎立之势,诸葛亮的分析使刘备茅塞顿开。后来诸葛亮辅佐刘备,打了许多胜仗,刘备有了诸葛亮,也便如鱼得水。之后引导学生分析人物的性格特征:张飞的性格鲁莽、直爽;刘备是求贤若渴、礼贤下士、有政治抱负;关羽则稳重、顾全大局;诸葛亮儒雅脱俗、胸怀天下、洞察时世、足智多谋、见识卓越。张飞粗暴和急躁的性格衬托了刘备求贤的真诚和谦恭。接着带领学生深入理解:从刘备的动作(下马步行、等候、徐步而入等)、神态(拱立阶下)及语言(刘备已年过40,诸葛亮才27,刘备却称他为"大贤"并称"拜见")都能看出刘备是诚心诚意地邀请诸葛亮出山。学生们通过通读—研读—细读,感知人物的性格、语言,提升了阅读理解能力,也为人物的塑造和刻画做好铺垫。

2. 注重体验实践,培养和发展审美鉴赏力及语用能力

余秋雨说过:"戏剧是学习语言最好的方式和手段。孩子们在真实的语言交流场景中以戏剧角色的身份去听和说,这尤其符合儿童学习发展的需要。"教育戏剧表演强调体验,学生在表演中通过亲身实践体验,品味经典作品的语言文字所表现的形象美和情感美,丰富情感、领悟人生哲理、培养审美意识和能力,逐渐学会运用口头和书面语言表达自己对美好事物的情感、态度和观念。

花木兰替父从军的故事流传已久,学生也耳熟能详。在排演该剧目时,先依据学生的角色报名将学生分成 A、B 两组,表演前我带着学生就故事的情节、人物语言等方面进行深入研读与分析,之后每个小组内学生合作讨论学习单上的问题:花木兰在你心中是什么形象?从哪里能看出木兰是女英雄?她的尊老爱幼、孝敬父母体现在哪里?学生在合作交流中主动阅读与思考,热烈探讨。最后,两个小组就学习单的内容交流,迸发出新的思想火花。教育戏剧表演通过"假设"创造新的学习机会,调动学生的想象经验:在花木兰胜利归来后,皇上想封她做兵部尚书,被她拒绝了。我们在此处进行了"假设":假设皇上勃然大怒呵斥花木兰,假设皇上和颜悦色劝说花木兰留下,学生们根据自己的理解与思维进行主动创编,呈现不同的演绎效果。在此过程中,学生们的语用能力和创造性思维得到了很好的培养和发展。

表演过程中,两个小组的学生围绕一个片段进行展示,根据自己对角色的理解以及同组或其他学生提出的建议进行剧情的演绎。表演完成后,先由自己评价自己表演的优点与不足,包含角色的诠释是否到位,肢体表情是否自然,台词是否准确流利,精神是否饱满,声音是否洪亮等方面,再由教师和其他学生进行点评并提出建议。

在这样的体验实践学习中,每个学生既是主角也是观众,他们在感受成功的喜悦的同时,也享受着被欣赏的快乐。学生在自我研读思考、合作探讨、自我表演和观看他人表演的过程中,变被动地学习为主动地参与,使得自身的审美鉴赏力及语用能力都得到了培养和发展,并在戏剧的排演中获得跨视角、跨维度和跨领域的知识。

3. 挖掘文化内涵,培植热爱中华传统文化的情感

教育戏剧表演的独特之处就是"演"出来的教学,学生在戏剧创作表演的过程中,在教师的引导下从主题、文本词句、故事情节等方面挖掘相关的文化背景、文化内涵等,从而认识和理解传统文化中的思想与意蕴及价值取向。《三顾茅庐》让学生们感受到:正是因为刘备对人才的尊重,才能收获诸葛亮的结草衔环以报,才能建立起一方霸业。在学习、生活中,做人应谦虚谨慎、尊重他人;做事要勇往直前、锲而不舍,达到自己成功的目标。《花木兰》则让学生们对她征战沙场、保家卫国的英勇气概称赞不绝。从她挺身而出,替父从军——机智勇敢;沙场立下赫赫战功——拒绝高官,返回家园孝敬父母,都让学生懂得:要学会自立、孝顺父母长辈、忠于国家。而在《花木兰》剧终时,由所有学生用饱满高亢的情绪、洪亮的声音齐声诵读经典诗篇《木

兰辞》时,更是将师生们的情感带入高潮,深切体会到了丰厚博大的中华传统文化的魅力所在。

　　教育戏剧游戏和表演以它的艺术性、多元性和教育性为小学语文教学注入了活力,也增强了学生的课堂参与积极性及语文学习的兴趣和自信心。教师可以充分利用教材内容设计戏剧游戏和表演,将枯燥的文字用戏剧方式直观、立体地呈现在学生面前,使学生不但能够获取语文知识,更为语文综合素养的提升提供有效助力。

参考资料

李艾艾,2018.浅谈儿童教育戏剧在小学语文教学中的作用[J].广西教育(25):2.
舒志义,1999.论戏剧的教育与教学功能[J].戏剧艺术(3):9.
唐双红,2017.教育戏剧在小学语文课堂教学中的实践探索[J].考试周刊(72):1.
徐佩佩,2018.由植入到融入:教育戏剧在语文教学中的实践[J].小学教学参考(12):5-6.
张怡,2018.浅谈教育戏剧在小学语文课堂教学中的应用[J].基础教育论坛(15):4.

小学大课间体育活动模块化研究——以体育游戏为例

张建忠　朱宏林　段德剑　杨秀英　杨　涛

一、前言

(一)选题意义

　　2007 年 5 月 7 日,中共中央国务院发布《关于加强青少年体育增强青少年体质的意见》,文件要求广泛开展"全国亿万学生阳光体育运动",明确提出保证锻炼时长和锻炼效果,要求广大中小学全面开展大课间体育活动。自中央 7 号文件发布以来,大课间体育活动的开展掀起了一阵热潮,受到各地区各层次学校的欢迎。大课间体育活动作为一种新的组织形式,是学校体育活动的重要组成,是素质教育理念的实践,是落实"以人为本"的内在要求,是全面提高发展素质教育质量的重要举措。据资料显示:最近 20 年,中国青少年的体质在持续下降,特别是爆发力、力量、耐力素质及肺活量等指标,超重与肥胖学生的比例明显增加,学生视力不良检出率持续上升,出现这些问题的原因是多方面的,但是学生每天的体育锻炼不足、体育活动时间不能得到保证是最主要原因。

　　目前,我国学校体育工作的实施过程中仍存在些许问题,如大课间活动的开展内容单一,组织形式固化,管理制度不健全等,造成了大课间活动的形式化,实际作用效果堪忧。与此同时,学生体质健康测试的数据表明中小学生的体质和身体健康水平是一项需要长期关注的重大问题,如何更好地利用大课间活动改善学生体质和健康水平已然引起众多研究者的关注,加之我校北京市丰台区长辛店中心小学现阶段课间操开展情况存在的诸多问题,例如:①学生人数多,体育教师少,造成以系列操模式存在的长期化及固态化;②传统系列操存在形式对激发我校学生锻炼兴趣的效果存在长期性争议;③面对"体质健康测试"的指标性要求,传统课间操模式在锻炼意义层面上存在"强度不足""效果不佳"等诸多矛盾。大课间体育活动作为学校体育活动的重要组成部分,是保证小学生阳光体育一小时,提升身体素质的重要活动途径,然而现状显示,目前我国有些小学大课间体育活动的地位正面临挑战,对学生的吸引力越来越小。面对这样的境况,采取什么样的措施来改善这种不容乐观的现象是 21 世纪给予学校体育的机会和任务。

在此背景之下,研究小学大课间体育活动的新模式、新方案尤为必要。新颖科学的大课间活动方案,将在一定程度上丰富小学大课间体育活动的理论,为其开展大课间体育活动提供了理论参考。同时,创新性方案的实践应用将培养学生的体育素养,促进其学生身心健康全面发展及终身体育意识的形成,为学生的生活和未来发展打下坚实的基础;创造丰富的校园体育文化,有助于社会体育风气的形成,促进和谐社会的建设。

(二)研究目的和研究意义

1. 研究目的

随着时代的发展,科学技术的不断创新,互联网信息广泛的渗透,当今社会小学生的心理和生理特征已发生巨大变化。从心理上讲,他们对自我个性化的发展,对新鲜事物的追求表现出了极大的愿望。生理上,两极化现象愈加分明,肥胖率居高不下,缺乏锻炼已成众矢之的。在这一大背景下,学校体育教育作为小学生体育意识培养的发蒙,身肩重任、影响之深远,也自然被推到风口浪尖上,与此同时,在新课程改革的良好背景下,伴随新一轮北京市关于减轻中小学生过重课业负担的开展,学校教育对体育教学工作也提出了更高的要求。

本研究以"务实求真"为指导思想,认真努力贯彻国务院发布的《关于加强青少年体育增强青少年体质的意见》,以及教育部、国家体育总局关于《进一步加强学校体育工作、切实提高学生健康素质的意见》《全面启动参与全国亿万学生阳光体育运动的通知》等文件的核心内容,结合课题组成员丰富的小学体育教学经验,从实际出发,努力探索以游戏形式开展的大课间体育活动的创新模式,旨在提高学生参与积极性,使学生在享受运动快乐的同时达到锻炼目标,最终做到促进身心健康,培养体育意识的学校体育工作目标。

2. 研究意义

在新一轮中小学课业负担减轻的工作开展背景下,学校体育在中小学教育中的重要性再次受到了重视,集中体现在学生活动时间的增多、指标性体质健康测试的出现,大课间活动作为学校体育的重要组成,在增进学生身体素质,达成锻炼目标的过程中扮演关键角色。因此,如何有效地开展大课间体育活动成了中小学体育教师共同探索的问题。从全国范围看,有关中小学大课间体育活动的研究开展诸多,可借鉴的理论基础也较为丰富。就北京市而言,小学大课间体育活动的研究尚处起步阶段,可借鉴的开展模式或理论基础也十分有限。有鉴于此,本研究将在理论层面广泛借鉴全国范围的成功范例,并结合我校的实际情况开展实践研究,以期为北京市同类学校开展大课间体育活动研究提供有价值的理论参考。

从本校大课间体育活动发展现状来看,大课间体育活动作为学生每天必须从事的体育活动之一,其作用不言而喻,不仅可以增强学生体质,缓解学生因紧张学习造成的大脑疲劳,而且对其身心发展也是有良好作用的,具有促进学生德、智、体、美全面发展的功效,在学校的体育与健康教育工作中占据了重要地位。然而,如何提高学生参与体育活动的积极性,如何加强体育活动的有效性都是亟待解决的现实问题,本研究将通过对大课间体育活动的内容及组织形式的新模式探索,以游戏模式替代传统系列操模式,以期能够激发学生锻炼意愿,达到身心锻炼和放松的双重效果。

(三)研究任务

本研究的主要研究任务包括以下三个方面:

1. 阅读本领域相关文献、书籍,总结相关研究理论、观点,了解本领域的研究前沿信息,为后续相关研究提供本领域研究的归纳性参考资料。

2. 通过对相关文献资料的阅读整理,总结目前小学大课间体育活动的研究动态,理清与大课间体育活动相关的概念的界定。

3. 根据我校北京市长辛店中心小学大课间体育活动开展的实际情况,以及本校拥有的相关资源,努力探求适合本校的大课间体育活动开展模式,从而进一步提升其大课间体育活动的实效性、趣味性。

（四）文献综述

1. 相关概念界定

（1）大课间体育活动

大课间体育活动是在课间操的基础之上发展和演变而成的学校体育活动的新形式,是学校体育活动的一部分,也是落实、保证学生每天参加阳光体育活动一小时的重要内容。20世纪末中小学生由于学业负担过大,课余锻炼时间不足而导致体质严重下降的严峻形势下,党中央提出学校体育要树立“健康第一”的指导思想,保证每个学生每天一个小时的锻炼时间。针对这一要求,有关专家提出了“大课间体育活动”的设想,教育部决定将课间操提到大课间体育活动课的层面,并列入课程计划,以进一步发挥其功能,确保学生每天达到一小时体育锻炼的要求。有关大课间体育活动的具体含义及本质属性,国内有关学者长期关注。何云东指出大课间体育活动是对传统课间操的继承和发展,是巩固和扩大体育锻炼效果,增强学生素质的重要体育组织形式。冯学东认为大课间体育活动是学生为了实现丰富课余生活、增强体质、学习和展现体育技能,在体育课以外运用各种体育练习手段和方法参加的身体活动,它既包括学校有目的、有计划、有组织的学生群体体育活动,也包括学生自发参加的体育活动。由此可见,大课间体育活动是体育课与课余体育活动外的具有一定组织形式、规则性以补充学生在校锻炼时间、加强学生身体素质的课间体育活动。

（2）模块化

模块化是指解决一个复杂问题时自顶向下逐层把系统划分成若干模块的过程,有多种属性,分别反映其内部特性。在本研究中,将大课间体育活动的组织形式分为入场、准备、游戏、退场4个独立又彼此联系的模块。

（3）体育游戏

体育类游戏也称“活动性游戏”,是体育教学内容和方法之一,规则游戏的一种。为提高学生的兴趣,将某种体育活动加上情节或规则,或以活动的结果作为判断胜负的依据,可提高学生参加锻炼的积极性。构成的基本要素是身体活动、情节、规则、方法、结果和场地与器具,其中身体活动是体育游戏不可缺少的,可根据教学要求、学生的年龄特征做出不同的分类。如按有无情节、活动量大小、分队或不分队,以及按跑、跳、投等人体基本活动分类。本研究尝试以体育游戏的形式开展大课间体育活动,包含9类游戏:踏板球、爬垫、绳梯、跳跳杆、绕标志桶、托球跑、套圈、跨栏跑、篮球运球。

2. 大课间体育活动相关政策浅析

2007年5月7日,中共中央国务院发布《关于加强青少年体育增强青少年体质的意见》指出广大青少年身心健康、体魄强健、意志坚强、充满活力,是一个民族旺盛生命力的体现,是社会文明进步的标志,是国家综合实力的重要方面。党中央、国务院历来高度重视青少年的健康成长。全面实施《国家学生体质健康标准》,把健康素质作为评价学生全面健康发展的重要指标。加快建立符合素质教育要求的考试评价制度,发挥其对增强青少年体质的积极导向作用,广泛开展“全国亿万学生阳光体育运动”。鼓励学生走向操场、走进大自然、走到阳光下,形成青少年体育锻炼的热潮。全面实行大课间体育活动制度,每天上午统一安排 25~30 分钟的大课间体育活动,认真组织学生做好广播体操,开展集体体育活动。各级党委和政府要把加强青少年体育工作摆上重要议事日程,纳入经济社会发展规划。加大对体育事业尤其是中小学体育设施的投入,正确评价学校的教育质量,为学校实施素质教育、促进学生全面发展创造良好条件。

2012 年 10 月 22 日,由教育部、国家发展改革委、财政部、国家体育总局联发的《关于进一步加强学校体育工作的若干意见》强调指出,①充分认识加强学校体育的重要性;②明确加强学校体育的总体思路和主要目标;③落实加强学校体育的重点任务;④建立健全学校体育的监测评价机制;⑤加强对学校体育的组织领导。为促进学生参与体育锻炼就得创新丰富体育锻炼内容、方式和载体,增强体育活动内容的趣味性和吸引力,激发学生锻炼兴趣。

由教育部、国家体育总局、共青团中央发布的《关于开展全国亿万学生阳光体育运动的决定》指出,开展阳光体育运动,要与课外体育活动相结合。配合体育课教学,保证学生平均每个学习日有一小时体育锻炼时间,将学生课外体育活动纳入教育计划,形成制度。认真组织实施“全国中小学生课外文体活动工程”,大力推行大课间体育活动形式,积极创建中小学快乐体育园地,加强学生体育社团和体育俱乐部建设。通过广泛开展学生体育集体项目的竞赛、主题鲜明的冬季象征性长跑、具有地方特点和民族特色的学生体育活动等,不断丰富学生课外体育活动的形式和内容。

综上所述,通过对国家关于青少年体质健康相关政策面的解析不难发现,党和国家领导层对学校体育活动开展、中小学生体质健康水平的高度重视,所提出的相关政策及办法,为学校体育工作的开展指明了大方向,同时也为体育教育工作者提出了要求。大课间体育活动作为阳光体育运动的重要执行手段,既承担了加强学生体质健康的重要责任,又赋予了中小学体育教育工作较灵活的执行空间,主要体现在操作手段、操作形式上的可变性。同时,大课间体育活动灵活的执行空间对体育教育工作者的专业水准也提出了更高的要求。

3. 大课间体育活动的相关背景及缘起研究

有关如何提升学生体质健康水平的话题一直受到社会各界的普遍关注,体质健康监测结果也不断显示我国青少年的体质健康水平日渐下滑,以中小学生的身体素质为例,校园中的肥胖率居高不下,学生近视、亚健康状态比例增多,在此大背景下,国家有关部门及体育学者展开切实可行的研究调查计划,并相继出台一系列加强青少年体质健康的政策与办法,大课间体育活动的雏形也随之应时而生。此外,时间可追溯至 20 世纪 70 年代,当时我国正处于人口激增,社会主义经济建设尚未有效实施之际,社会资源短缺、人民生活水平较低导致了全民体质健康普遍不佳,这一问题尤其在青少年人群中更为突出。硬件环境无法保证学校体育活动的有效开展,大规模的课间操开展模式对于许多条件不足的学校而言更是捉襟见肘,因此,学校体育教育研究工作者开始探寻更加切合我国国情的学校体育活动开展模式,目的在于寻求在组织上、开展形式上、锻炼有效性上更为切合实际的发展道路,这一变革思路也为大课间体育活动的出现起到了推波助澜的作用。1978 年,教育部颁布了《关于落实中小学生每天一小时的体育锻炼的通知》,为了更好地完成学生每天锻炼一小时的工作,一些学校的传统课间操就开始慢慢转变为大课间体育活动。1990 年教委等多级部门联合颁布了《学校体育工作条例》,其中提及各级各类学校每天须安排课间操,每天除安排体育课,还应开展多样化的课外体育活动,定期组织学生进行校外体育活动,与此同时,全国各省市开始相继组织大课间体育活动的观摩会,为大课间体育活动的进一步推广起到了推动作用。紧随其后,1995 年颁布实施了《全民健身计划纲要》及《中华人民共和国体育法》两个政策文件,其中均涉及学校必须每天开展课外体育活动,并保证学生在校拥有充裕的体育活动时间,其次,在《全民健身计划纲要》中出现了大课间体育活动的称谓,这是较早出现大课间体育活动的文件。进入 21 世纪,大课间体育活动逐渐被提到课程层面,形成了以体育老师、班主任共同组织开展的联合机制,同时,关于大课间活动的实验、普及工作开始在全国范围内开展。2007 年国务院发布《中共中央国务院关于加强青少年体育增强青少年体质的意见》,要求全国开展阳光体育运动,保障学生每天锻炼一小时,为大课间体育活动的继续有效推广提供了强有力的动力和基石。

综上所述,大课间体育活动的出现是时代高速发展、科学进步与教育创新共同作用下的必然产物,它的出现补充了传统课间操强度不足、单调乏味、形式意义大于实际效用等诸多短板,同时,大课间体育活动在开展形式上拥有巨大可变性,形成了开展模式的多样化特点,不拘泥于某种单一形式也符合了信息化的时代背景。从国家、地方政府层面而言,各地方政府、教育部门、体育主管部门在国家相关政策的指导下,结合地方特色、地域特点、硬件条件等因素制定出了适合当地发展的政策,体现出了"因地制宜"的特点,因此,大课间体育活动得已蓬勃发展不仅得益于时代的创新力量,政府的有效指导更是它前行的有力保障。

4. 大课间体育活动研究现状

通过输入:大课间、大课间体育活动、大课间 & 体育活动等关键词查阅中国知网(cnki. net)数据库获得相关期刊文献、本科论文、硕士论文、博士论文共计四百余篇,其中绝大多数研究以学校体育、阳光体育活动、学生身体素质、快乐体育、终身体育为视角进行,而研究内容则主要集中在大课间体育活动开展现状、开展模式、组织形式、影响因素、变革方向上,开展研究的主要地区则主要集中在我国东部经济较发达区域,如北京、上海、天津、广州、江苏、浙江等地。从相关文献发表总体概况可以看出,目前我国大课间体育活动的研究与开展尚处于起步阶段,以经济较发达地区的研究带领经济次发达的西部地区为主要特征。

(1)有关大课间体育活动现状调查的研究

现状调查研究主要体现在我国学者对大课间体育活动的开展现状从不同角度、不同出发点、不同地域进行的实践研究,其研究成果的汇总综合体现了我国学校体育在课间操变革发展历程的成功与不足,以实践调查方式,为大课间体育活动的创新和增强提供了真实情景和数据。

徐芳在《小学大课间体育活动的开展情况的调查研究》中,对大课间体育活动的开展进行了兴趣度、体育教师组织学校大课间体育活动情况及家长对学校开展大课间体育活动的态度等方面的调查研究,分析了小学大课间体育活动开展实况,探寻大课间体育活动发展过程中出现的突出问题,并针对问题提出了相应的解决方案。

陈颖悟在《从传统课间操到大课间体育活动的思考》指出,我国大部分中小学大课间的活动以各种体操为主,包括广播操、素质操、健美操、武术操类徒手操和健力操、绳操、杠铃操等轻器械操,同时以舞蹈和游戏类为辅,并提出大课间体育活动开展过程中存在就操论操的倒退问题,学生之间、学生和老师之间缺乏交流互动,导致学校现有的大课间体育活动很难提高学生参与兴趣,反而有可能成为学生的负担。为提高中小学大课间体育活动的实施效果和价值,应注重学生心理和人格的培养,加强学生的适应能力和创新能力,提高学生的竞争意识。

张连蕊在《大课间活动存在的问题及改进措施》指出了大课间体育活动开展过程中存在多

种问题,例如,忽略体育活动开展的本质、一味重形式,开展过程中过度强调了发挥教师的主导性而忽略了学生的主体性,同时体育教师在把控学生体育活动普及教育和区别对待方面的能力不足,各方面的不良因素最终导致了大课间体育活动的质量大打折扣。

江延英在《普通中小学大课间体育活动开展探究》中指出,在大课间体育活动实施的过程中应注重活动内容的多样性、趣味性、合作性,同时遵循安全原则、创新原则、因地制宜等原则。而体育活动内容方面,优化普通中小学大课间体育活动主要以徒手操、创编操、专业操、集体舞为主,以竞赛、游戏类小活动和田径类(跑、投、跳)为辅等。

段有林在《浅析中学大课间活动的影响因素》一文中,总结分析了影响大课间活动开展的主要因素,包括学生和教师、学校经费和场地器材、活动内容及形式、大课间活动的监督管理等,并指出大课间体育活动开展过程中存在多种不可避免的影响因素,这些影响因素其中有可以通过改善措施克服的,也有人为不可改善的,我们要充分改善那些可变因素,尽力缩小不可改变因素的影响,从而促进大课间活动的有效开展。

综上所述,根据阅读现有关于大课间体育活动现状调查的相关文献不难看出,大课间体育活动的开展仍然存在理论与实际背离的现象,主要体现在开展形式依然受牵于传统课间操模式,学生积极性差等问题。换言之,理论层面的指导思想如何有效地在校园中得以实施,使学生身心真正受益将是大课间体育活动面临的最大问题。

(2)大课间体育活动开展内容与项目的研究

活动内容与项目是大课间体育活动开展成败与否的关键,因此,关于大课间体育活动内容的研究是学者研究的重点和难点,这方面的研究主要是针对活动内容的实效性、合理性和有序性等方面,要求活动内容既要选择多样化,又要符合学生身体的发展特点。本研究旨在探索大课间体育活动的内容创新研究,试图以游戏模式开展大课间体育活动,熟知传统大课间体育活动的主要开展内容及项目将有利于本研究在开展过程中获取传统成功经验及规避重复效果不佳的活动内容风险。

张海平等在《大课间体育活动的实践研究》中提出了根据学生的年龄、性别、身体状况、心理特征等制定大课间体育活动的内容的观点,并指出从内容选择上看,小学生一般以游戏、舞蹈、操类、各种攀爬项目为主,其中可以将操类分为体能类、协调灵敏类、力量类、速度类、柔韧类以及综合技能类。兰林在《成都锦江区小学大课间体育活动特色发展研究》调查了成都锦江区小学的大课间开展内容,指出其开展内容种类繁多,其中球类运动包括足球、排球、篮球、羽毛球比较常见的球类运动。郭中云在《石家庄市中学课间操开展现状及分析研究》中调查了石家庄市的中学课间操开展内容,显示大课间开展项目丰富,有操类的篮球、足球特色操、武术操,球类、田径(跑步)和踢毽子、老鹰捉小鸡、推铁环等游戏。其中球类运动主要有足球、篮球、排球、羽毛球、乒乓球这五项运动。邱建章发表的《应开展丰富多彩的大课间体育活动》一文中指出,大课间体育活动内容应适应一年四季的变化,其中春夏秋可以选择以广播操、集体舞为主,以跳绳、跳皮筋、踢毽子、篮球、排球、足球、单双杠、身体素质练习、游戏等为辅。冬季大课间活动就以跑步、素质练习、武术、室内操为主。

综上所述,我国目前大课间活动开展类大致包含①球类:篮球、排球、羽毛球、足球、气排球、乒乓球;②自编操类:室内定位操、广播操、健美操、排球操、身体素质操、国学操;③游戏类:武术类游戏、田径类游戏、足球类游戏、篮球类游戏、排球类游戏、体操类游戏、棋类游戏、跳绳;④民族传统项目:太极拳、五禽戏、八段锦、踩高跷、拔河、秋千、风筝、打陀螺、踢毽子,见表1。

表1　大课间活动涉及项目类别的研究

类别	项目
球类	篮球、排球、羽毛球、足球、气排球、乒乓球
自编操类	室内定位操、广播操、健美操、排球操、身体素质操、国学操
游戏类	武术类游戏、田径类游戏、足球类游戏、篮球类游戏、排球类游戏、体操类游戏、棋类游戏、跳绳
民族传统项目	太极拳、五禽戏、八段锦、踩高跷、拔河、秋千、风筝、打陀螺、踢毽子

(3)北京市中小学大课间体育活动的研究现状

本研究以北京市长辛店中心小学为研究对象,熟悉及梳理关于北京市中小学大课间体育活动开展现状将为本研究带来有效的借鉴意义。北京作为全国政治、经济、文化交流中心,在教育领域肩负着为全国传递成功经验的使命,了解北京市中小学在贯彻和实施大课间体育活动及阳光体育运动等国家相关政策的成功经验,是深入研究大课间体育活动的良好切入点。

课题组以北京市 & 小学大课间体育活动为组合关键词,在中国知网(cnki. net)数据库进行搜索,获得与关键词内容相关度较高的文献仅 3~4 篇,由此可见,关于大课间体育活动的研究在北京市所辖范围内的开展状况还极为有限。通过查阅其他文献资料,如报刊、网站等,我们仍获取了相当数量的宝贵资料,为本研究的顺利开展提供了重要参考价值。

例如,赵丹青、董健以北京市东城区师范学校附属小学水平二学生(3 ~ 4 年级)为研究对象,以《国家学生体质健康标准》为依据,通过游戏方式:"躲避危险"——快速进行钻、爬的柔韧协调练习;"抢救物资"——分小组的运物接力跑;"重建家园"——运物搭小垫子等多种游戏方式对大课间体育活动的开展模式进行探索,研究结果显示,创新训练方法优于对照组的传统训练方法,并提出建议:应该充分考虑学生的不同运动能力水平和个人特点,在活动过程中采用更为积极、有效的手段与方法,区别对待男女小学生的教学和活动安排,科学地提高小学生身体素质,探索出更适宜学生活动的内容形式。

宗瑶在《北京市中小学学校体育现状调查及对策研究》一文中全面调查并概述了北京市中小学体育活动发展现状及困扰其有效开展的境况,其中调查显示,北京市中小学校开设课间操的情况较好,占课余体育活动的 80% 以上;阳光体育计划实施开展得也比较好,这在某种程度上反映了北京市中小学体育工作开展良好的一面。再如,李相如等通过采用调查问卷的形式对北京市中小学体育课开课率、体育课程标准执行情况、师资队伍情况、课外体育活动开展情况、落实阳光体育 1 小时的情况及执行新课程标准过程中出现的问题等进行了深入调查分析,在了解北京市中小学体育开展现状的基础上,有针对性地提出了提高北京市师资队伍质量,把学校体育工作发展重点转向郊区和农村学校,针对不同层次的学校有区别地制定体育发展计划,加强新课标的推广及体育教师的再培训工作,明确北京市体育课程改革的重点和方向,完善体育教学评价制度,健全学校体育规章制度等八方面的对策。在李健等的《北京市中学课间操现状调查与思考》一文中,作者借助新一套广播体操推广的便利,对北京区县中的 8 个区、1 个县的 106 所中学调查了解学校课间操开展情况,通过调查分析思考,提出改善意见。

综上所述,有关北京市小学大课间体育活动的相关研究大多数集中在开展情况的调查研究层面,总体而言,在国家及北京市政府相关政策的向导作用下,被调查研究的北京市各类学校对大课间活动的开展都给予了相当的重视程度,在场地、器材等方面也都拥有较为优良的条件,为大课间体育活动多样化的开展形式提供了硬件保障,然而,就目前而言,对于北京市小学大课间体育活动的开展模式、开展内容的研究还较为局限,如何在国家、地方政策面给予大力支持的条件下,充分将资源优越转化为成效优越是现阶段大课间体育在北京市小学范围内所面临的普遍问题,因此,本研究将以大课间体育活动的开展内容、组织模式为出发点,进行创新性的探索研究。

二、研究对象与研究方法

(一)研究对象

本研究以北京市丰台区长辛店中心小学全体学生大课间体育活动为研究对象,以该校大课间体育活动和三年级至六年级 900 名学生为调查对象。

(二)研究方法

1. 文献资料法

根据研究目的及研究方向,课题组使用"大课间体育活动""大课间 & 体育活动""课外体育活动"等为关键词,使用中国知网、丰台区图书馆、国家图书馆等多种途径查阅与本研究相关文献及书籍,仔细阅读了大量与本研究领域有关的资料,旨在为本研究的展开提供扎实、可靠的理论支撑。

2. 问卷调查法

问卷调查法是通过由一系列问题构成的调查表收集资料以测量人的行为和态度的心理学基本研究方法。本文根据研究任务,将涉及长辛店中心小学大课间体育活动的相关问题制作成学生问卷,向学生进行问卷调查。问卷的主要内容围绕大课间体育活动现状的开展,包括动机、态度、积极性影响因素等向学生征求广泛的建议和指导,为研究提供宝贵的理论参考和依据。

本研究在问卷设计过程中查阅了关于社会科学研究的问卷设计方法、体育科研方法等资料,确保了问卷设计的可行性及科学性。本研究为全方位调查大课间体育活动的开展现状及参与者切身感受,同时设计了"学生"和"教师"两套问卷,并咨询了相关专家进行多次调整修改。依据小学生知识储备及理解事物的现实情况,学生问卷主要以选择题的形式设计,各问题之间相互联系,相互制约,具有较强的可读性。

3. 访谈法

根据研究需要,本研究对大课间体育活动参与者以及相关体育学研究专家进行了大量访谈,受访谈人员包括:学生、家长、班主任、体育教师、相关领域专家。包括对长辛店中心小学教学副校长(1 人)、年级组长(4 人)、体育课任课教师(6 人)进行访谈,此外,本研究在研究设计之初、研究进行过程及研究结果总结等各个不同研究阶段得到了来自北京师范大学体育运动学院有关专家(3 人)提出的宝贵意见,对本研究的顺利开展提供了重要理论与实践保障。

4. 逻辑分析法

课题组成员对大量文献资料、访谈资料、问卷调查结果、实地考察资料进行了严格、缜密的逻辑分析,为本研究提供了合理撰写的逻辑严密性。

三、研究结果与分析

(一)本校大课间体育活动开展现状

1. 场地、器材现状

场地与器材作为开展学校体育活动的必需硬件设施,其数量的充足与质量的达标是大课间体育活动开展、体育教学执行、学生课余体育活动开展的重要前提。根据 2006 年北京市出台的《北京市中小学校办学条件标准实施细则》中规定的各级学校办学达标规定,北京市丰台区长辛店中心小学的质量及数量均达到相关规定的要求,且满足大课间体育活动的开展需求。

2. 本校体育教师师资力量现状

教师是教育之源,大课间体育活动中体育教师是整个活动的组织者和具体工作的实施者,在学生和大课间体育活动之间起着枢纽作用,因此,体育教师的数量和质量对一个学校的体育工作的顺利进行非常关键,只有拥有了资深的师资队伍,才能更有效地完成大课间体育活动的任务,才能更好地实现学校体育的目标。体育教师的学历、教师年龄、教学年龄、专业及男女比例等都是重要的评价指标。

从年龄和教龄角度分析,长辛店中心小学体育教师呈现老龄化现象,平均年龄45周岁,这对于大课间体育活动繁重的任务而言,是一个劣势,从教学经验角度而言,则是本校体育教学及大课间体育活动开展的优势之一,经验丰富的体育教学团队对于学生性格特点、身体状况的把控更为准确与灵活。就体育教师专业而言,体育教育5人,非体育教育4人,4名非体育教育专业的教师同样拥有二十余年的体育教学经验,加之平日的刻苦钻研,对于体育教学与体育活动的组织能力同样具备相当的水准。对于长辛店中心小学体育教师男女比例而言,男性体育教师7位,女性体育教师2位,除了正常的体育教学工作,还要进行训练、培训等事宜,各教师工作负荷较大,因此,对于如何有效灵活地变革传统大课间体育活动的开展方式,以期在增加学生参与体育活动积极性的同时,又使得有限的体育教师在身体能力范围内,有效发挥各自作用及协同作用将具有重要意义。

3. 本校现有大课间体育活动开展内容

在进行本研究之前,课题组搜集了我校自开展大课间体育活动开始之时至今所有有效组织过的大课间体育活动的所有不同活动形式,并将不同活动的开展比例进行了大体调查,同时通过对于进行问卷调查、访谈等方式对所开展过的大课间体育活动形式进行满意度与兴趣调查。表2显示我校开展大课间体育活动的总体类别及所占比例。

表2　我校大课间活动项目类别及开展时间占比

类别	占比(%)
球类	5.3
自编操类	28.6
教育部规定广播体操	50.3
游戏类	8.9
民族传统项目	6.9

调查显示,长辛店中心小学大课间体育活动开展形式涵盖球类、自编操类、教育部规定广播体操、游戏类、民族传统项目五大类。其中,教育部规定广播体操占比超过总体比例一半,其次是我校自编操的28.6%的占比,随后依次为游戏类、民族传统项目、球类。由此可见,本校的大课间体育活动开展模式仍旧以集体操类为主,这一开展模式带来的直接后果则是学生参与积极性差,主观参与感低。对学生进行的满意度调查问卷同样验证了课题组这一假设。表3显示学生对于各类形式的大课间体育活动满意度调查结果。

表3　我校大课间活动项目类别学生满意度调查结果($n=80$)

（采用5级量表，1为非常不满意，5为非常满意）

类别	满意度
球类	3.9
自编操类	1.5
教育部规定广播体操	1.4
游戏类	4.2
民族传统项目	2.3

由表3可见，满意度调查结果显示，学生对于游戏类的开展形式最为满意，其次是球类，学生对于民族传统项目的兴趣并不浓厚，集体操类别的满意度则直接显示，传统集体操形式的大课间体育活动开展方式亟待改革创新。

对学生进行进一步关于各类别开展形式直接印象及感受的问卷调查及访谈显示，绝大多数学生在谈及广播体操时都使用了"单调乏味、枯燥、应付任务、没兴趣"等词语。对于游戏的开展形式，学生们则多以"有趣、好玩、项目太少、时间不够长"来表达自己的感受。可见，学生对于传统课间集体操的开展形式已到了无法提起兴致的程度，而对于游戏类的开展形式，则多持乐于参与的态度。因此，课题组也坚定了对传统大课间体育活动介入大规模游戏形式开展方式的研究信心。

（二）大课间体育活动模块化研究

本研究将大课间体育活动共计四个模块进行划分处理，依次包括：精神入场→快乐准备→激情游戏→放松回楼。目的在于充分调动学生参与体育活动积极性，各阶段具体内容阐述如下：

1. 精神入场

入场按照队列"齐步走"要求精神抖擞，口号声音洪亮。由于本校学生人数众多，合理有序地进入操场不仅确保了学生的安全问题，同时也有助于提升学生进行体育活动之前的精神转变。

2. 快乐准备

完成基本准备活动后进行韵律操《健康快乐跳起来》热身，培养表现美的能力。为了使学生能够在进行游戏开展前充分完成必要的身体预热准备，基本准备活动和韵律操的结合将有力地确保后面"激情游戏"的顺利进行。

3. 激情游戏

学生分成6小组按音乐循环练习完成9个游戏，锻炼身体。本模块也是本研究的核心内容，课题组充分、细致、科学合理地设计安排了9种游戏的有效结合，目的在于使学生在充分活动身体，确保一定运动负荷的同时，又得到了精神上的放松。

4. 放松回楼

学生做放松操《假如幸福你就拍拍手》，然后按疏散路线顺序回楼。最后的放松操是在欢快轻松的背景音乐下进行的，学生经过第三阶段较为紧密的游戏活动后，放松活动这一环节不仅有效地降低学生心率，同时也为随后的课程任务做好充分准备。

（三）大课间体育活动游戏研究

课题组在研究之初充分考虑到小学生各年级存在身体、心理的不同步发展，合理安排适当、有效的游戏组合予以各个年龄阶段的学生。本研究的研究对象为三至六年级共计900名学生,其中,三、四年级采用同一套游戏组合进行研究开展,五、六年级则采用另一套不同的游戏组合进行研究。

1. 游戏方法简述

学生分成 9 个小组按 A1、A2、A3、B1、B2、B3、C1、C2、C3 位置站位。

(1)小循环:学生按要求完成游戏后在小组内按数字 1、2、3 顺序进行下一个游戏。

(2)大循环:听音乐按规定路线进行 A、B、C 组间循环,见图 2。

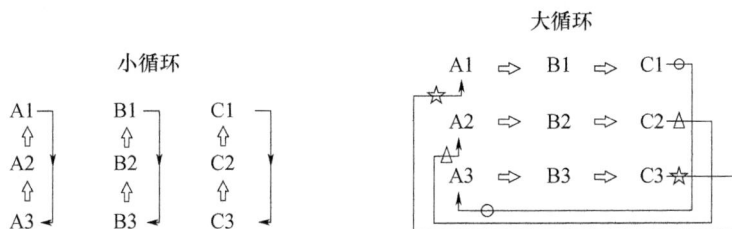

图 2　小循环与大循环

2. 游戏器材及场地

场地、器材等硬件设施是顺利开展体育与健康课程模块教学的先决条件,也是进行学校体育工作和保证学生身体锻炼的物质基础,只有器材和场地保障到位,才能保证大课间体育活动的开展与进步。大课间体育活动游戏器材概况见表 4。

表 4　大课间体育活动游戏器材概况

器材名称	数量
踏板球	120
跳跳杆	120
标志桶	300
标志碟	300
体操垫(大)	36
体操垫(小)	120
羽毛球拍	60
沙包	600
篮球	120
绳梯	48
二人三足绑带	36
栏架	120
钻圈	120
呼啦圈	60
田径场	1

(四)学生实践活动研究

学生实践能力的培养一直以来深受中央及地方层面有关单位的高度重视,作为基层教育工作实践者,如何履行自身义务、合理有效地将培养学生实践能力结合到教育工作中,既是教育的根本要求,也是国家后备人才培养的重要环节。课题组成员在研究过程中积极寻找给予学生实践能力培养的机会,同时,这一过程也解决了我校体育教师人数在组织全校大型活动过程中的短缺问题。

具体内容包括:学生在教师指导下按游戏的内容要求,将不同器材摆放于指定区域,游戏结束后,清点器材,并在相关负责老师带领下将器材放回。

(五)大课间体育活动游戏模式结果调查分析

对于游戏模式介入大课间体育活动研究的调查分析,课题组分别通过测量参与者传统大课间体育活动心率与变革后大课间体育活动心率、满意度问卷调查以及访谈等多种途径、多方位展开,目的在于收集参与学生身体、心理的双重变化情况,并通过访谈的方式深入了解参与者的真实感受。

1. 参与者研究心率前后对比分析

课题组采用分层随机抽样的方法抽取了四个年级共 20 名学生,并分别测量了受试者参与我校传统大课间体育活动及本研究推行的大课间体育活动模式后的心率,见表 5。

表 5　学生心率前后对比

学生(编号)	变革前心率(次/分)	变革后心率(次/分)
1	96	150
2	112	138
3	102	143
4	102	145
5	132	144
6	114	156
7	108	138
8	138	168
9	120	150
10	121	174
11	122	156
12	96	150
13	102	144
14	108	138
15	114	162
16	102	138
17	122	162
18	96	144
19	114	168
20	120	138
平均心率	112.05	150.3

显而易见,变革后的大课间体育活动在学生心率这一指数上较之变革前具有明显提升,且总体数据呈现运动后合理心率范围。

2. 参与者满意度调查结果分析

课题组采用分层随机抽样方式,分别从各受试年级抽取 20 名学生对 9 类不同游戏以及总体研究内容的开展情况进行了 5 级满意度调查。

（1）三、四年级满意度调查结果（表6）

表6　三、四年级游戏项目满意度调查

游戏（编号）及总体情况	满意度
1	4.2
2	4.3
3	4.1
4	4.6
5	4.8
6	4.1
7	4.5
8	4.7
9	4.9
总体情况	4.3

结果显示,三、四年级参与者对于大课间体育活动研究采用的游戏项目均表现出了较高的满意情况,对于总体开展模式也体现出来十分积极的态度。

（2）五、六年级满意度调查结果（表7）

表7　五、六年级游戏项目满意度调查

游戏（编号）及总体情况	满意度
1	4.1
2	4.2
3	4.5
4	4.8
5	4.7
6	4.2
7	4.8
8	4.3
9	4.6
总体情况	4.5

五、六年级调查结果同样显示,本研究采用的游戏及总体开展情况具有较高的满意度反馈。

3. 访谈结果质性分析（表8）

访谈的目的是为了更加深入地了解参与者对于研究开展成效的感受,从个体出发,寻求共同点及不同点,并试图寻找研究过程中需要改进的不足之处,以便进一步对研究内容做出更准确的改良方案。

课题组同样通过分层抽样的方法随机抽取了各年级组共计20名学生进行了半结构式访谈,并对访谈结果进行编码。（A、B、C……代表受访学生）

表8　访谈结果质性分析

编码(1)	案例	编码(2)	案例
积极态度	A:太好了,比过去上操有意思多了。 B:早点儿改成现在这样就好了,我都要毕业了,感受不了几次了。 C:又有趣还能出点儿汗,原来上操我都不出汗。 D:还没玩一会儿就结束了,时间过得突然好快。 E:玩游戏一点都不枯燥,还能锻炼身体,每天都这样吧,别改回去了。 F:喜欢现在这样,大家都喜欢,还能相互交流,过去都绷着,不敢出声。 G:挺好的,隔几天换点别的游戏就更好了。	消极态度	A1:觉得都差不多,没什么特别的感觉。 B1:都是上操,要是改成自由活动就更好了。 C1:要是能踢踢球,比玩这些游戏有意思多了。 D1:我喜欢自由活动打会儿篮球。 E1:不好玩儿,太热了。

访谈结果显示,绝大多数受访同学对于游戏模式的大课间体育活动开展形式给出了积极回应,并主动提出与传统模式的对比。同时,也存在较为消极或观点模糊的受访同学,其中具有参考意义的主要建议可总结为,现有的研究游戏模式还缺乏一定的竞技成分,对于这一点课题组认为可作为下一步改良的关键参考要素。

四、研究总结与建议

(一)总结

1. 以游戏模式介入大课间体育活动开展的优势

从北京市丰台区长辛店中心小学大课间体育活动介入游戏组合的改革结果来看,成效较为显著。对比传统大课间体育活动模式,改革后的新模式受到了绝大多数学生的一致认可,无论是学生的心理变化还是测量所得的生理数据的变化,都产生了积极的影响。同时,此次研究的积极成果也为学校领导及体育教师指明了方向,为进一步完善大课间体育活动的有益、高效开展奠定了良好的实践及理论基础,再者,也坚定了学校体育工作人员坚定不移地将体育、艺术、娱乐等多种元素科学结合,旨在促进学生实践能力的改革路线进行到底的不移信念。

2. 存在问题与改进措施

从调查研究的过程及结果来看,目前大课间体育活动的开展还存在诸多尚未解决的问题。

(1)学生体育意识的不足

体育学科一直以来在中小学教学中处于边缘化处境,繁重的课业负担是本学科被忽视的重要原因之一。近些年来,在中央及国家相关部门对这一问题切身关怀下,这一问题得到了大力改善,然而,目前中小学较弱的体育意识这一问题仍然十分严峻。研究及教学过程中,课题组发现多数学生对于体育运动促进健康情况这一观念的认识还十分淡薄,大课间体育活动介入游戏组合模式的改革虽然受到了一致好评,但学生的意识仍旧逃离不开"玩",而非真实感受到了体育运动的锻炼价值,如何转变学生这一思想观念不仅是开展学校体育工作的关键,同时也是培养学生终身体育的决定性因素。

(2)体育教师数量及专项的限制性

长辛店中心小学目前体育教师数量虽满足《中小学体育教师配备标准》,但在开展大课间体育活动的过程中仍存在组织人员较为紧缺的情况,加之不在本次研究范围的一、二年级学生,未来本校大课间体育活动多种模式的变化极有可能受到体育教师人数不足而带来的局限性。

（3）大课间体育活动游戏组合的介入模式存在针对性不足

课题组在进行研究的过程中花费大量时间在如何确定游戏组合这一问题上，不同游戏具有不同目的性，不仅需要拥有游戏的娱乐性，同时也要兼顾锻炼学生身体的运动性，因此，此项工作需考虑的因素繁多。课题组在研究过程中对于不同游戏不同针对性这一环节的研究还不够深入，这也是下一步需格外改善的环节。

（二）建议

1. 增强学生参与体育活动意识

大课间体育活动的改革与发展目的在于服务学生的身心健康，学生作为活动的参与主体，参与态度直接作用于大课间体育活动是否可以有效开展，因此，加强学生体育意识的培养是大课间体育活动开展的首要前提条件，增强学生正确的体育锻炼态度，努力使学生乐于参与体育活动对大课间体育活动的改革及发展将带来积极意义。

2. 提高学校体育工作人员组织管理及创新能力

体育教师的专业水平直接决定了学校体育工作的开展情况，也决定了大课间体育活动的开展状况。提高现有体育教师的组织管理能力是解决本校体育教师人数紧缺的有效途径之一，加强专业培训、学习他校成果经验、提升业务水平将有助于学校体育各项工作的顺利开展。此外，信息时代的高速发展，要求社会各类人才不断拥有与时俱进的创新能力，体育教师同样不可缺少这一特质，创新能力的培养是学校体育工作多样化开展的必要前提，也是大课间体育活动改革的原动力。

3. 完善我校大课间体育活动评价机制

我校现有大课间体育活动的开展仍缺乏较为完善的评价机制，如何建立由体育教师、班主任、学生代表等不同评价群体组成的多层次评价体系将是下一步需开展的重点工作，完善的评价体系将有助于大课间体育活动健康、可持续地开展，同时也是促进小学生参与体育活动的重要动力。

4. 增强大课间体育活动开展内容的竞争性

调查结果显示，本次研究的大课间体育活动创新模式较为缺乏的是竞争性这一重要元素，为满足小学生竞争心理，拥有适当的竞争元素是必不可少的，竞争性不仅能够促进学生的参与热度，同时也将增加大课间体育活动的趣味性，因此，加入适当具有竞争性项目是本校体育工作人员下一步需着重研究的重点工作之一。

参考资料

陈颖悟，熊百华，刘晓忠，2015. 从传统课间操到大课间体育活动的思考[J]. 吉林体育学院学报，21(1)：28-30.

段有林，2011. 浅析中学体育大课间活动的影响因素[J]. 体育世界(学术版)(8)：97-98.

冯学东，2008. 唐山市乡镇初级中学课余体育活动现状的调查分析[D]. 石家庄：河北师范大学.

顾明远，1992. 教育大辞典[M]. 上海：上海教育出版社.

郭忠云，2012. 石家庄市区中学课间操开展现状及分析[D]. 石家庄：河北师范大学.

何云东，2008. 大课间活动在初中体育课程开发的实践和研究[J]. 中国学校体育(S1)：4.

江延英，2008. 普通中小学大课间体育活动探索[D]. 武汉：华中师范大学.

兰林，2013. 成都市锦江区小学大课间体育活动特色发展研究[D]. 成都：成都体育学院.

李建军，2004. 学校课外体育活动的现状与思考[J]. 新乡教育学院学报，17(4)：142-143.

李健,王荣民,张勇,2003.北京市中学课间操现状调查与思考[J].中国学校体育(1):53.

李喜双,2011.延边州城市初中大课间活动现状及发展对策研究[D].延吉:延边大学.

李相如,姚蕾,2006.北京市中小学体育的现状与发展对策研究[J].北京体育大学学报(7):956-957.

刘发坤,2011.新乡市城区中学大课间体育活动现状调查及策略研究[D].新乡:河南师范大学.

刘海元,2011.学校体育教程[M].北京:北京体育大学出版社.

邱建章,2001.应开展丰富多彩的大课间体育活动[J].黑龙江教育:综合版,7(8):94-96.

曲宗湖,刘晓,2004.大课间体育活动值得大力推广[J].中国学校体育(6):8-9.

徐芳,2012.小学大课间体育活动的开展情况的调查研究[J].内江科技(11):165.

学校体育工作条例,1990.

张海平,王屹川,2002.大课间体育活动的实践研究[J].体育科研,23(3):33-35.

张连蕊,2012.大课间活动存在的问题及改进措施[J].中国学校体育(S1):1.

赵丹青,董健,2012.阳光体育运动背景下北京市小学水平二学生在校进行大课间活动浅析[J].青少年体育:122.

宗瑶,2010.北京市中小学学校体育现状调查及对策研究[D].北京:北京体育大学:50-97.

应用即兴——打开小学英语课堂教学的新一扇窗

白　宏

一、关于应用即兴

初次接触应用即兴这一概念,感觉离我们的小学英语课堂有些远。如何准确地理解应用即兴这一概念,并将其中所蕴含的核心内容有意识地渗透到我们的小学英语课堂并加以运用呢? 我带着这样的疑问走进了戏剧老师 Jay 的课堂。

美国戏剧教育家 Viola Spolin 把即兴游戏整合成独立的体系,同时也融入儿童和成人的艺术教育当中。即兴是没有标准答案的,最核心的理念是"Yes And"(接受并添加),创造一个安全区域让参与者有空间去尝试、探索,并表达内在的感受,这样有利于创造参与者的信任,团体配合,让他们跳出思维局限。在课堂中,我们可以融入任何课程作为对学生的奖励,也可以通过抓住他们注意力的小环节,通过一系列的小游戏的练习,即兴用来做表演形式的呈现,通过以上方式锻炼孩子们的软技能,如沟通、团队协作和创意思考。

二、应用即兴在小学英语课堂中的实践与运用

丰富有效的课堂小活动不仅能提高学生的学习专注力,更能激发学生们的学习兴趣。一年级学生的学习特点是活泼好动,好奇心强,喜欢小组活动做游戏。北京版小学英语一年级上册每单元"Watch and act"板块中包含了学生应理解、认读的课堂指令用语,如:"Stand up""Sit down""Put up/Put down your hands"等,这几个句子对于刚接触英语学习的一年级学生来说已经属于长难句了,机械性跟读不利于学生理解句意,也会让学生失去对英语学习的兴趣。在课堂学习中,我们可以运用"Simon Says"的游戏帮助学生进行理解巩固,第一轮游戏,教师当"Simon",发出指令,学生做动作,然后请一位学生当"Simon"发指令,其他学生做动作,通过这几轮游戏之后,学生能对所学句子有了初步的记忆,接下来增加难度,所有学生都闭上眼睛听指令做动作,这样不仅可以让学生感受到游戏的乐趣,还能锻炼学生的专注力,最后可以将学生分

成若干小组，选出每个小组的"Simon"，该位学生发指令，其他学生完成。在由易到难的游戏中，学生对知识内容有了更深层次的理解和运用，同时也锻炼了他们的听力、记忆力和注意力。

角色漫步可以让学生通过肢体语言、情绪、声音等作为启发，以角色的方式走出舒适区，探索答案。"躲猫猫"是学生生活中喜闻乐见的游戏，在低年级学生的英语课堂中，我们可以把这个游戏转化为藏单词、找单词的游戏。在课堂巩固环节，学生 A 闭眼睛背对大家，学生 B 把一张单词卡片放在教室的任一角落，然后回到座位，这时只有学生 A 不知道单词藏在了哪里，全班学生用声音大小的方式进行提示，帮助学生 A 找到单词，如果学生 A 离这个单词越近，全班读这个单词的声音就会越大，如果学生 A 离这个单词越远，全班学生的声音会越小，大家通过这种方式帮助学生 A 找到这个单词。学生们对于这个游戏都玩得乐此不疲，这不仅锻炼了学生间的沟通合作能力，在游戏过程中还提高了他们主动开口说英语的意识。

小组即兴创编故事可以激发学生的头脑风暴，把头脑中所学的知识进行提炼，发挥他们在学习中的主观能动性。五六年级学生有一定的英语学习基础，比较乐于同伴互助、小组活动的学习方式。课堂中教师将学生分成若干小组，小组中每个人添加一个词，大家一起创造一个故事，接下来通过"很久以前""每一天""然后""最后""这个故事告诉我们"的结构来讲故事，最后到表演环节，每个小组头脑风暴属于自己的原创故事，组长通过分配角色（旁白、主角、配角、肢体语言表达等）把故事展示给别的小组。学生的故事讲得并不完美，有些学生还会出现单词、句子结构等错误，还有一些基础薄弱的学生在故事中的台词并没有那么多，但学生在"犯错"的过程中锻炼了自己的语言、肢体语言表达能力，小组的协作力及配合能力。语言和情感是相通的，即使不能理解语言，但通过有效的语言和肢体动作表达也能让听者感受到真实意思。有的学生从刚开始的不知所措到后来逐渐懂得如何与同伴配合默契。我坚信只要给孩子创造机会，每个孩子也都可以自由地表现。

三、应用即兴—"非暴力沟通"

提到暴力，我们往往会联想到打架、受伤这些攻击性很强的词，暴力在我们身边是真实和无形的，不仅表现在身体上的侵略，更加表现在攻击、贬低和批评他人的语言中。语言的力量有时是巨大的，一句话可以改变人的命运，充当权威的人怎能不出言谨慎，特别是在面对充满热情、内心却敏感的孩子时！孩子们都渴望被肯定，一次小小的表扬很可能成为他们学习的动力源泉。

人的个性差异决定了每个班都有"学困生"，如何与他们相处是每个教师都逃不掉的话题。小信的成绩落后于班里其他学生，课堂上我时常因他回答不上来问题而愤怒急躁。偶然一天，我在学校公众号关于小足球队的配图里看到了他。他是学校小足球队的一名队员，站在最中间的他阳光帅气，脸上的自信和课堂上回答问题时那个胆小的他简直判若两人。通过与班主任老师的沟通，我了解到小信在学校足球队的表现非常优秀，他平时刻苦训练，多次代表学校在市区级比赛中取得了佳绩。我便利用这个机会和他进行聊天，我对他说："老师在学校的公众号看到你的照片了，你代表咱们学校取得了那么优异的成绩，我真为你感到骄傲。既然小足球都能踢得这么好，我想英语学习对你来说肯定不是难事，加油吧，孩子。"听了我的话，他不好意思地点了点头。这之后的英语课堂上，我慢慢感受到了他细微的改变，虽然有时仍然回答不上来问题，但我看到了他认真听讲全神贯注的表情，虽然字迹有时依旧会潦草，但我能感受到他在努力写好，虽然成绩还不是那么优秀，但是却在一点点提高。我想这虽然是一句简单的鼓励，但却能帮助他找到更好的自己。

四、结语

应用即兴这一理念拓宽了我的学术视野，给我的教学带来了全新的认识和体验，当然，其中所包含的理念、知识还有很多需要我们在教学中不断地学习与探索。教学有法，教无定法，贵在得法。期望在未来的日子里，我能更高效地将这些方法及理念带入到我的课堂之中，让自己成为学习型、创新性教师，让每一个孩子获得更多元的发展、更快乐的成长。

小学体育课"提高练习密度，落实学生实际获得感"的思考

张建忠　李海霞　段德剑

体育课的练习密度，是指在一节课中学生的实际练习时间与整节课时间的比例。它的高低直接影响本课的教学任务是否能有效完成，是评价一节体育课教学质量的重要指标之一。当前体育教学中存在着一些影响练习密度的现象：比如场地安排不合理、练习器材少、练习方法不得当等。受上述情况的影响使得学生练习时间少，练习次数少，大多数学生把时间浪费在了"等待"上，长此以往，不但无法满足学生渴望运动的热情，也必将影响学生健康的身体，更谈不上养成终身锻炼的习惯了，落实学生的实际"获得感"也就成为一句空话。那么，在体育教学中科学有效地上好体育课，最大限度地充分而又合理地利用好 40 分钟的宝贵时间，尽量减少无效时间，提高学生的练习次数，促进学生更快更好地掌握动作技能，达到提高身体素质、增强体质的目的，是每个体育教师应当且必须突破的难题。

一、合理利用场地和设施

在教学中合理利用现有场地和设施解决一些项目在练习的过程中"捡拾"器材时间过长的情形，避免练习的时间还没有"捡拾"器材时间长的尴尬局面。比如在进行投掷"海绵包"教学时，以往模式下是学生按教师口令"投出—捡包—再投"，这个过程使得学生实际练习时间非常少，"捡包"时一哄而上，场面混乱，一去一回耽误很长时间！这时可利用墙面，使学生面对墙2 米左右，练习时用力对墙投出，"海绵包"触墙后落地，学生"捡包"继续练习，能有效地提高练习次数。在练习过程中，教师提出高度的要求，并用"击墙"声音的大小判定力量的大小，充分保证学生增加"投掷次数"并激发学生练习的兴趣，教学效果显著。

利用主席台和室外乒乓球台可以解决"支撑跳跃"等项目器材少和不好准备的弊端。学生利用这些平台可以辅助练习"助跑—踏跳"这两个环节，在增加练习次数的同时也能消除学生的畏难心理，为后续学习在器械上完成"腾空-落地"的环节做了很好铺垫。在教学中可以围绕台子在保证安全的情况下尽量多设置踏板，改变一个学生练习大多数学生当"观众"的情形，教学效益明显提高！

学校的"护网"利用得当也能增加学生练习时间，提高练习密度。比如：一年级在进行"8 字绳"教学时，把"8 字绳"一头系在护网的恰当位置，一头由学生练习"抡绳"，二人一组配合"小猫钓鱼"这个传统儿歌，学生练习"上绳—跳几个—然后下绳"，使得全班按分工都在同时锻炼，教师的指导更加具有针对性，学生感到放松，改变以往"二人抡绳，大多数学生排队等着跳"的情况，简单易行，深受学生喜爱。

二、开发制作器材

在进行跳高教学时，设置多组跳高架，也可以用"支架和皮筋"模拟跳高架辅助教学，使学生分散达到每组 4～5 人练习的标准，给每组跳高场地设置不同的高度，分别为及格区、良好区、优秀区。孩子们根据自己的情况逐级挑战，一节课练习次数至少可以达到 20 次左右，通过"晋级"的方法在各个高度之前反复体验动作，积极进行试跳，不但提高了练习兴趣，活跃了课

堂气氛,还有效提高了跳的能力,能取得一举多得的效果!

在进行"投掷"教学时,"沙包"容易漏沙,也有安全隐患,而"海绵包"又过轻,投掷时感觉使不上劲。让学生每人用废纸揉成团,并用胶带缠好,大小符合个人要求且又有弹性,抛、接、投得心应手,再配合"墙面"练习投掷,深受学生喜爱!上课时带来,下课时带走,十分方便,把"准备和回收"器材的时间用于练习技术,熟能生巧,自然"获得"技能。

三、教学方法是提高练习密度的关键

改进和选择恰当的教学方法是"提高练习密度,落实学生实际获得感"的核心。教学实践中学生与老师之间是双边互动的活动,因此,必须最大限度调动学生练习积极性和深入挖掘教师的主导潜能,使得教、学、练,相互促进,才能有效提高体育课堂的练习密度和效率。

（一）散点练习

把练习"时间和空间"最大程度交给学生提高练习密度。学生带着任务在教师的引导下,在运动体验的过程中互相帮助并且改进错误动作,根据在练习中出现的问题,教师适时地点拨促进学生运动技能的形成。例如,球类教学中就适合这种方法,让学生在球场上通过大量的体验,获得球感,最终掌握技术形成技能,教师只是"精讲",学生必须"多练",实践证明起到事半功倍的作用!

（二）循环练习

对于学生已经掌握得非常好的项目,教师可以科学地组合起来,形成一套循环练习,学生分组并设定具体的练习要求,按照规定的顺序、路线,采用比赛计分方法完成全部内容,促进学生自主锻炼,激发学生挑战自我的品质,教师成为管理者和裁判员来提高练习密度,并使课堂教学气氛紧张而活泼,充满生机和活力。

四、应注意的问题

练习目的要清晰准确:提高练习密度的最终目的是为了提升课堂效益,因此,在教学时不能刻意追求密度的提高,应充分考虑"学生获得感",需要讲解、需要分析的地方绝不能省略,只有那些无关紧要的环节才能省下来提升练习密度。

练习负荷要科学合理:负荷的大小也应该和练习密度相结合,如果本节课练习强度已经很大了,那么练习密度就不宜安排得很大,避免学生过度疲劳,相反,学生参与练习的负荷不大,这时可以加大练习密度弥补强度不够的不足,让学生在体育课中有适度疲劳感,以求达到增强学生体质的目的。

用游戏教学法激发低年级学生英语学习兴趣的研究

时艳新

一、问题的提出

《义务教育英语课程标准(2011年版)》提出:英语课程要鼓励学生通过体验、实践、参与、探究等方式发现语言规律,掌握语言知识和技能,形成有效的学习策略。我国现代著名教育家陈鹤琴先生说过:"游戏是人生不可缺少的活动,不管年龄性别,人们总是喜欢游戏的。……把枯燥无味的认字造句,化作兴致勃勃的游戏活动,在做的过程中培养兴趣,加强学习,这就是教学游戏化的真实意义。"近几年,我一直从事小学低年级的英语教学工作,我发现低年级学生有

着天真烂漫、活泼好动的天性,对任何新颖、有创意的活动都有"好玩"的思想倾向。在教学中,通过不断地摸索与实践,我发现学生对游戏特别感兴趣,课堂上如果不用游戏活动,学生的有意注意时间就很短,就会有玩东西、走神儿发愣的现象发生,但只要进行游戏活动,他们立刻就精神百倍,注意力特别集中,学生的积极性和学习热情也很高涨。且在和低年级学生的沟通谈话中,我得知几乎所有的学生都喜欢这一教学形式。

二、运用游戏教学法激发低年级学生英语学习兴趣的理论依据

爱因斯坦说过:"兴趣是最好的老师。"当课堂教学能引起学生学习兴趣时,就可以使学生在学习中集中注意力,更好地感知、记忆、思考和想象,从而获得较多、较牢固的知识与技能。"英语游戏教学"就是根据目前小学英语教材和儿童好动擅模仿、爱说、爱唱、爱表演的年龄特点,通过对话、谜语、故事、绕口令、歌曲、游戏、短剧、竞赛表演等活动,把枯燥的语言现象转变为学生乐于接受的、生动有趣的游戏形式,为学生创造丰富的语言交际情景,使学生在玩中学、学中玩。同时,培养他们的记忆能力、观察能力、想象能力,也训练学生灵活运用语言的能力。

三、游戏教学法在教学实践中的应用

(一)结合低年级学生实际,探索有效可行的游戏教学模式,激发学习兴趣

在教学中,我发现:几乎所有的孩子都是在刚接触英语时兴致盎然,随着时间的推移,学习内容的深化和学习要求的提高,学习上的困难和挫折不断凸现,不少学生的学习兴趣与学习积极性便日趋减退。为了让学生的学习兴趣和积极性长久保持,全身心地投入英语学习的世界,享受学习英语的乐趣,我采用了学生最喜爱的游戏教学法进行教学,并摸索出一套以游戏为主的课堂教学模式。游戏对于学生来说,是基本而又适应的交往活动。在游戏中,学生能发展想象力;能把视觉信息、听觉信息以及主观感受或要求转化成语言,或对别人的意图做出言语反应,思维能力、表演力和创造力得到了提升。用游戏教学法教学不仅让学生更容易接受教学内容,教师也能更好地完成教学任务。

1. 歌曲歌谣热身,游戏引入,激发兴趣

音乐给人以智慧。认知心理学研究表明:小学生在学习外语时运用音乐、节奏可以感到松弛、愉悦和满足,产生兴奋的情绪,达到长时间记忆的目的。所以,每节课伊始,我会和学生们一起演唱英文歌曲、说英语歌谣,并配上适当的动作,随着节奏的起伏,在说说唱唱、蹦蹦跳跳中,兴致盎然地进入英语学习状态。

导入是课堂教学最重要的部分,也是一节课成功的关键。利用恰当的游戏导入新课是激发学生兴趣的有效途径,使学生对英语学习充满好奇心与新鲜感,为新的语言知识的学习创造良好的学习条件。如学习"There are many animals"单元时,我利用多媒体课件呈现动物的爪子,让学生根据爪子的形状猜动物;用录音播放动物的叫声,让学生根据叫声猜动物;做出这个动物的标志性动作,学生根据动作猜动物。又如学习"I like the shape"单元时,我利用七巧板在黑板上摆出不同的造型,有动物、房屋等,并用有关形状的单词来描述摆好的造型,从而引出新授内容,学生立刻就被黑板上的造型深深地吸引了,高举小手也要试一试。学生通过自己动手摆一摆、说一说,很自然地开始了新知识的学习。爱玩是孩子的天性,尤其对于低年级的小同学来说,更是如此。通过不同的游戏,调动他们的感官,让学生在动手、动脑、动口的过程中,不知不觉地学习新知识。

2. 学习新知识,通过多种手段,激发兴趣

新课的学习环节中,我充分利用实物、教学卡片、简笔画、手势动作等直观教学手段与多媒

体电教手段,结合游戏进行教学,使英语教学更加直观、生动有趣,保持学生的学习兴趣。如学习"orange"一词时,我在学生掌握了"red,yellow"两个单词的基础上,让学生将两种颜色调在一起,看看会出现什么情况,进而引出新词。学生在动手的同时,不仅学到了新的英语单词,也发现了新的科学现象。在学习易混淆的词汇"green,grey"时,为了让学生更好地掌握单词的发音,我采用遮挡口型,让学生通过辨音比赛的形式区分两个词的发音。为了让学生更好地认读重点功能句,我采用"看谁拍得快又准"的游戏,我说句子,让学生在句子超市里快速找到并拍到句子,然后大声读出所拍到的句子,又快又正确的同学可以得到奖励。学生们在兴致勃勃地参与游戏的过程中,很轻松地学会了新知识。

3. 玩中学,玩中练,激发学习兴趣

新知识学完后,需要进行操练来消化。操练采用多样化的游戏形式进行,如猜一猜游戏、记忆游戏、接龙游戏、表演游戏、采访游戏、击鼓传花游戏等。游戏采用个人、集体相结合的方式,做到人人参与。通过游戏化解知识难点,使学生在愉快的氛围中练习、运用新知识,提高语言交际能力。如学完形状的单词后,我设计了"摸一摸,说形状"的游戏,学生通过触摸袋子里的物品,感知物品的形状,进而说出该形状的单词。学习"How many…"句型后,我用记忆游戏让学生进行操练:我用多媒体课件展示不同动物、食品、衣服的数量,然后提问:"How many cats/ eggs…"学生回答后,再对照课件的数量对比,看是否正确。再如学生对"Does he/she like…Yes,he/she does. No,he/she doesn't."句型掌握得不是很好,我设计了猜一猜游戏来突破难点:首先,我把一些图片随意发给学生,用"Does he/she like…"句型向全体学生提问,学生们用句型"Yes,he/she does""No,he/she doesn't"猜测拿着该图片的同学是否喜欢图片上的物品,再由手拿图片的同学说出自己是否喜欢;之后,我让学生去采访他们的好朋友喜欢什么,再由采访者提问,我和学生一起猜,猜对者可获得小礼物。学生们在游戏中表现得积极踊跃、情绪亢奋,很快就突破了这个难点,同时,由于我的积极参与,也拉近了我和学生们的距离。

4. 竞赛巩固,激发兴趣

小学生不仅好奇心强,而且好胜心也强,任何带有竞赛性质的游戏都能使他们精神振奋。为了在比赛中获胜,他们的注意力往往格外集中,这也正是训练语言技能的最佳时机。课堂上,我通过个人积分、集体积分的竞赛形式对语言点加以巩固,检查学生对新知识的掌握情况,并且通过积分多少,评出每节课的最佳个人与最佳小组,这样不仅激发了学生的兴趣和竞争意识,也培养了学生间的合作意识。

(二)结合教材与语言技能的学习内容,设计有效的游戏教学方法,激发学习兴趣

1. 通过游戏教学法,激发低年级学生学习字母的兴趣

字母是语音、词汇的基础,是组成英语语言的最小要素。学生学好字母对日后发音、拼读和记忆单词都起着至关重要的作用。因此,在学习字母阶段,我利用游戏创设情境,让学生和字母做游戏、交朋友。如我采用游戏1:What's missing? 学过几个字母以后,我把字母卡片放在一起让学生认读,然后抽去其中的一张,问:"What's missing?"让学生说出被抽出的那个字母,开始由我示范,随后由学生来主持。这个游戏可以使学生注意力高度集中,学生急于表现,因而识记的效果很好。游戏2:找邻居。我出示一张字母卡,让学生说出或找出它的左邻右舍,让学生快速把找到的字母卡放在相应的位置上,全体学生一起认读这些字母。游戏3:字母抽象画。我出示图片,让学生找出图中所藏的大小写字母,然后让学生模仿用大小写字母自创一幅画,与同学或家长互动练习找字母。我在进行字母教学时,运用多种游戏调动学生的感官,让他们能快快乐乐地学好 A、B、C,为以后的英语学习奠定扎实的基础。

2. 运用游戏手段,提升低年级学生学习单词的效率

词汇是语言的建筑材料,如果没有词汇,任何形式的交流都无从谈起。在小学英语教学中,词汇教学有着相当重要的作用,也是小学英语教学的重点和难点。单一、枯燥的教学方法容易使学生感到厌烦,不利于保持学生学习兴趣。教学中,我通过游戏教学,调动学生的积极性,把单词教学贯穿到娱乐之中,使学生学起来不感到枯燥、乏味。如学完相关"数字"的单词后,我采用"猜拳"游戏:由2名学生同时用手指出示一个数字,并且说一个得数,谁说的得数正好是两个人出示数字的和,就获胜。学习有关"水果"的单词时,我和学生一同玩"闻味道,辨水果"的游戏:我给一名学生蒙上眼睛,然后拿出一个水果,让蒙上眼睛的同学闻味道,说出水果的名称。学生通过游戏学习词汇,不但学习兴趣浓厚,而且提高了英语课堂教学效果。

3. 游戏贯穿故事教学,提高低年级学生的学习兴趣和理解能力

低年级的小学生处于形象思维的认知阶段,故事对他们有普遍的吸引力。故事的形象性、情节性、趣味性符合他们思维发展的特点,为他们提供了无比宽广的想象空间。故事不仅是娱乐,也是一种很重要的学习方式,以故事作为载体和手段,学生为了听懂故事、读懂故事,会好奇地、有目的地去学、去听,每当他们听懂了、读懂了就会有成就感、满足感。学生在不知不觉中习得语言,没有丝毫的压力,自然而然地和英语成了"好朋友"。教学中,我会将每一课书的两幅插图创编成一个小故事,学生们非常感兴趣。在故事教学中,我采用猜一猜、演一演、贴一贴、摆故事等游戏活动,来激发学生的学习兴趣。我结合图片设置一些悬念,让学生根据故事情节猜一猜图中的人物会说什么;遇到有重点句型的图片,我让学生扮演图中的角色演一演,比一比谁演得最棒;学完故事后,我让学生根据图片找出图中的人物所说的话,把印有该句的纸条贴在图片上;我再根据课文故事改编一个新故事,让学生根据听到的故事情节,把图片摆好,并叙述故事。学生通过游戏学习、理解课文故事,不仅提高了学习兴趣,增强了自信心,也培养了丰富的想象力。

四、运用游戏教学法进行教学的实际效果

(一)运用游戏教学法,激发低年级学生的学习兴趣,培养学生的合作意识

兴趣对学习者潜能的挖掘和创造性的发挥有重大影响。一个人一旦对所学内容发生了兴趣,就会孜孜不倦,乐在其中,越学越爱学。英语课堂上,较真实的任务活动贴近学生的生活、学习经历,能引起学生的共鸣,激发学生积极参与的欲望与热情。如学完"颜色"词汇后,我设计了"猜颜色"游戏:我准备了不同颜色的卡片,请每组一个同学上来抽取一张,给本组同学提示,猜出颜色之后,该组的所有同学要说出具有这种颜色的物品,哪组说得多,哪组获胜。游戏给学生提供了相互交流和学习的过程,学生们通过互相配合,培养了合作意识,体会到了共同攻克难关、分享快乐的愉悦。

(二)运用游戏教学法,培养和提高低年级学生的交际能力

英语学习的最终目的是能够运用英语进行交际。课堂上,通过游戏活动进行教学,可以让课堂充满活力,让学生充满兴趣。如学习"Do you like… Yes, I do. No, I don't."句型时,我设计了"At the restaurant"情境,让学生扮演服务生和顾客,结合采访表进行点菜。通过采访游戏为学生营造浓郁的语言氛围,创造运用语言的机会,使英语课堂成为学生语言交际的天地,让学生的交际能力得到逐步提高。

游戏是深受学生喜爱的活动,是孩子们永不厌倦的学习方式。游戏教学能为学生提供轻松愉快的学习氛围,激发学生的学习兴趣,提高学生的表现欲、想象力与交际能力,使学生对自己英语学习充满信心。教育学家陶行知说:"解放小孩的头脑,使他们创造新的思想;解放小

孩的手,使他们能干;解放小孩的眼睛,使他们能看事实;解放孩子的嘴,使他们能自由说话。"将能让孩子们动手、动口、动眼、动脑的游戏活动运用到小学英语教学中,会使教学更生动、丰富,从而收到令人满意的教学效果。

参考资料

黄明真,2010.游戏在小学英语教学中的应用[J].考试周刊(39):2.

鲁子问,2003.中小学英语真实任务教学实践论[M].北京:外语教学与研究出版社.

王笃勤,2002.英语教学策略论[M].北京:外语教学与研究出版社.

张金玉,2003.小学英语课堂游戏100例[M].北京:外语教学与研究出版社.

张志远,高云智,2002.儿童英语教学法[M].北京:外语教学与研究出版社.

中华人民共和国教育部,2012.义务教育英语课程标准(2011年版)[M].北京:北京师范大学出版社.

核心素养指向下小学教育戏剧的实践与思考

瑞晓辉

2016年9月,《中国学生发展核心素养》的发布明确了学校教育要以培养"全面发展的人"为核心,从文化基础、自主发展、社会参与三个方面培养学生的六大核心素养:"人文底蕴、科学精神、学会学习、健康生活、责任担当、实践创新。"这样的背景呼唤学校教育要走向开放、要实现跨界、要体现多元与融合,教育戏剧正是在这样的背景下应时而生,并作为体验式学习课程的典范,在中小学教育中展露出勃勃生机:多元、融合、丰富、跨界、活力、真实、创造、个性、流动……我们一直坚信,未来的方向一定是跨界整合能力效用远大于单项突出效用。因为人的能力必须体现在整合、创造上,从这一点来看,教育戏剧正在以一种多效多能多维的教学方式接近时代对人的培养需求。

戏剧教育学家凯丝·普妮西妮曾经指出:戏剧是意义的建立者。当孩子们通过扮演不同的角色去体悟不同的人物及其所处的境遇时,不仅是一场穿越时空后与经典的促膝长谈,更是一种经典触碰心灵的深度对话。每一把椅子的摆放,每一首音乐的选择,每一个舞台场景的布置,每一次从幼稚到成熟的跨越,每一次由心生胆怯到打开自我的蜕变……都是教育最生动的发生与对成长最深情的告白。

一、认识教育戏剧

戏剧是一种把文学、表演、音乐、舞蹈、美术、舞台等融为一体的综合性艺术。2015年9月15日,《国务院办公厅关于全面加强和改进学校美育工作的意见》中指出,"开设丰富优质的美育课程,学校美育课程主要包括音乐、美术、舞蹈、戏剧、戏曲、影视等"作为美育课程,戏剧的优势不断得到彰显,把戏剧与教育相融合,引入学校,通过体验式教育,儿童能在戏剧实践中学习语言、了解文化、创造意义,进而完成学习目标;能鼓励儿童自我表达,尊重、激发儿童的天性,有效提升儿童的艺术素养和人文素养。教育戏剧正是把戏剧方法与戏剧元素应用到教学或社会文化活动当中,让学习对象在戏剧实践中达成学习目标,重点在于学生参与其中,并能从中感悟、领略知识的意蕴,从相互交流中发现可能性、创造新意义。

二、在小学推进教育戏剧的理论基础

在欧美国家,教育戏剧是一种非常重要的培养学生全面素质和能力的教学方法,甚至被认为是最好的教学手段。在中国,虽然教育戏剧目前正处于起步阶段,但越来越多的学校、教师、家长认识到教育戏剧的作用以及对孩子全面素质培养的重要性,因此,近年来教育戏剧在幼儿园、大中小学校园内可以说是风生水起地发展着。那么,是什么让教育戏剧具有如此魅力呢?

(一)教育学基础

1. 自然主义教育观

法国思想家卢梭(Jean-Jacques Rousseau,1712—1778)的两个教育理念:"在实践中学习"和"在戏剧实践中学习"。他倡导的是"归于自然",遵循自然天性,也就是要求儿童在自身的教育和成长中取得主动地位,无须成人的灌输、压制、强迫,教师只需创造学习环境,防范不良影响。

2. 经验主义教育观

杜威(John Dewey,1859—1952)的经验主义教育思想与传统教育思想有着本质的不同,在这种思想下,教学组织形式不再是单一的班级授课制,而是通过符合经验主义教育思想的教育戏剧,运用多种多样的教学组织形式,培养出创造能力强、实践能力强、性格活泼、思维延展性强的学生群体,教育戏剧中,几乎所有学生都要参与到实践活动当中,从"做中学",从实际活动中获得经验,这就是学习的过程。教育戏剧提倡用互动戏剧的形式让儿童身临其境,从而扩展其经验。

3. 建构主义教育观

瑞士心理学家皮亚杰(Jean Piaget,1896—1980)和苏联心理学家维果斯基(Lev Vygotsky,1896—1934)的观点构成了重要的建构主义心理学派。建构主义认为,知识不是通过教师传授得到,而是学习者在一定的情境即社会文化背景下,借助其他人(包括教师和学习伙伴)的帮助,利用必要的学习资料,通过意义建构的方式而获得,认为情境、协作、会话和意义建构是学习环境中的四大要素或四大属性。

卢梭和杜威为教育戏剧的发展奠定了理论基础,建构主义又从儿童更具体的学习层面进行了补充。

(二)心理学基础

1. 感受力

在教育戏剧中,因为戏剧基于"to do",可以吸纳游戏、绘画、音乐、演讲、肢体表达、故事等多种模式,较少的限制,开放的课堂,以学生为中心,可极大地调动触发小学生的感受力。

2. 共情

一方面,教育戏剧可以激发学生们对角色的感悟力,学生在故事构建的语境中探索,无形中就会培育着学生对角色的共情能力。另一方面,教育戏剧还可以培养学生们的同理心,也就是设身处地地站在他人立场看待事物的能力,透过他人的眼睛看世界,也就具备了同理心和同情心。

3. 自信心

教育戏剧不但能缓解压力,还能提升学生的学业成绩,锻炼其公众演讲能力、解决问题的能力、理性思考的能力,学生在获取优异成绩、感受自身进步与得到他人认可的同时,其自信心也会同步增长。

4. 专注力,想象力,创造力

教育戏剧可以引导学生走进自己的内心,学生面对舞台上的诸多问题,面对学业等各种压力,戏剧能激发学生的想象力、创造力,想出解决问题的办法,从而带领其他小伙伴完成戏剧

表演。

5. 幸福力

哈佛大学的戏剧课程曾提出：一个人在社会群体中的幸福感取决于他的参与度。而戏剧教学给了每个孩子深度参与课堂的机会，也十分重视每个学生个体的参与程度。通过参与，培养了他们的组织能力、协调能力，增强了学生的团结、互助精神，也培养了他们耐心和吃苦的精神，教师尽可能为学生提供条件完善的舞台，让他们在舞台上尽情展示自我，提升自我，获得幸福感。通过教育戏剧培养小学生良好的感受力、共情能力、开放的心态、情绪管理能力、健全的人格、健康的心理，有助于理解接纳他人，感受快乐，更好地面对处理问题等，将奠定多层面、多维度的幸福力。

(三) 社会学基础

儿童社会化对人的一生发展具有重要作用，这个过程是儿童通过与环境的相互作用不断掌握社会规范、社会技能、价值体系等参与社会所必需的品质，是一个自然人发展为社会人的过程。不同家庭环境影响下的儿童形成和获得社会价值观和行为习惯也迥然不同，将来的社会化发展也会不同。教育戏剧内容涵盖了多维度的社会情境、丰富的情绪情感，极大地补充了儿童社会化进程所需要的教育环境。不仅如此，教育戏剧还给儿童建立了一种可以完全自由、轻松地展现自己和宣泄不同情绪的途径。儿童在扮演各种或富贵，或贫穷，或高尚，或卑微的角色时，能够体验不同角色的不同情绪和社会行为。戏剧中的喜怒哀乐成了丰富孩子人生体验的有效途径。从这一点上看，教育戏剧活动把儿童社会性发展作为重要的目标。通过戏剧活动，儿童会因共同的目标而学会如何妥协、如何坚持、如何更好地解决冲突，进行合作，从而促进儿童的非智力因素发展及其社会化进程。教育戏剧的魅力就在于，它不以学习戏剧知识和表演技能为目的，而是运用戏剧的元素设计各种体验渗透到教育中，让身边的每一个地方都成为一个小小"舞台"，让每一个孩子都能成为自己心目中的小小"演员"。通过角色扮演、虚拟情境等戏剧方式，让孩子们在其中学会自信，坚定走好人生每一步；学会控制，独立思考，以更好的状态应对人生每一个挑战。

三、小学教育戏剧的实践

(一) 蕾起

我校自2017年9月借助高参小项目资源优势引入英语教育戏剧项目，学校组建了一个20人的戏剧社团。经过了二十几次课的学习，我们清晰地见证了孩子们一片懵懂地进入英语戏剧社团，不懂什么是戏剧、什么是表演，甚至不敢站在舞台上讲话，英语基础极其薄弱，通过趣味横生的戏剧游戏和体验，通过模仿老师惟妙惟肖的表演以及一次又一次的练习，在经历老师一句句教，一个个动作演示，孩子们一遍遍练习，三个经典儿童作品《卖火柴的小女孩》《匹诺曹》《彼得·潘》片段被孩子们大大方方搬上了舞台，有了非常具象的体验和收获。从最初寻找舞台中心、站位、发声、一个眼神、一个动作、一个发音，都要细细打磨到最终学生们用精湛的表演、流利的英语把卖火柴小女孩可怜悲凉的处境、社会上冷漠的态度，把妙趣横生的《匹诺曹》的世界，把《彼得·潘》扣人心弦、跌宕起伏的剧情展现得淋漓尽致，博得了现场观众阵阵掌声。这虽然是一次小小的演出却意义非凡，这意味着我们学校戏剧教育的高起点起步，学生在戏剧学习中，不仅练习了英语口语，更是学到了专业戏剧所涉猎的多种元素，懂得了彼此配合、相互尊重、自我管理以及团队意识。

有的孩子说，自从参加了戏剧表演，口齿变得更清楚了，反应速度更快了，注意力更集中了，也更懂得团队配合的重要性。有的孩子胆小，害怕老师批评，经过训练，鼓起勇气战胜了胆怯。也有的孩子说自己虽然声音洪亮，但咬字不清，虽然大胆，但心不细，排练时漏洞百出，忘词了，错词了，笑场了，这些都会让孩子们灰心丧气，但老师总是尽心尽力，不厌其烦地指导，直到满意为止。正是这些辛苦付出，才有最后令人震撼的成功演出，才让孩子们获得了极大的幸福感。

（二）花开

经过一年的打磨，学校从最初的不到20人的英语戏剧社团发展到涵盖7个语种（汉语、英语、德语、法语、西语、日语、俄语）的近百人的7个戏剧社团。小语种戏剧社团的孩子们是特别的存在，他们是我们学校再普通不过的孩子，却在戏剧学习中绽放着自己：有的孩子生性胆怯，我们给予他们鼓励的掌声，要知道，他们也许就是不爱讲话非常内向的孩子，今天能站在舞台上表演，他们已经鼓起了平生最大的勇气；有的孩子在表演的时候走神儿，偶尔有一些小动作，缺乏专注力，或者剧情衔接不够紧凑，我们也给予他们真诚的、鼓励的掌声，要知道，他们就是爱动闲不住的孩子，能背下这么复杂的外语对他们来说实在太难了。而正是这样一群容易被边缘、被忽略在角落里的孩子，学校和老师没有放弃他们，戏剧带给他们存在的价值，照亮了孩子们心中某一处不曾亮起的空间，苔花如米小，也学牡丹开。

为了给孩子们搭建一个属于他们的舞台，让他们以儿童特有的活力和张力去演绎童心的美好，再现经典的情怀，学校隆重召开"花开有声，七语童心"戏剧节。中文剧《三顾茅庐》，孩子们在穿越历史中，理解人物，并以自己的方式将剧中人物形象鲜活地展示在戏剧的舞台上；"一带一路"将中国情怀与世界视野紧密地连接在一起。由六位老师编剧的英文原创大剧《丝绸之路》，展现的不仅是对古代丝绸之路繁荣的致敬，更是对当下"一带一路"的文化包容与世界一家的美好延伸；《木兰辞》是中国诗史上富有传奇色彩又真切动人的传奇故事，传递着中国文化之精神，中文剧《木兰辞》，围绕着"木兰是女郎"的全诗构思，结合孩子们对剧中人物的理解与再创造，通过舞台表演，将北魏女子花木兰替父从军，征战沙场，战功赫赫，却谢绝皇帝赏赐，回乡侍奉双亲的完整情节鲜活地展现在舞台上。当孩子们大声朗诵《木兰辞》的瞬间，全场观众的情感被点燃，并致以最热烈的掌声。本次演出不仅是学校教育戏剧的一次简单汇报，更是在培养学生核心素养方面以及综合素质提升中取得的突破性成果。

（三）育苗

经过一年的教育戏剧实践，对教育戏剧认识的不断加深，我们明显感觉仅仅通过几个社团来推进学校教育戏剧是远远不够的，仅台词一项就须经过系统持续的训练，需要从发音吐字归音练起，因为语言展现剧情和人物的关系，对刻画人物体现主题至关重要，而演员作为作品的直接呈现者，必须要恰当地表达自己和角色，这是台词的首要功课。在日常社团活动中，我们也发现学生中普遍存在着吐字含混不清、声嘶力竭、语言乏味，而良好的发音习惯、朗读朗诵能力、语言表达能力对于学生的语文学习和交际能力都会奠定良好的基础。为此，学校尝试着在二年级开设了6个自然班的戏剧课，从课堂教学目标、流程与环节、内容上都进行了统一要求，经过一个学期的实践，孩子们从形体基础（站姿）、口腔操训练、吐字归音练习、绕口令训练、朗诵指导、童话人物语言情感体验练习等都收到比较好的效果。第二个学期，还会借助具体适宜二年级学生理解的文本，在气息、声音、吐字基础训练的同时融入眼神操、神情练习等，帮助学生建立起剧本人物与表演者恰当的、自然的关系，在这个过程中培养学生的想象力和创造力。

（四）成圃

经过一年的探索和实践，孩子们通过学习和参与戏剧表演，他们的艺术修养、认知能力、自信心、想象力、创造力、观察模仿力、沟通力、组织力以及合作精神等各个方面，都在悄无声息地发生着改变。因此，将教育戏剧全员、系统化进入基础教育尤其是小学阶段，在孩子们的童年生活里打造一个叫"戏剧"的苗圃，让每一颗在苗圃里的种子快乐、自信、自由而不放纵地成长，在不同的圃田里看到不同的风景，实实在在为成就孩子们美好的未来奠定基础。

四、小学教育戏剧思考

在我国，国家教育大纲已于 2002 年将戏剧列入普通教育大纲，但一直没有正式推广。然而当今，随着社会经济的发展，在新时代下，国家的竞争力越来越强，急需全能型、创新型人才，因此，全科教育成为趋势，成为教育改革新方向。而教育戏剧对各学科知识有着广阔的包容力，使它与全科教育结合成为一种很好的教育教学模式。教育戏剧的育人目标必须通过课程得以实现，对此，从学校课程构建的角度，我们从以下几方面着手进行小学教育戏剧课程建设。

（一）教育戏剧课程目标

教育戏剧课程的目标，应定位于自然的教学，不应定位于选拔戏剧苗子。技能方面以训练和培养学生恰当表达能力、拓展学生想象力、对美的感知能力和表现能力等为主。全面提升学生的艺术修养、品质教育、认知能力、语言发展等综合素质。

（二）教育戏剧课程重点

小学中低年级（一至四年级）戏剧的课堂重点要训练表达能力，将有声语言和形体作为教学重点，帮助引导学生自然且比较恰当地讲述真实的故事；根据表达的内容在音量、语速和音高上予以指导。小学高年级（五六年级），侧重孩子们参与一些戏剧的排演，使他们在低年级时获得的知识积累得到充分的升华和展示，在表演中实现自我发现，自我决定，自我创新，从而获得满足感和自信心。

（三）教育戏剧课程类别

学校可以将戏剧课程设置为必修课程，也就是课内自然班教学，还有选修课程，也就是课外社团。

（四）教育戏剧作品内容

1. 作品题材

中外文戏剧、现代生活剧、经典系列剧、情感心理剧、神话童话剧、神奇科幻剧、民俗传统剧、传奇人物剧等题材都是贴近学生生活又涵盖人文历史民俗，有助于培养学生核心素养和综合能力提升。

2. 表现形式

校园话剧、音乐剧、儿童舞剧、幽默剧甚至浸没式表演，融合多种艺术表现形式的综合呈现都比较适合教育戏剧在小学的推进。

3. 关于整合

充分挖掘语文、数学、英语、科学、品德与生活等学科教材中承载的戏剧元素，让戏剧真正为全面培养人、培养全面的人服务。

每一朵花开都是有声的，每一次绽放都是充满感情的，每个生命的一生都在为花开积聚阳光，涵养水源。我们的校园教育戏剧就是要在儿童成长中，借助戏剧的学习、展示唤醒每个孩子生命中独特的花素，让戏剧帮助孩子更好地成为他们自己，让文化在体验中传承，让教育因情感而真实地发生，让艺术因多元整合而更具魅力，让素质教育因多学科跨界育人而焕发另一面生机，我们相信教育戏剧如同种子，如能在孩子们生命中生根发芽就一定会荫庭子满、蕾起花开。

参考资料

黄爱华,2010.戏剧教育的基本理念及其运用[J].戏剧艺术(1):69-77.

徐俊,2014.教育戏剧的定义:"教育戏剧学"的概念基石[J].湖南师范大学教育科学学报,13(6):31-37.

"缘"于英语教育戏剧的感悟

廉 丽

我非常荣幸地参与了高参小英语教育戏剧这个项目,领略了来自不同国家的"洋"老师的教学模式,不但让我感受到不同文化养育的不同品格的人,同时也感受到不同文化的共融。让我这个传统教育培养出来的教师,如同打开了一扇窗,看到了不一样的风景。这份经历,无疑对我的影响是深远的,无论是为人、做事,还是教育教学,都有了不同的视角。

民主、平等和尊重贯穿始终。比如说剧本的选择这件小事,也绝对不是老师给孩子们选,而是老师给出二十个剧本,经过几轮孩子们的选择,最后定下来哪一个。角色的选择也不是老师指定,而是孩子们自己选择适合自己的角色。老师不会轻易换掉任何一个角色。在学习中如果有孩子表现不好,也不会用语言暴力去批评教育,而是有一定惩戒措施。例如,警告,不能参与学习活动等,让孩子们为自己的行为付出代价。还有就是遇到问题,反思自我。在教学中遇到瓶颈时,从不把责任归到孩子身上。例如,刚开始做各种游戏时,孩子们是特别开心的,可是开始学习英文剧本时,有两个孩子没来上课。经过查证,这两个孩子英语基础薄弱,加之外教上课,明显感觉吃力,听不懂,学不会。可老师却反思自己是不是哪个环节出了问题,伤了孩子的自尊心,从而使他们弃学,这给我留下了难以忘怀的印象。

从戏剧的教学中,我还深切地体会到,慢慢来是最快的方法,耐心陪伴成长。为了让孩子们了解经典戏剧,我们选择了莎士比亚的《暴风雨》来学习。刚拿到剧本时,我都觉得对小学生来说真的是个挑战。果不其然,孩子们看到剧本时一脸蒙的状态证实了我的判断。但孩子们异乎寻常地镇静。一个说明他们内心很强大,勇于接受挑战,另一个就是他们无声地考验老师的智慧。我当然也是有备而来,思考如何把他们带进艺术的殿堂。首先,向他们介绍作者,接着向他们介绍剧情,调动他们的学习欲望,然后捋清人物关系。一句一句,一段一段,一幕一幕学习剧本。孩子们心有敬畏,学习格外认真。因为社团的孩子是三到六年级,高年级的接受力好一些,学会后教低年级的孩子。晚上在微信群里打卡,老师听读,纠正发音,同时把外教老师录制的音频发到群里,孩子们跟读模仿,最后,竟然神奇般地拿下了六幕的台本。孩子们不但能熟练而有感情地朗读,而且还有不少孩子已经背下台词,参与戏剧表演,内化成自己的语言。克服困难的勇气和耐心,成功后的喜悦都深深镌刻在孩子们成长的记忆中,成为他们宝贵的财富,这让我无比欣喜和满足。

"洋"老师都有一个共同点,就是设计的游戏很有趣,完全和教学紧密相关,使得戏剧教学的魅力得以充分展现,真正做到了由浅入深,环环相扣,贯穿始终。两个小时一直让孩子保持高昂旺盛的学习劲头,这是个奇迹。第一位外教是来自乌克兰的 Roma,他自带亲和力,迅速和孩子们打成一片,他给孩子们呈现的是妙趣横生、激情澎湃的课堂感染力。孩子们总是热情高涨地跟着他不知不觉中,走进英语戏剧的表演训练中。他的所有目标的达成都是通过一系列丰富有趣的活动来实现的,很少去讲道理或者说教,表演得行云流水,没有任何痕迹。他对孩子很有爱心,所以孩子们都很喜欢他。他尊重每一个孩子,平等对待每一个孩子,甚至时时能关注到孩子们的感受,在教学中会有"surprise"(惊喜)。例如,有一次,一个孩子很淘气地发怪声,打断了老师的授课,他就去抓那个小孩,那个小孩就使劲躲,因为他知道自己错了,但还是被老师抓到了,所有人都想看看老师会怎么处理他,结果老师竟然在他的脸上来了一个吻。孩子们都大笑起来,那个孩子回了一句"Thank you",多么神奇,原来惩罚还可以是这样的。第二位是来自意大利的龙少安老师,他是个极其理性、认真和严谨的老师,他精心设计游戏及活动,为《Silk Road》大剧的排演奠定了基础。有一个活动,练习数字,同时有角色意识。老师说"six",孩子们就像六岁的孩子一样走路、跑跳。老师说"eighty",孩子们就弯腰,步履蹒跚走路等等,孩子们很开心。无论是讲故事,还是歌曲接龙以及角色展示、即兴表演等,充分调动了学习者的积极性,把想都不敢想,做都不敢做的事情都通过表演展现出来。因为戏剧表演有一个重要的理念来完成我们的各项活动,那便是"say yes"。这很重要,否则一切都无法进行下去。所有问题都没有标准答案,这对我们一向受标准答案束缚的人来说,无疑解放了思想,开动脑筋,打开思维,没有任何禁锢。第三位是来自新西兰的Jack,他很儒雅,他的教学设计极大地调动了孩子们的想象力、思维能力和解决问题的能力。让孩子们站成两排,一横排两个人,一个人提出问题,另外一个说出解决问题的方法。比如,一个孩子说:"A coconut is falling down on my head",另一个孩子则说,"You should go to see the doctor"。孩子们努力打开思路去想可能遇到的问题,而另一个孩子提出解决方案。在此基础上,他又进一步启发诱导学生,一个学生说出地点,另一个学生说出一个名词,然后再由学生提出问题,有人提出解决方案,并把场景表演出来。比如,医院,蛇进了医院候诊室,人们如何反应。完全打开了孩子们想象的空间,并学会思考,那样的地点会产生什么样的问题以及如何解决。孩子们在平时英语课上学到的知识,在这里得到很好的实践和运用。另外一个活动,印象也很深刻。老师通过询问孩子们最喜欢的动物以及它的特点、居住地等信息,使得英语学科与自然科学完美融合。Jack的教学,也非常重视从故事的讲述来培养和训练孩子们的表演及表达。第四位是来自德国的John,他的最大的特点就是通过游戏对剧本内涵的挖掘。例如,他会问,莎士比亚的戏剧《The Tempest》中的人物Prospero是个什么样的人?Miranda是个什么样的人?通过动作而不是语言,表演出这个角色的人物性格,并让孩子们体会人物之间的关系。还有两人一组,用动作展现人物之间的关系,其他同学猜是哪两个人物之间的关系。这种对剧本内容及人物性格的挖掘方式,孩子们很乐于参与,并很快把握了剧本的内容、人物关系、人物性格等。

至此,经历四位外教的英语戏剧教学,他们都各有千秋,有着自己独特的教学方法和教学魅力,让我受益良多。透过他人的眼睛看世界,丰富自己的人生,在体验中成长。

教育戏剧融入小学英语课堂的实践和反思

梁 曦

教育戏剧(Drama in Education),简称DIE,是运用戏剧与剧场的技巧从事学校课程教学的一种方式,它的教学理念和方法为当前的英语教学提供了新的思路。它的突出特点是平等、开放、对话,要求在教师有计划的引导下,以戏剧的各种表演元素,如即兴表演、角色扮演、戏剧游戏、情景对话表演、课本剧排演、分角色朗读课文、模仿等方法进行教学工作,让学生可以在彼此互动、合作的关系中充分地发挥想象、表达思想,从学习中获得美感经验、增进智能与生活技能。可以说,教育戏剧的教学理念和方法为当前的英语教学提供了新的思路。

一、戏剧游戏,引发学习兴趣

《英语课程标准》明确指出:小学英语教学的重要目标就是培养学生浓厚的学习兴趣。因此,如何激趣成为英语教学重点所在。

戏剧游戏,它是一种具有表演性质的游戏,在游戏过程中,参与者可以运用肢体、动作等来进行表达。戏剧游戏的种类也非常多,常见的有抢板凳游戏、竞猜游戏、卡片闪动游戏、绕口令游戏等等。教师可以依据英语教学需要,选择性地运用戏剧游戏,充分引发学生的学习兴趣。

我在教学英语绘本《The Lion and The Mouse》一课中,以戏剧游戏激趣。在本次课中,学生需要听指令做动作,即"listen and act",教师作为游戏的"leader",读一个单词,如"dog",学生则根据自己对单词"dog"的理解,做出一定的肢体动作,或者是模拟动物的叫声等。如学生发音"汪汪汪",则表明这名学生听出"dog"的含义,即"狗";学生也可以做出与"狗"相关的动作,表示理解词意。这样的戏剧游戏广受学生欢迎,学生轻松学习英语单词。在游戏中,教师也可以请英语能力较好的学生担任"leader",引出单词,如"Lion""Mouse""roar"等,全面激活英语课堂。

戏剧游戏操作简单,并且趣味十足,因而能够赢得学生的关注。作为英语教师,要注重在游戏中调动学生的激情,让学生满怀热情参与游戏,从而强化学生的英语学习兴趣。

二、即兴表演,培养表达能力

即兴表演是教育戏剧中的一种具体表现形式。即兴,要求学生具备灵活的反应能力,对教师的课堂要求快速反应,从而参与进来;表演,则有戏剧的成分,让学生乐于参与,乐在其中。小学阶段的学生抗拒中规中矩的教学,他们喜欢新鲜的教学,因为新鲜的教学方式既能够带动自我的学习激情,也能让自我在参与中享受乐趣,提高自我表达能力。

我在教学英语绘本《The Magic Melon》一课中,设计即兴表演活动,取得了很好的教学效果。本课主要是关于学习懒汉种瓜的故事,通过学习让我们懂得一分耕耘一分收获的道理。为此,在学习完绘本内容后,我设计了即兴表演活动。学生按小组分工合作,自由选择扮演绘本中的人物。教师提供一些关键词语或场景,并为学生们准备了丰富的道具:南瓜、头饰、锄头、面包等等。在这个即兴表演活动中,学生需要思考如何塑造一个懒汉形象,如何扮演一位老仙人等等。学生们表演得惟妙惟肖,无比精彩。这堂课不仅生动有趣,每个学生都积极地参与其中,出谋划策,最关键的是,孩子们充分练习了语言表达。

即兴表演给予了学生发挥潜能的机会,学生既可以融入角色中去表演,也可以在表演中体验其中之趣,还可以锻炼学生的英语表达能力。

三、剧本创作,发挥学生个性

在教育戏剧教学中,教师要给予学生发挥个性的机会。因此,教师可以开放剧本创作,让学生以合作形式创作剧本,并设计简单的英语对话。如此一来,学生既获得了创作的机会,也能够体验合作学习,还能够锻炼英语表达能力。

同样是在教学《The Magic Melon》一课中,我的课后作业布置了一项改编剧本的活动,取得很好的教学效果。教师引导学生展开合作学习,小组共同创作另一版本的《The Magic Melon》的故事,并配上适宜的对话,以表演形式展现出来。这样的创作活动灵活性非常强,学生可以发挥自己的想象力,创作剧本。

剧本创作活动的展开将英语课堂推向高潮,学生得到极大的发挥空间,尤其是在表演展现环节,学生更是积极参与,课堂极其活跃。因此,在教育戏剧教学中,教师要依据不同需要,设计不同的创作活动,促进学生多元化发展。

余秋雨在《世界戏剧学》中提到,"把英语戏剧作为孩子们学习英语的一个工具,在英语戏剧学习实践的过程中,有利于孩子们的综合素质的培养。"可见,在很久以前,名家就发现了戏剧化教学在英语教学中的出色表现。而实践证明,在英语课堂中融入戏剧元素,注重情景模式的设置,将孩子们带到戏剧表演中学习英语,确实是一次成功的应用。这种教育模式与传统的教育模式最大的不同就是它能够迅速地使学生参与到学习中来,并且舍不得结束这一种学习课堂,充分调动了学生的积极性和主动性。教育戏剧化虽然注重戏剧表演和戏剧元素的融入,但是它的目的不是学习戏剧知识和表演技能,它是利用戏剧的元素将各种体验融入英语的教学中,在这种体验中,让孩子们觉得身边的每一个地方都可以成为一个小小的舞台,每个人都能通过这个舞台尽情表演,同样,每个人都有机会当一名出色的演员,从而利用孩子们善于模仿、喜欢表演的特质达到学习的目标。

兴趣是孩子最好的老师,戏剧化教学很好地满足了学生在学习过程的好奇心,大大地激发了小学生对于英语的学习热情和学习兴趣。而英语作为一门语言类学科,也确实需要"戏剧化教学"这种模式带动课堂的学习。

充分开发各项活动资源,保证大课间体育活动顺利开展

张建忠　李海霞

一、大课间体育活动的意义

随着社会的进步,我们认识到拥有一个健康的体魄对学生的重要性,从小培养健康的身体素质无论对个人还是对国家、社会发展来说都是非常重要的。过去我们认为学校开足、上足体育课就行了,但是从学生的实际身体素质来看还是远远不够的,我校按《体育课程标准》和《学生体质健康标准》的指引和要求,在传统的活动基础上,创新活动形式、活动内容,实现吸引学生主动地进行锻炼,提高运动意识和运动能力,最终达到有效缓解学生的学习压力,提高学生的体质和健康水平,促进学生全面和谐发展这一愿望显得十分迫切。因此,大课间体育活动涵盖的内容丰富化、形式多样化是实现上述目标的有效途径,在不断地尝试、创新、反思中逐渐积累经验具有重要的价值和意义。

二、大课间体育活动的目的

大课间体育活动让师生走到操场上、阳光下,共同参与丰富多彩的活动,让学生参与活动的开发,有利于学生动手,发展学生的实践能力,培养学生的创新意识。我校的大课间体育活动很好地利用了学生这一重要资源,根据学生的年龄、能力、兴趣等,创造性地开展各种活动。开展大课间体育活动,可以起到培养学生热爱集体、热爱学校的团队精神,增强班级凝聚力,增进师生的情感,丰富校园文化的重要作用。

三、大课间活动构成

为了吸引学生热情饱满地进行锻炼,我们按照队列—准备活动—韵律操(健康快乐跳起来)—游戏1—游戏2—放松操6个板块的顺序进行,每个板块配上音乐,使学生听到音乐就进行相关的活动,在音乐的氛围中享受运动的乐趣。游戏1和游戏2的内容定期更新,使学生保持运动的新鲜感。通过趣味性和竞争性的游戏与竞赛,激发学生的斗志,以赛促练,大大提高了学生的参与热情,培养了竞争意识,更增强了学生的集体荣誉感。

四、大课间活动的拓展

相对于体育课来说，大课间活动有更广泛的选择内容、参与空间和自由活动时间，所以学生更愿意参加大课间活动。我校的大课间活动经过组织培训整合，内容较丰富、多样、趣味性强。既能增强学生的体质，又能愉悦学生的身心，也能提高学生的审美能力，更能陶冶学生的情操，成为体育教学的有益补充，使学生综合素质得到发展。

我校除在大操场上开展大课间活动，还在篮球场建设了"体育乐园"（图3），包含攀爬墙、障碍区、游戏区，成了集活动与竞赛为一体的活动区，各年级可在大课间时轮流参与"体育乐园"的活动（图4）。

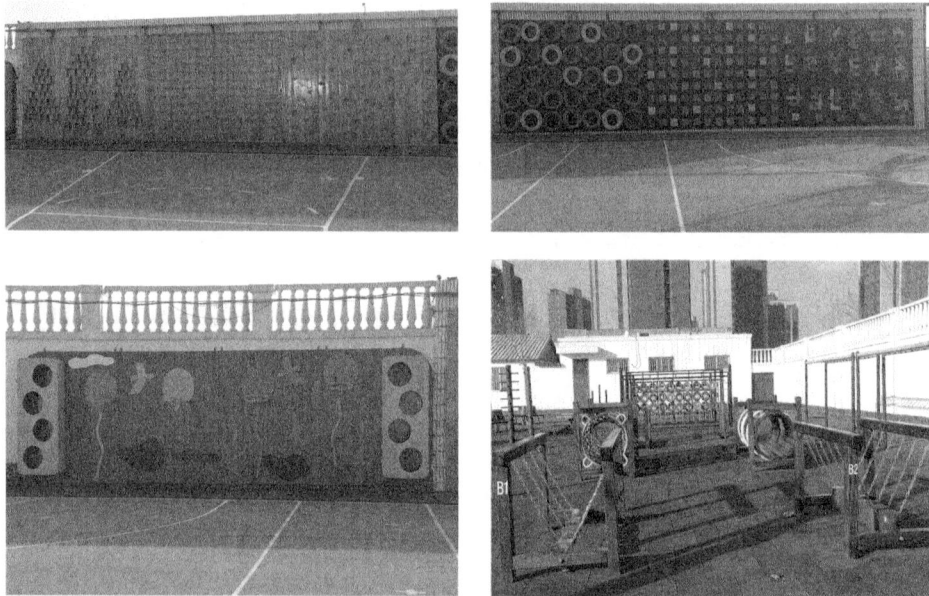

图 3　体育乐园

（一）根据年龄设计内容

按年龄分为一、二年级，三、四年级，五、六年级三大部分，内容上从攀爬、障碍并结合体质健康测试的项目设计练习内容，力求最大限度地使每一名学生受益，全面锻炼身体。

（二）游戏和比赛是载体

游戏和比赛是深受学生喜爱的运动形式，以此为载体，使学生全身心地投入运动中去，体会到运动的快乐，尽量使学生的综合素质均衡发展，在团队氛围中培养集体观念、竞争意识和受挫承受能力，实现身心和谐发展目标。

（三）合理编排

为保证活动的有序进行，采用田径比赛编排的方法合理安排场地、比赛项目和体育教师的分工等使得活动顺利开展。

（四）安全保障

大课间活动每天都要进行，而且时间长、人数多、不好控制，易发生意外，应从以下几方面引起注意：提高"安全第一"的意识，尤其体育教师要做到责任清晰，分工明确，管理到位，不能出现死角！活动前后检查场地、器材，排除安全隐患。场地合理布局，保证运动路线清晰和运动秩序井然。

图 4 大课间活动的拓展

五、活动效果

(一)精神状态面貌一新

学生能够按照"入场和退场"的要求,挺胸、抬头、摆臂到位、口号声音洪亮、精神抖擞地步入操场。改变了以前那种随意、散漫、萎靡不振的精神状态,结合评比制度,对于表现出色的班级给予表扬,有待提高的班级,体育教师进行"一对一"的动作指导和训练,树立了"我为班级争光"意识。尤为可喜的是,对于高年级学生因为青春期而产生"扭扭捏捏、羞羞涩涩"的状况得到很大的改观,知道什么是"美",言行"落落大方、比较得体"了,操场上充满了"正能量",高年级给低年级起到了良好的榜样作用。

(二)全员参与

活动内容的更新、锻炼形式的改变、积极的鼓励和适当的批评、引导,学生们乐于参与大课间活动,希望游戏、盼望比赛的愿望在运动中实现了,能力强的学生尽情地展示着自己,脸上洋溢着自信。一些以前不爱运动的、怕在大家面前出"丑"的学生也鼓起勇气,克服了心理障碍,由"躲老师、怕运动"转变成为总是问老师"今天咱们活动什么?"的企盼,收获着成功的喜悦。大课间活动呈现出"我参与、我运动、我快乐"的喜人场景!

(三)体质健康测试成绩显著

体质健康测试已经成为学校体育和社会关注的焦点,对于一些运动能力较差,尤其是一些肥胖的学生是痛苦的。把这些学生统计出来,针对他们设计锻炼计划,利用大课间活动实施也取得良好的效果。"胖子"减肥了,"病号"不爱感冒了,运动成绩显著提高了。有的同学,曾经"仰卧起坐"一个都做不起来,是大家的笑料,现在 1 分钟测试可以做 35 个;有的同学 50×8 测试成绩在 2 分 30 秒以上,现在是 2 分 13 秒,比及格线提高了 5 秒,当把这一消息以喜报的形式在"微信群"公布以后,家长和学生看到了希望,倍受鼓舞,为这些学生提供了前进的动力,家长也投入更大的精力支持孩子们,真正做到了校、家天天练,用学生的话讲:"锻炼成为习惯,一天不动就难受!"

(四)"体育乐园"促进身体素质全面发展

"体育乐园"为学生提供了全面锻炼身体的时间和空间,弥补了体育教学中的一些不足,例如:学生攀爬能力的提高,上肢力量的增强,突破障碍时灵敏协调性的锻炼,战胜困难的兴奋,失败后的痛苦,团队完成任务的喜悦……孩子们接受着各种各样的刺激,在教师的引导和帮助下,身体更加强壮,心灵更加阳光,学会了如何解决问题,学会了如何同他人沟通,具备了一定的社会适应能力!

充分开发各项活动资源,使学生确实掌握了一定的锻炼方法,提高了运动的能力,促进了锻炼习惯的形成! 因此,更需要遵循实效性、因地制宜等原则,创造性地开发和完善大课间活动的方案,为学生身体、心理和社会适应的和谐发展提供强大动力和保证!

风筝文化与校园文化的融合艺术美

吕　晖　李凤霞　关　静　刘玉艳　杨劲忠　何云怀

中华民族经过数千年时光的磨砺而不断创造、不断凝聚和不断继承下来的优秀传统文化,在锻造孩子们的心灵、情感和品格方面具有先天优势,它需要教育来传承。小学阶段的中华优秀传统文化教育是其最为重要的文化教育载体之一,探寻、构筑一条具有自己民族文化物质的小学传统文化教育之路,势在必行。时下,长辛店中心小学以风筝为载体,从传统文化理论上进行深层解读,从风筝文化与校园文化融合的实践研究中进行深入探究,取得了不俗的成绩。

一、扩宽传统文化教育的新途径,构建多元化的校本课程,满足不同层次学生发展的需要

1. 建构多元风筝校本课程

为使学生能够较全面、系统地了解我国风筝文化的理论知识和文化概述,较全面地掌握传统风筝制作与放飞技术,提高学生认识美、鉴赏美和创造美的能力,增强学生体质,愉悦身心,养成遵守纪律、团结合作、奋发向上的精神,学校聘请专家对风筝起源、流派、传承历史、艺术价值、人文精神等风筝文化内容进行梳理,在提取适用于小学生的课程形式基础上,结合校园文化特色和风筝校本课程培养学生的核心素养,对风筝课程的内容结构和学时分配进行优化设置,构建科学合理课程体系。

学校风筝校本课程针对学生低、中、高年级三个层次,分别设定了"初窥风筝文化——发现风筝的美""探究风筝文化——解开风筝文化密码""传承与创新风筝文化——寄托梦想的风筝"三个主题,各层次围绕相应主题开展风筝教育活动,例如,低年级以了解风筝起源、风筝发展、绘画风筝为主要教学内容,以了解风筝文化,提高学生对中华优秀传统文化学习兴趣以及培养学生发现风筝的艺术价值为教学目的。中年级学生则通过对古代文人诗句中关于风筝的描写、传统节日中放风筝的民俗寓意进行探究,了解风筝文化中的人文精神。高年级则通过动手制作、放飞风筝等方式,探究空气流动对风筝浮力的影响、风筝结构与浮力的关系、传统风筝造型与当今时代热点内容的结合等内容,传承并创新风筝文化。

2. 聘请名人到校讲学拓展视野

风筝非物质文化遗产传承人和民间艺人有着丰富的制作经验和专业水准,通过聘请专业人士来校讲学,可以使学生近距离接触民间艺人,了解相关知识。通过民间艺人娴熟的制作技艺、精湛的风筝放飞表演，使学生见识传统风筝文化的精髓，拓展学生的视野，激发他们热爱祖国，自觉传承民族传统文化的热情。

3. 多途径、多角度渗透中华优秀传统文化教育

把教室布置成充满风筝元素的"风筝书苑"，设计以风筝元素为主题的口号和班徽，并通过板报介绍、宣传画等内容分享关于风筝的知识和展示活动。每位学生也可配备特定的"风筝代号"，形成风筝文化生态圈，让学生感觉真正参与到班级文化建设中，让班级洋溢着浓郁的风筝文化气息。

4. 优化风筝制作环境

学校开辟独立的风筝活动教室，通过专业的设计装修，形成独特的风筝文化传承场域。学校购置了制作风筝所需的工作台、竹条、剪刀、小刀、酒精灯、电热丝、吹风机、刨子、砂纸、各种粘贴剂、各种扎线、放飞线、风筝面料、各种绘画风筝的颜料和线盘等工具和用料，保障学生对风筝的学习实践。

二、结合学科教学内容和能力训练点进行风筝文化与校园文化的适度融合

风筝文化具有"人文性、审美性、实践性"，意味着风筝校本课程应该"为学生打下学习、精神和健康的底子"。这样的"底子"离不开中华传统文化的浸润、渗透和滋养。同时我们发现了风筝文化与语文学科、美术学科、历史学科、科学学科、综合实践学科、品德学科等诸多学科的连接点，为此学校通过小小的风筝将各个学科串联起来，让学生在风筝校本课程中不是简简单单画风筝、放风筝、读读课文，而是通过自己的尝试探索，将风筝这一凝固了的文化符号中的原生性、民族性、审美性及其精神律动进行传承和创新。

1. 风筝文化与语文学科联动——风筝诗歌创作

从古诗中挑选描写风筝的篇章，引导学生在阅读中感受经典文化中蕴含的语言美、诗词美和意境美，并在情境表演和情境再现中让学生感悟其中寄托的情感以及内涵韵味，滋润学生的文学素养，并逐步净化学生的心灵。在风筝制作与放飞中激发学生诗歌创作灵感，让学生吟诵经典的同时，进行诗歌创作，既锻炼了学生们的写作能力，又能使风筝文化内化成语文素养。

2. 风筝文化与美术学科联动——风筝创作以及衍生品

在制作风筝、放飞风筝活动中，学生也开始研究风筝由来、风筝种类、风筝流派等风筝文化，以书画和手抄报的形式，把他们掌握的风筝知识描绘或记录下来，也可创作一幅风筝画，逐渐提高艺术审美能力。在美术教学中，教师通过引领孩子们参加到风筝绘制创作中，并反馈制作中的优劣。例如，老北京沙燕风筝的哪些纹路来自于现实生活中燕子身上的图案条纹？颜色搭配上哪个更好？实践证明，正是对风筝绘制对比的不断追问中，学生们学会了如何将生活中事物的美丽元素进行提取，更意识到装饰用色规律的重要性。可以发现，在孩子们作品与"风筝色彩纹饰"的对比中，差距并不是最重要的，在此过程中孩子们审美视域的扩大、传统文化的传承、精神品性的滋养，才是我们更加需要的境界。随着学生们对"纹饰、配色、造型"等创作手法的不断熟悉，中华传统文化中的风筝艺术在孩子们的心中扎根。假以时日，这颗种子必将生根发芽，开花结果。

3. 风筝文化与历史学科联动——追溯历史渊源

从两千多年前春秋时代的墨翟用木头制作出第一架风筝，到后来其学生鲁班用竹子改良风筝，再到南北朝时风筝成为传递信息的工具，直到现在放风筝成为人们休闲娱乐的活动。可见，风筝有着丰富的历史文化渊源。教师可广泛搜集史料，让学生学习风筝文化，了解风筝文化。

4. 风筝文化与科学学科联动——走进科学殿堂

风筝制作是一项综合运用数学、美术、科学知识,动手动脑的科技活动。研究风筝的结构原理,进而初步探究飞机的构造与力学原理,在探究中发现风筝、蜻蜓与飞机在结构上的异同。通过兴趣引领,使学生迈进科学殿堂,从而使探究学习真实发生。

5. 风筝文化与品德学科联动——渗透情感教育

班级的精神文化,是班级文化的核心和灵魂,具有移情、承载和凝聚的功能。奋力拼搏的进取精神,对美好生活的向往,对真善美的追求是我们从风筝放飞过程中感受到的,因此,要使之成为唤醒、滋养乃至引领整个班级教育文化的重要力量。

三、借助特色实践活动作业进行风筝文化与校园文化的深度融合

1. 在风筝放飞中加强团队建设

在风筝制作中,各小组需要互助合作,共同完成复杂的制作工艺。在此过程中,大家充分发扬团队精神,形成强大的以风筝为圆心的向心力。班级文化建设中,要强化形成团结协作意识,为合作学习提供舆论导向和价值整合的文化支持。

2. 利用网络记录风筝的精彩

充分利用网络的交互性,创建"放飞梦想"微信群,学生可自主交流、分享风筝制作的收获与困惑,拍摄风筝制作视频,并在公众号上晒出学生的精彩作品,激发了学生对文化的深度学习与探究。

3. 培养专业人士继续领航发展

邀请民间风筝艺人,加强高校风筝老师的师资队伍建设,提高教学能力;安排老师向省级非遗传承人学习制作和放飞风筝,提高教师的专业素质,让教师在教与学的过程中提高自身素质。通过科研活动来提升教师的理论研究水平,培养教师将风筝教学中存在的问题提炼为科研选题项目,培养他们把相关风筝文化遗产的科研成果转化为教学资源的能力。

有专家曾言:"要有光,能够点亮儿童的生命。"而中华传统文化就是照亮孩子们生命的"光"。长辛店中心小学牢牢抓住"风筝文化"这束"光",引领孩子们沉浸在这样的"光域"中渐行渐远,引领孩子们与风筝校本课堂中的传统经典文化对话,与高雅的精神品格对话,与高尚而活泼的民间艺术对话,让每一个孩子都在中华传统文化的海洋中得到多方面的锻造、滋养和提升。

案 例

"炸弹"不响了

李雪雁

"老师，不好啦！您快去教室看看吧！"班长话音未落，拉起我就向教室跑去。还没进教室门，就见教室里飞出的书包、书本、水瓶散落在楼道里。几个女生尖叫着跑出教室，看见我就像看见了救星一样，躲在我的身后。

不用看就知道是谁掀起了这场轩然大波，这是我接班以来第二次见到这种情形了。这个班是我新接的班，洋洋同学是班里的一个男孩，动不动就爱发脾气，只要有稍不顺心的事，他就很难控制自己的情绪，总要拿哪个人或哪件东西来出出气。上课受批评，跟老师怄气，不敢拿老师撒气，他就把书撕了，把试卷撕了，转眼就会在同学身上发火，把他们当成"出气筒"，老师、同学人人都把他当成我们班的不定时炸弹，谁惹他谁倒霉。

走进班级，眼前一片狼藉，我定了定神，运了运气，压住怒火。眼前的洋洋，小脸通红，瞪着眼，攥着拳，嘴里不住地叨念着："惹我就不行，打死你！"我示意大家都坐好，同时班干部七手八脚地把教室也收拾好了，他也气鼓鼓地回到座位上。事后学生告诉我洋洋这次大闹，是因为他们组的一个同学乱扔垃圾被扣掉了一枚花瓣，他与那名同学理论，谁知人家并不买他的账，他这颗"炸弹"才炸了。听到这里，我心里有了一丝安慰。

现在大多数家长都非常重视学生发展，但他们对孩子的好坏，总是用学生分数多少考量，应试教育对学生的成绩实行百分制，现在的小学生素质教育综合评价对学生的学习成绩实行等级制，必须使家长的观念有所转变，这项工作一定要得到家长的理解、支持和配合才能取得成功。我的班级通过家长微信群，定期与家长沟通，了解孩子在家的情况，如生活方式等。每月会让家长给孩子写一封信，针对学生在家里的一些情况，提出家长的看法、意见、建议。这里有表扬，有批评，有期望。

作为班主任，我就洋洋的脾气和他家长进行了多次的沟通。我首先肯定了孩子的优点，并了解到洋洋在家里也是用这样的哭闹方式来解决事情。而作为父母也因为孩子是独苗，有爷爷奶奶护着，比较纵容，面对洋洋的招式，爸爸妈妈多是乖乖就范了。

在与洋洋妈妈的沟通中，孩子妈妈向我反映了洋洋的一个特点，如果今天在微信里老师表扬中有他的名字，他在家发脾气的时候就很少，也能接受家长的意见。可要是短信里没他的名字或是遭到批评了，那今天他在家准会找茬大闹一顿。于是，我在班内的小组评比栏里特意加了一项内容，"我是微信上镜王"，即老师的表扬短信和家长的夸奖短信。我和洋洋妈妈商量好，我们一个在学校，一个在家里，发掘孩子的点滴优点，及时发短信告知对方。仅仅三天的时间，洋洋小组的花瓣数量领先班内其他小组十余枚，上面大部分都是关于洋洋的表扬信息，如："3月21日，表扬洋洋主动借给同桌一根铅笔。""洋洋回家见到奶奶问声好"诸如此类的信息几乎天天有，这期间，洋洋有时还是会用哭闹的方式来与周围的人相处，但是每一次事情发生后，与孩子沟通时，他的抵触情绪少了。现在，洋洋基本上可以控制自己的情绪了。同时我又结合班级开展的"我的蝴蝶最多"评价活动，对洋洋进行文明、节俭、爱国、健康的评价，每到周末,我会与洋洋家长进行电话联系,每次洋洋妈妈都会高兴地夸儿子这儿,夸儿子那儿。同时也夸我们俩的办法好,让洋洋有了很大的变化。

经过三个月的努力,洋洋基本上不会以闹事的方式与同学相处,同学们也爱跟他玩了,他也渐渐开朗了起来,这颗"炸弹"终于不响了。

通过对洋洋的教育,让我明白到,家长参与到对孩子的评价活动中来起到举足轻重的作用,老师与家长的沟通要有一定的艺术,要让家长感受到你的诚意,反映孩子问题时要先说好的,再对不足的地方提出建议,这样的沟通才会让家长乐意接受,才会乐意与你联手,双管齐下,帮助孩子成长。

古诗中的美育

刘冬娜

美育是指培养学生认识美、爱好美和创造美的能力的教育,也称美感教育或审美教育,是全面发展教育不可缺少的组成部分。通过美育可以促进学生的德、智、体的发展;提高学生思想,发展学生道德情操;丰富学生知识,发展学生智力;增进人们的身心健康,提高体育运动的质量;鼓舞学生热爱劳动、热爱劳动人民,并进行创造性的劳动。

美育的主要任务包括:一是培养和提高学生感受美的能力;二是培养和提高学生鉴赏美的能力;三是培养和提高学生表现美、创造美的能力;四是培养和提高学生追求人生趣味和理想境界的能力。我们的古诗中蕴含着丰富的美,学好古诗,可以在学习方法的探求、掌握、运用中渗透美育,让学生初步学会感受美、鉴赏美、表现美的能力。在此,我以唐代诗人贺知章创作的《咏柳》为例,来谈谈在古诗教学中美育的渗透。

一、感受古诗结构美

无论欣赏哪一首古诗,在我们与它初见之时,都是首先看到它的整体样貌,即结构。《咏柳》是一首七言绝句,是咏物诗。七言绝句属于格律要求比较严格的近体诗。篇幅固定,全诗四句,每句七字,总共二十八字。这如同豆腐块似的诗篇一展现在我们的眼前,就会让我们第一时间感受到它带给我们的结构之美:整齐划一,简洁优美。

二、理解古诗含义美

春天,一个美丽的季节,一个让人充满希望的季节,一个让人蠢蠢欲动的季节。今有冰心的《一日的春光》、朱自清的《春》,古有朱熹的《春日》、王安石的《元日》。从古至今,人们对春的喜爱都包蕴在那字字句句之中。《咏柳》一诗的前两句,贺知章把报春的使者——垂柳,当作一位经过梳洗打扮的亭亭玉立的美人来写,这身着碧衣的少女,在春风中楚楚动人,充满青春活力。让学生学习抓住重点词语来体会,一个"妆"字,将柳树的生命色彩表现得活灵活现,灵动至极,一个"垂"字,把春的活力用垂柳丝缕的婀娜多姿表现,垂柳在作者笔下化身为美人,被贺知章写活了,岂不美哉。后两句较之前两句更让人叹为观止,贺知章展开联想,居然将"春风"很形象地比喻为"剪刀",不仅立意新奇,而且饱含韵味。理解诗句的过程中,学生不仅学会了抓住重点词语来品悟,也学会了比喻、拟人的修辞手法对表现诗句含义的精妙,理解古诗,让学生不但掌握了学习方法,更感受了其中的意义之美。

三、想象古诗意境美

理解了诗句的含义,让我们一起闭上眼睛来欣赏这充满生机的春景:高高的柳树如同妆后的少女亭亭玉立,她的身上垂下了婀娜多姿的绿色丝带,在春风中随风摇摆。这如丝缕的柳条上细细的柳叶是谁裁剪出来的呢？哦,是春姑娘用她那灵巧的纤纤玉指剪裁出来的。学生的耳畔倾听着老师的细声讲解,脑海中立刻出现了翠色欲滴的垂柳随风飘摆的身影,这等鲜嫩的春景就在眼前,就在指尖,怎不是一种美的意境呢？这首诗把春色写活了,在灵动的词语面前,在鲜活的景色面前,读者怎能不陶醉其中呢？

四、表现古诗韵律美

七言绝句的押韵严格,表现为通常只押平声韵且不能出韵,还要讲究平仄,即要求符合平仄律。《咏柳》一诗押韵为:高、绦、刀。这三个字分别出现在三句话的末尾,是韵母相同的字,可以使朗诵时产生铿锵的和谐感,展现古诗朗诵的韵律美。学生在诵读的过程中,通过这饱含韵律的音节的诵读,身心都沉浸其中,音律之美萦绕四维。

美育其实是渗透在方方面面、角角落落中的,只要我们有一双善于发现的眼睛,有一颗去品味感悟的心,她的美就能展现在我们眼前,只要我们掌握了寻找她的良方,她就能让我们的生活充满美感。

风筝——核心素养下小学美术教学案例

关 静

一、内容分析

《风筝》是人民美术出版社义务教育教科书六年级上册第四课内容,属于"设计·应用"学习领域。风筝起源于中国,是一门有着悠久历史和深厚文化底蕴的民间手工艺,距今已有2000多年的历史了。风筝普及面广、题材丰富、种类各异、风格多样,是民众最喜欢的民间艺术之一。同时,风筝又结合了民俗、科技、历史等知识,充分体现了民间艺术的丰富内涵。

此前,在《画皮影》一课中学生们对我国的非物质文化遗产有了一定的了解,本课的教学中继续引导学生关注国家非物质文化遗产,了解和学习中国风筝的传统技艺,在整个过程中感受民间艺术的价值和魅力,提高学生对传统美术的认识与兴趣。

（一）教学指导思想与相关理论依据

（1）指导思想

本课以美术课程标准为指导思想。倡导学生在美术课的学习中形成基础的核心素养,目的是培养学生的图像识读能力,学生能够运用美术表现能力表达自己的情感,解决生活中的问题。在教学中通过引导学生对风筝外形及图案的观察启发联想,由学生自己探索学习新知识,设计风筝的图案。创设美术学习的情境性,增进学生创新意识,培养学生的图像识读能力和审美判断能力。

（2）理论依据

依据皮亚杰的建构主义理论,通过欣赏、感知、理解等活动,引导学生主动建构新知,学生去搜集并分析有关的信息和资料,对所学习的问题要提出各种假设并努力加以验证。并将资料整理制作成思维导图,互相交流学习成果;以小组合作的学习方式,激发学生学习的主动性;在轻松的环境中发挥学生的潜能,学会风筝的设计与绘制,培养学生的美术素养。

（二）教学背景分析

（1）教学内容

本课在美术课程标准及核心素养下进行教学设计。《风筝》是一节以设计风筝图案为主的"设计·应用"领域的课程。从横向分析,本课与《画皮影》《装饰色彩的魅力》《泥塑》形成了传统文化单元的课程。从纵向分析,与第 10 册《扎花灯》,11 册《画皮影》《装饰色彩的魅力》,12 册《吉祥图案》《泥塑》等课程,形成了民间艺术创作系列单元,在全套教材中起到了承上启下的作用。

本课引导学生全面了解风筝的起源、地域特点、种类和传统制作技艺等内容,用全新的视角使学生发现我们的民间艺术,让学生充分了解中国传统风筝所具有的独特艺术魅力,使学生们在学习过程中有情感的投入,智慧的呈现,个性的展示。通过自己动手制作来传承我国优秀的民间艺术,从中感受中国传统文化的魅力。

(2)学情分析

本课学习主体为小学六年级学生,这一年龄段学生有了一定的自主学习和自主探究能力,已经具备一定的审美能力和想象创作能力,对美有着自己独特的感受和表达趋向。因此,我安排学生根据所搜集的资料制作思维导图,自学风筝的相关知识,解决困惑,拓宽知识面。因我校是风筝特色,六年级的学生都参与过学校的风筝节活动,一部分学生是学校风筝队的成员,学校设有风筝社团,他们和风筝艺人学习过扎绘及放飞风筝,对风筝的文化、外形、图案有了一定的了解。不足之处就是:同学们对于风筝的设计与绘制的创作能力有待提高,基于学生的这些问题,我采用了学习单和游戏的策略解决学生的不足。

(三)本教学设计中核心素养的体现

学生发展核心素养,主要指学生应具备的,能够适应终身发展和社会发展需要的必备品格和关键能力。图像识读、美术表现、审美判断、创意实践和文化理解为美术学科五个核心素养。这一理论成为美术教育的核心概念,引领小学美术教育进行发展和变革。下面我结合本课内容谈谈核心素养的体现。

1. 文化理解

美术核心素养中提出要从文化的角度观察和理解美术作品。习近平主席指出:“文化是民族的血脉,是人民的精神家园。文化自信是更基本、更深层、更持久的力量。”风筝是中华民族的传统文化之一,中国的风筝艺术,不仅因民族文化传统的悠久而源远流长,而且因地域文化的丰富多彩而各有千秋。风筝的种类齐全、样式繁多、千姿百态,风筝的特点与地域文化息息相关。以北京、天津、潍坊、南通等地的作品最具特色。但学生们对这些文化知识并不是很了解,因此,我便让他们课前搜集资料,他们采访风筝艺人了解风筝的历史、流派及代表人物,向风筝队的老师请教学习风筝的种类,与风筝队的同学们交流,学习了解风筝的图案特征。通过参与风筝的绘制与放飞比赛以及观看风筝节风筝放飞表演,增长了知识、开阔了视野。通过各种途径,学生了解并亲身体验到了风筝的文化。

2. 图像识读

图像识读,就是对美术作品、图形、影像及其他视觉符号的观看、识读和解读。美术,又称视觉艺术,一个学生能做到最基础的“图像识读”,确实是一个重要的素养。

在本课的教学中,我让学生将预习的知识做成思维导图,课上学生们进行参观交流,学生对这种学习方式非常感兴趣,很乐于去交流学习,课堂气氛轻松愉悦。通过这样的看图识读,学生快速有效地掌握了应学的知识。

学生具有了图像识读素养,能以联系、比较的方法进行整体观看,感受图像的造型、色彩、材质、肌理和空间等形式特征;能以阅读、搜索、思考和讨论等方式,识别与解读图像的内涵和意义。

3. 美术表现

美术表现是指运用传统与现代的媒材、技术和美术语言，通过构思与反思，创作具有思想和文化内涵的美术作品，或用来表达自己的各种想法与情感。

在本课的实践活动中，我准备了：彩泥、相框、钥匙环、小风筝、3D打印笔等多种媒材，提高他们学习的兴趣，学生们很乐意运用各种材料工具进行创作。他们绘制了风筝相框、风筝钥匙链、风筝工艺品等多种多样的作品，并能将制作的作品运用到生活中。孩子们大胆发挥，对物品和环境进行符合实用功能与审美要求的创意构想。作品中闪动着智慧和灵气，展现了他们丰富的想象力。

本课，在充满中华民族优秀传统文化氛围的熏陶中，孩子们不仅提高了文化理解与识图的能力，还增强了美术表现与创意实践的能力，使学生的个性得到充分发展。通过有效的方法培养学生审美观，提高学生核心素养，促进学生素质全面发展。

（四）达成核心素养的途径

1. 文化理解

①采访风筝艺人了解风筝的历史、流派及代表人物。

②向风筝队的老师请教学习风筝的种类。

③与风筝队的同学们交流，学习了解风筝的图案特征。

④通过参与风筝的绘制与放飞比赛，观看风筝节放飞风筝表演，开阔了视野。

⑤环境布置，营造浓厚的中国文化的艺术氛围。

2. 图像识读

①将预习的知识做成思维导图，课上学生们进行参观交流。

②提供大量的传统纹样和吉祥图案纹样图片，学生进行查找和拼摆。

3. 美术表现

①利用各种材料进行沙燕风筝的创意设计，并运用于生活中。

②通过拼摆、粘贴设计风筝图案。

二、基于学业标准的教学目标及教学重难点

1. 教学目标

（1）知识与技能

初步了解中国风筝的传统文化、制作技艺与风筝的种类，了解风筝的流派，知道2～3位民间艺术家的名字及北京风筝的代表作品，知道传统风筝与现代风筝的不同，能设计绘制图案装饰风筝。

（2）过程与方法

学生以个人或小组合作的学习方式，通过学习风筝图案的设计、绘制，增长传统文化的知识，提高动手能力，拓展创新思维。

（3）情感态度和价值观

激发学生对祖国传统文化的学习兴趣，培养学生对优秀民间文化的热爱之情，继承和发扬祖国的非物质文化遗产和优秀民间传统文化的态度。

2. 教学重点

欣赏、感知风筝的历史和文化内涵，了解风筝图案设计的寓意，体会绘制风筝的乐趣。

3. 教学难点

装饰美观的吉祥纹样，统一协调的色彩搭配。

4. 教学流程图(图 5)

《风筝》

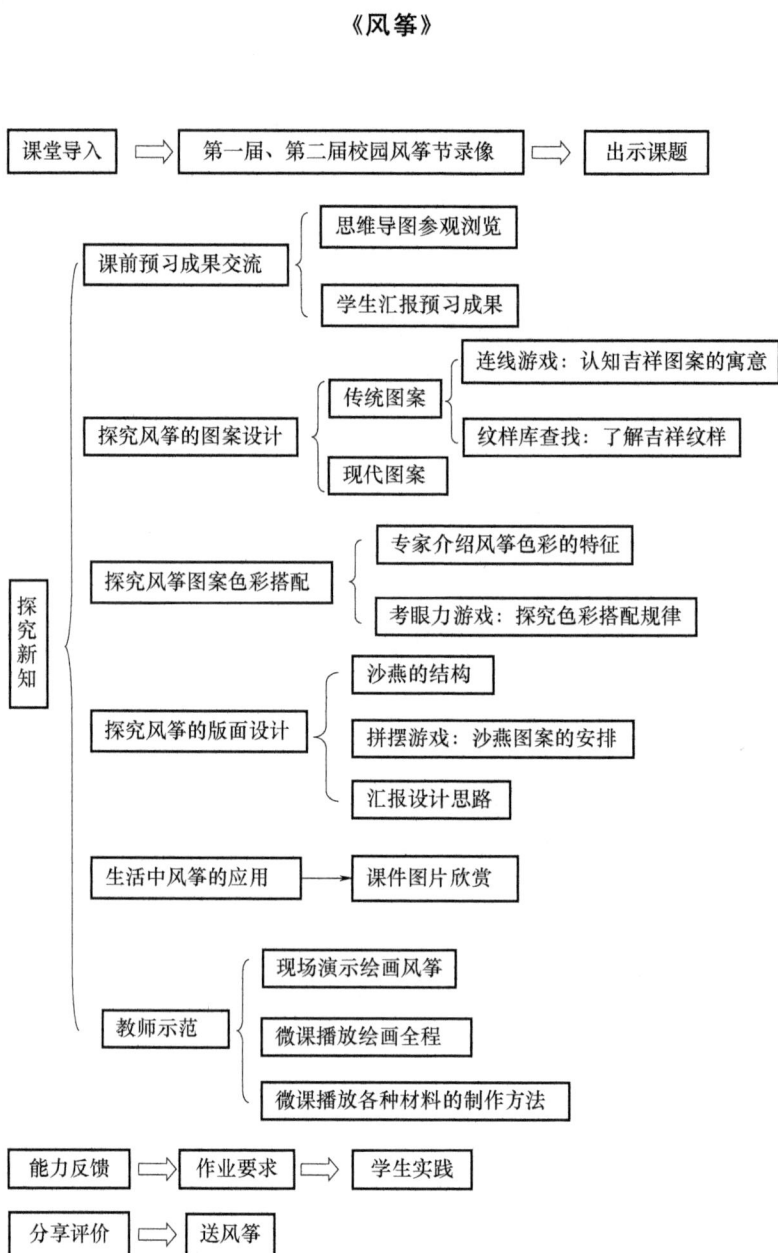

图 5 《风筝》教学流程图

【教学特色】

1. 渗透传统文化,提高文化理解能力

风筝是中国的非物质文化遗产,是一门有着悠久历史和深厚文化底蕴的民间手工艺术,而其中蕴含的民间文化和艺术特色是其成为文化遗产的主要因素。因此,学习风筝首先要了解它的历史和文化。

我课前让学生做了大量的预习工作。在课前预习的过程中,我带领部分学生参与风筝文化节的活动,带领他们观察风筝的种类以及图案设计,组织学生们放飞风筝,激发他们的兴趣,让他们喜欢上风筝并对风筝有了一定的了解。学生们通过交流学习，了解了风筝的历史、种类、制作技艺、流派人物、图案设计等风筝文化。在教学设计中，我请来了风筝专家为大家讲解风筝的色彩。另外，我还在一些细节上进行传统文化的渗透：在课件上我设计了有中国特色的回字纹纹样做装饰；黑板的四周我设计成了古代窗格的边框；课题以中国书法的形式出现，用毛笔书写；答题卡上也装饰了传统的装饰纹样；屋顶及墙壁上装饰了各种各样的风筝。通过这些教学中的设计，给学生营造了浓厚的中国文化的艺术氛围。学生们感受到了中国的传统文化，能从文化的角度观察和理解美术作品，认识中华优秀传统美术的文化内涵及其独特的艺术魅力。

2. 设计思维导图，提升图像识读能力

美术是视觉艺术，图像识读，作为美术学科五大核心素养之首，是人们获得视觉素材的有效途径，是激发学生兴趣，提高观察力、感受力、想象力、创造力和动手实践能力的基础。

本课中，我用思维导图的学习方法，来提高学生的图像识别能力。

思维导图最早是由英国的脑力专家 Tony Buzan 提出，此种模式在应用过程中可以同时启动人们的左右脑，可以充分地将人们的想象力以及创造力融合起来，思维导图可以深化人们的记忆力，完善人们的创造能力与想象能力，优化人们的组织能力与思考技巧，进而利用各种联想与创意，增强整体的学习兴趣。

本课的内容较多，需要学生了解风筝各个方面的知识。因此，在课前，我让学生分成五个小组，各组分工查找关于风筝的资料，再把这些资料进行整理，用图片与文字相结合的方式制作成思维导图，便于学生理解与记忆。学生们分别从风筝的历史、种类、流派人物、制作技艺、外形图案五个方面制作设计思维导图。课上，各组同学将制作的思维导图展示出来，由本组同学做介绍互相参观、交流学习。学生们对这种交流方式非常感兴趣，学习热情非常高。思维导图的学习，使学生很快地掌握了风筝的历史、种类、图案特征与色彩等知识，从而提高了他们的图像识别能力。

3. 采用现代化媒材，增强表现创意能力

随着科技的不断发展，上课的形式也已经开始不断地发生变化，多媒体播放设备无疑给美术学习提供了相当程度的便利。这节课我把本学科与计算机学科相结合，运用白板、iPad、实时投影等进行美术教学。在上本节课之前就是我校的第二届风筝节的活动，在导入的环节，我迅速地将现场的录像生成教学课件，让学生在课堂上重温现场的气氛。通过这段现场录像的导入，激发了学生学习的热情。在思维导图互相学习的教学环节，我利用实时投影的技术将学生展示的图片进行放大、特写，使大家能够清晰地看到展示的细节。在展示学生作品的时候，我运用学生喜欢的手机视频制作软件——抖音，现场生成学生绘画的视频，提高学生的学习兴趣。

本节课，我运用传统与现代媒材、技术结合的方法进行教学，加强学习活动的综合性和探索性，注重美术课程与学生生活经验紧密关联，使学生在积极的情感体验中发展观察、想象和创造能力，增强了学生美术表现与创意实践的能力，提高了学生核心素养。

还你一声"谢谢"

李艳梅

上课了，今天是《感恩的心》的第二课时，伴着《感恩的心》的音乐，孩子们陆续走进音乐教室，做好了上课的准备，但还差一个孩子迟迟不进教室，我心里很奇怪，一起上楼的呀，怎么回事啊？孩子去哪里了？

看到我的疑惑,孩子们七嘴八舌地说,"他生气了,在外面生气呢!""怎么回事呀?""我们也不是很清楚。"安顿好孩子们,我走出教室,发现他满面怒容,"我再也不帮他们,我这么帮他们,他们一点也不知道感恩,都不帮我……"一问之下,孩子委屈地说,"我帮他们每一个人修涂改带,他们不但不帮我,连声谢谢也不说。"

原来如此,我试图让他进教室上课,但他固执地站在那里一动不动。我想,如果真如他所说,其他孩子连最起码的"谢谢"都没说过,不知道感恩,那可麻烦了。

回到教室,我环视了一下孩子们,我问道:"谁能告诉我,现在我们学的这首歌的名字?"

"感恩的心。"孩子们齐声回答。

"那谁能告诉我,在生活中,对于帮助过我们的人,我们应不应该感恩呢?""应该""必须的"……

"如果一个人无私地帮助我们,解决我们的小困难,为大家服务,我们是不是应该怀着感恩的心谢谢他?"

"对。"

"你们谁曾经得到过他的帮助?"全班半数以上同学举起了手,"你们谁对他说过'谢谢'?"仅有几个孩子举手。大致了解了情况,我问孩子们:"得到别人的帮助时要说什么?""谢谢。"孩子们异口同声地说,"那我们是不是应该对他说'谢谢'?""是。""那我们把他请进来,我们一起补上这一句'谢谢',好不好?""好。"

他在教室外也听到了,我把他请进来,对大家说:"你们想对曾经帮助过你们的人,说什么?"全班同学大声说:"谢谢你。"刚才还怒气冲冲的他,一下不好意思起来,害羞地跑出教室,"老师,他笑了。"

"好了,同学相处,要互相帮助,互相爱护,像兄弟姐妹一样,在任何时候对于给予我们帮助的,我们一定要怀着一颗感恩的心,并一定要及时表达出来,说声'谢谢',你们都是明理的好孩子,我相信,以后我们班的同学关系会更融洽,更团结,成为一个优秀的集体。"

"好了,让我们把他请回来,我们一起怀着感恩的心来唱这首歌吧。"

"我来自偶然,像一颗尘土……"

歌声里融入了孩子们的理解和感悟,很是动人。

人们往往忽视我们身边一直为我们付出的人,久而久之,接受别人的帮助变成理所当然,理所当然地要求别人付出,却忽视了感恩,忽视了付出者的感受,让付出的人心灰意冷,直至人与人之间的冷漠。"谢谢"不仅是礼貌,更是一种感恩的心的培养,当一个人知道感恩、懂得感恩,生活在感恩的世界里时,人生才充满幸福和快乐。我会对孩子们说,"琴不会弹,不怕,我们慢慢来;不会识谱,不怕,我们慢慢来;歌唱不好,不怕,我们一起学着用心来唱。但希望你们懂得感恩,感恩父母,感恩老师,感恩同学,训练自己,生活在感恩的世界里,生活在幸福快乐温暖的集体里,并为这个集体贡献自己的一份力量。"

学做美丽的"大公鸡"

刘玉艳

美术课上,孩子们兴致勃勃地画着大公鸡,一会儿,活灵活现、千姿百态的大公鸡就跃然纸上。下一个环节要进行作品展示，其目的是让学生们发现别人和自身的闪光点，产生成就感，身心愉悦，树立自信心，从而加快前进的步伐。大家都想把自己的作品在班上晒一晒，我历来把橄榄枝伸向每一个孩子，让每个孩子都有上台展示的机会。

第一个上来的是洋洋，她刚把画贴在黑板上，台下就有几个孩子发出吹嘘的声音，满脸不屑。其中淘淘这种表现最厉害，平时他就和班上的学生总是打嘴仗，谁也不服谁，做什么事情都很潦草，还时常讥笑别人。在他的带动下，班里其他的学生也随声附和起来。洋洋很难为情，不敢继续介绍自己的画。面对这种尴尬的局面，我只好安慰她先回座位。怎么办？孩子的眼中没有阳光和雨露，他们一味地盯着别人的短处，长此以往，不仅使自己无法进步，更严重地影响了他们的心理健康。不行！绝不能让这种不良现象蔓延下去，可怎么扭转这一局面呢？我急速思考，突然眼前一亮，计上心来，何不让闹得最欢的淘淘上来展示呢？这一次他又画得一团糟，先听听他是怎么介绍自己的画吧！主意已定，我叮嘱其他的孩子："谁也不许出声音，我们欣赏一下淘淘的画，看看他哪里画得好，我们一起夸夸他好吗？"淘淘很高兴地上来了，画一展出，还是有几名孩子忍不住刚要发出声音，我立即示意安静，他们捂住嘴，把脖子又缩了回去。淘淘津津乐道地讲着："这是大公鸡正带着小鸡在草地上散步，它捉到一条小虫子舍不得吃，留给小鸡吃，还有这两只小鸡走累了，这只大公鸡背着它们呢。"讲完后，我对学生们说："看谁最先发现淘淘的画好在哪里。"并强调只说好的地方，孩子们瞪大了眼睛，也实在说不出它哪点好，沉默了好一会儿，这时淘淘的表情十分复杂，见此情景我说："老师发现淘淘的想象力特别丰富，你们看，这只大公鸡带着小鸡，像不像我们的爸爸爱我们一样？"我指着画得并不像的画大声对孩子们说，说完孩子们兴奋地笑了，表示赞同。我看了看淘淘，他使劲地点点头，由刚才的拘谨变得放松起来，这时他却不好意思地说："就是我画得不太像。"我笑了："是啊，你想得这么好，下次一定要认真画，把它画像，颜色再涂匀些，这样就会更好，你说是不是？"他又认真地点了点头，一改往日轻浮的态度。

我指着范画上引吭高歌的大公鸡说："你们知道吗，这只大公鸡原来特别骄傲，它自以为很美丽，整天得意扬扬地唱，到处去和别人比美。"孩子们入神地听我讲完《美丽的大公鸡》的故事。我趁机问："谁能说说为什么开始谁都不愿意和那只大公鸡做朋友？""因为大公鸡太骄傲。""公鸡总嘲笑别人，认为谁都不如它漂亮。"孩子们抢着说。我见机又问："为什么大公鸡后来又能早起为人们打鸣呢？""它认识到自己错了。""它发现大家都在为别人做事情。"孩子们七嘴八舌。望着他们纯真的脸，我意味深长地对大家说："你们说得都对，因为大公鸡开始时只看到自己长得美丽，却看不到别人也有很多的优点，所以它总是找不到朋友。后来听了老马的话，知道了美不美不能只看外表，内心美才算是真的美丽。它改掉了缺点，每天早起为人们打鸣，最后大家都认为它很美丽。我们可千万不能学那只骄傲的大公鸡，要学那只美丽的大公鸡。每个人都有优点、缺点，不能总认为别人不如自己，要善于发现别人的长处，学习别人的优点，才能改掉自身的不足。比如说有的同学看到别人的画就撇嘴或取笑，这都是不礼貌的行为。以后我们展示作品时，比一比谁最先发现别人好的地方，然后再给他提出建议怎么画会更好，绝不能再出现嘲笑同学的现象。老师对这样做的同学要给予表扬，并且你还可以得到一枚小奖章。"听完大家纷纷表示同意。

接下来我们再看看刚才的第一张画，显然这张画要比淘淘的画强，我引导着学生们从几方面去评价作品，怎样评说别人优点，或者怎样委婉地给别人提出建议。孩子们争先举手，淘淘也不再撇嘴了，认真地看着、听着、说着。

希腊有一句谚语："每一滴水都藏着一个太阳。"寓意是每一个人都有自己的优点，都有值得他人学习的长处,认可对方的重要性并表示由衷的赞美就能赢得回报。作为老师不仅自己要善于发现孩子的闪光点,也要慢慢地引导孩子,让他们学会发现别人的闪光点,这样才有利于孩子正确地与人和睦相处,更有利于幼儿心理健康发展。

当老师遇到学生有不良行为时,不妨采用一下"南风效应"。有这样一则寓言:寒冷的天气,行人都穿着厚厚的衣服。北风和南风打了一个赌:看谁能脱掉行人身上的衣服。北风的方法很简单,它调动全部的凛冽和劲道,摧枯拉朽,呼啸而来,企图用蛮力刮掉行人身上的衣服。当然,事与愿违,它失败了。而南风则反其道而行之,清风拂面,暖意洋洋,行人纷纷脱掉衣服,精神焕发。这就是温情的力量。南风最强大的力量在于它的柔和与包容,柔和使人变得亲切,包容使人放掉包袱。柔和、包容则能让所有人过得愉快并因此产生强烈的归属感。如果这时老师方法过于简单、生硬,采用不恰当的教育手段,不仅会使孩子很迷茫,今后还不知道怎么去做,而且更会伤害孩子幼小心灵,产生叛逆心理。教师形象也会大打折扣,师生关系愈演愈烈,往往适得其反。作为教师,育人与教书同等重要,我们要善于抓住教育幼儿的契机,选择恰当的教育方法,让孩子在润物细无声中健康成长,在接受教育的同时一样能感受到温暖,感受到与人交往的乐趣与幸福。

用有"温度"的评价,唤醒学生"沉睡"的兴趣与自信

时艳新

《义务教育英语课程标准(2011年版)》指出:"英语课程评价体系要有利于促进学生综合语言运用能力的发展,要通过采用多元优化的评价方式,评价学生综合语言运用能力的发展水平,并通过评价激发学生的学习兴趣,促进学生的自主学习能力、思维能力、跨文化意识和健康人格的发展。"学生既是学习的主体,也是评价的主体。在英语教学中,通过对学生英语学习的形成性评价,既可以使学生在英语课程的学习过程中不断体验进步与成功,认识自我,也可以建立和保持英语学习的兴趣和信心,促进学生综合语言运用能力的全面发展。

我所任教的二年级中有个男生,他的英语成绩很差:字母都认不全,作业书写也是乱七八糟,甚至写不到英语格里去,单词、句子也读不上来;上课时总是眼神发愣,精神处在游离的状态,让他回答问题时,他要么是没反应,要么就是打个激灵,一言不发;布置课堂活动时,他也是自己独自坐在座位上,不参与活动,也不跟同学交流。我观察了他一段时间,也随时提醒他,并跟他的家长不断沟通,可是没起到太大作用。于是,我找到他询问了情况,他对我说:"老师,我就是学不会,我是不是太笨了,同学们笑话我,爸爸妈妈也觉得我笨,我是不是很让人讨厌啊!"孩子的这句话触动了我的心。看着他那张稚嫩的小脸,我想:不能让他掉队,一定要让他对自己有信心,重新拾起对英语学习的兴趣。通过平时对他的观察和跟他聊天时了解到的信息,我想利用有效的评价方法帮助他树立自信心,重新激发他的英语学习积极性。

一、课程学习评价

针对他的学习习惯和上课听讲习惯,我从他课前预习、学习过程和参与小组活动几方面进行评价,以激发他的学习热情并帮助他形成良好的英语学习习惯。

（一）课前预习评价

在每节新课前,我会布置好预习作业,用微信发给其家长,让家长跟他一起选择喜欢的内容提前预习,让其家长根据预习情况进行评价并将评价结果反馈给我。上课前,我会通过图

片、实物等反馈他的词汇认读与句型运用的理解。课堂上，在新知学习环节，遇到他预习比较好的词句时，我会有意识地让他展示，之后及时用"Good job! Well done!"激励他，并引导学生跟我一起评价他，他在得到了师生高度的评价后，脸上现出了久违的笑容。

（二）学习过程评价

良好的英语学习习惯及行为规范是英语有效学习的突破口，我想对他来说更是尤为重要。因此，我在课前会准备小贴画和印章，上课之前，我会针对听讲、参与语言活动、坐姿等方面，悄悄跟他说明评价要求，让他心中有数。下课后，我先让他自己对课上的表现进行总结评价，哪里做得好，哪里做得不好；我再根据他在课上的表现，在这几项下面给他盖上印章或是贴上贴画，让他一目了然，我对他表现好的方面及时肯定，不足的地方告诉他应该怎样做会更好。经过了一段时间的评价，我发现他现在上课的状态越来越好，良好的学习习惯和行为规范也初步养成了。

此外，我也会结合学习内容制作和使用大量的图片，一方面，让他用最短的时间通过义、音、型识记词句；另一方面，我也把这些图片当作奖励发给他。然后让他用得到的这些图片与老师或其他学生交流并帮助他做成手抄报，在班里或微信群里展示，他为此受到了家长和同学们的大力夸奖。他非常喜欢这种形式的评价奖励，学习热情高涨，学习效果也有了很大提升。

（三）参与小组活动评价

英语教学的重要目的就是培养学生的英语交际能力，两人一组或多人一组的小组活动是小学英语课堂教学中一种常见的活动方式，是培养学生语言交际能力的有效手段。为了提升他的语言表达能力，鼓励与其他同学的合作，我特别安排了几个学习较好、性格开朗的同学和他一组，以带动他的学习积极性和参与主动性。下课后，先让他就参与小组活动时的积极性、回答问题的正确率等方面自己评价，再让同小组的学生给他评价，肯定他的优点及提出希望。最后我给他客观的综合评价，肯定他的出色表现，促其进步。

二、作业评价

作业是课堂教学的继续，是巩固知识、提升能力的重要手段，并使之转化成语言技能的有力措施。因此，对平时作业的考核评定能比较系统地反映学生课堂以外的学习情况。我们的作业布置有口头和书面两种形式。

口头作业主要是培养和训练学生的听说、认读能力。为了激励他不断前行，增强自信，我先辅导他把课文、单词及句子读正确、读熟练。然后让他将自己的朗读录音发在班级英语微信群里，我邀请所有的学生和家长一起听。我先在语音语调、语气情感、流利程度等方面对他进行积极的评价，写上一段激励的话，再请其他同学、家长对他做出评价，为他喝彩。学生、家长们积极的鼓励不断激励他，他的积极性也越来越高。以前在微信群里都是"潜水"的他，现在每天都在群里露面，朗读能力也不断地提升。

他的书面作业一直不好，书写潦草，字母占格也都不规范，给人的感觉是脏、乱。于是，每次书写作业前，我手把手地教他写好字头，再让他照着写。作业交上来，我会从字体工整、书写正确及格式规范等方面对他进行评价，并写上一些中肯的建议和激励的话语，用心灵和他对话，促进我们之间的情感交流，提高他书写的积极性。每当他的书写作业有进步时，我就会利用课前两分钟预备时间，把他的作业在实物投影上展示，由同学们进行评价。同学们热情、积极的评价给了他极大的自信心，促使他不断努力前行，他现在的作业书写也越来越干净、漂亮了。

三、赏识评价

渴望关注、渴望赏识、渴望赞扬是学生正常的心理需要,所有学生对赞扬的渴望都是一样的。教师一个鼓励的眼神,一个欣赏的动作,一声赞扬的话语,都可以使他们产生无穷的前进力量。作为教师,我们要善于发现学生的闪光点,关注学生成长和发展的每一点进步,不失时机地给予他们表扬,帮助他们发现自己、肯定自己。

学生获得成功时,内心是非常渴望与他人分享的,尤其是像他这样的孩子,与人分享成功的渴望更为强烈。教学中,我会以他点滴的成功为支撑点,在所有家长和同学面前不遗余力地肯定、激励,把问题和缺点变成希望的寄语,让他相信自己获得的成功,从而对自己充满信心,看到学好英语的希望。现在的他上课表现也更积极了,全班同学都感受到了他飞速的进步。我也及时跟他家长沟通,把每一个阶段的表现都及时告知并加以激励,家长与我的协作也更加紧密了。前段时间,他的家长还给我发了一条信息:"谢谢老师辛苦的付出,更感谢您对孩子的鼓励与认可!孩子学习的积极性越来越高,也让我们看到了希望!我们会再接再厉!"为此,我也十分欣慰,正是通过这鼓励性的赏识评价,创造了一个崭新的开始,激励他保持持续学习的兴趣,树立自信心,在评价中进步。

用这种评价方式作为对他近一个学期英语学习前行的动力,让我看到了他的飞跃。课上回答问题时,经常能看到他举着小手,听到他大声说"Let me try."参与语言活动时,也看到他活跃的身影和精彩的展示,从以前一个需要别人帮助的孩子到如今能帮助其他的孩子了,而且和同学们的关系也越来越亲密了;作业书写越发工整、规范,字也比以前漂亮了许多;朗读也是特别积极,不光是在微信群里主动朗读,还能纠正其他同学的发音;在学校见到我时竟主动和我用英语交流,让我惊喜不已。课下与他聊天得知,他现在对英语学习的兴趣越来越浓,也越来越有信心学好英语了。

从他的改变也让我意识到:评价是课程中不可缺少的调节手段,它对学生能力的培养和知识的掌握是很有帮助的,对激发和培养学生的学习兴趣,帮助学生养成良好的学习习惯和策略,为学生的继续学习乃至终身学习打下良好的基础,具有深远的影响。我也会以这个在我看来算是成功的经验为借鉴,在今后的教学中,以学生心理发展的基本规律为依据,根据学生的需求与喜好,建立能激励他们学习兴趣和自主学习能力发展的评价体系。通过引导学生参与评价,调动他们学习的积极性,集聚他们求知的目光与参与的热情,拓宽思路,培养创新的思维,助力学生知识与能力的发展。用有"温度"的评价,唤醒学生"沉睡"的兴趣与自信。

参考资料

刘金花,2014.浅谈如何优化英语课堂中的形成性评价[J].教育教学论坛(17):267-268.

杨晓兰,2004.赏识性评价促进学生发展[J].教学研究(4):336-338.

中华人民共和国教育部,2012.义务教育英语课程标准(2011年版)[M].北京:北京师范大学出版社.

教学设计

丰台区第八届师慧杯低段英语一等奖——
Unit 6　Which season do you like? Lesson 21

时 艳 新

教学基本信息				
课题	北京版小学英语二年级下册 Unit 6 Which season do you like? Lesson 21			
学科	英语	学段:小学低段	年级	二年级
相关领域				
教材	书名:北京版小学二年级英语(下册) 出版社:北京出版社 出版日期：2015 年 1 月			

指导思想与理论依据

《英语课程标准(2011 年版)》明确指出:义务教育阶段的英语课程应面向全体学生,注重语言学习的过程,强调语言学习的实践性。课程特别强调要关注每个学生的情感,激发他们学习英语的兴趣,促进语言实际运用能力的提高。教学中教师应组织多种形式的课堂互动,激发学生的学习积极性,创设能引导学生主动参与的语言情境,让学生在语境中接触、体验和理解真实语言,并在此基础上学习和运用语言,发现语言规律,逐步掌握语言知识和技能。

在本节课的教学中,我在学生知识能力水平的基础上,结合本节课主题,通过创设"Lala 和 Kate 到野外郊游"的情景,以谈论喜欢的季节及原因为主线,学生在创设的真实的语境中进行模仿、操练、交流。

学生在学习对话过程中通过图片观察、整体感知、联想预测、角色扮演等方式理解、学习和应用语言;通过 chant、歌曲演唱、游戏、制作 picture book 等活动,提高学生的学习热情,强化和运用所学语言。

教学背景分析

1. 教学内容分析

本节课教学内容是北京版小学英语二年级下册 Unit 6 Which season do you like? 的第一课时,为学习课时。

本单元的主题是谈论季节,与季节相关的内容在三年级及今后的学习中会有复现。本课时是学习一年的四季及谈论喜欢夏季和冬季的简单理由,同时整合了数字和时间的话题,如一周有七天、一天有二十四个小时。本单元第二课时谈论了喜欢春季和秋季的简单理由,并在第一课时的基础上,询问是否喜爱某一季节及理由。本单元第三课时是询问喜欢的季节并说明在此季节能做的事情,是在前两课时学习的基础上进行深入交谈。本单元第四课时为复习课时,是在前三课时学习的基础上,对本单元的重点内容加以复习巩固,在情境中综合运用语言。本课时为本单元后续课时的学习做铺垫。

本单元的季节话题与学生的生活密切相关,之前学习过的有关颜色、服装、食物、活动等相关的话题词汇,可以为学生从多角度描述季节提供语言支持。在本单元的每一个学习课时中,我将以一个季节为主,引导学生将相关的内容整合,进行延展,使它更加完整化。这样不仅可以使语言进行复现,同时也可以引导学生从学习方法、思维方法进行迁移。在本节课的拓展环节,我结合当下的季节,引导学生通过自制的 picture book 来描述自己眼中的夏季。

本课时包括三个学习板块:Listen and say, Let's act 及 Let's say。

Listen and say 板块有两幅插图,主要是借助情景帮助学生感知、理解和认读语言。

Let's act 板块呈现了本课重点句型"How many… are there in…? There are…"主要是让学生通过练习,能够运用功能句与他人进行简单交际。之前学习过关于此板块中的第二、三幅图的 chant,本节课我将以它们作为课程的开始,引导学生进入新知的学习。

Let's say 板块是一首小韵文,让学生通过感知英语的韵律和节奏,简要了解夏季和秋季的天气特征及能做的事情。本板块内容与本节课内容联系不是很紧密,因此,本节课我将以此板块的韵文表演作为课程的结束,为第二课时的学习做铺垫。

2. 学生情况分析

(1)学生能力分析

本节课的授课对象是我校二年级2班,共有23名学生。他们思想活跃,接受能力较强,对英语学习有着浓厚的兴趣,喜欢直观形象思维,乐于参与课堂语言活动,有较强的表现欲。通过一年半的英语学习,已经有了初步的听、说和表达能力。

(2)学生知识储备

交际用语:学生们在一年级下册 Unit 3、Unit 4 和二年级上册 Unit 3、Unit 4 中两次重点学习了"How many… do you have/ can you see?""Do you like…"及相应的回答;二年级上册 Unit 1 的韵文中学习过"How many days in a week? Seven days in a week."的语句,这有利于学生理解本课时的交际用语。

词汇:学生们在一年级下册、二年级上册及本册书 Unit 4 中,已经学习过部分有关颜色、食物、活动、服装类的词汇,为学生的语言交际提供了支持。

3. 技术准备

教学卡片,自制 PPT 课件,学生游戏、活动用的图片,人物头饰。

教学目标(内容框架)

一、教学目标

通过本课的学习,学生能够:

1. 理解对话内容,初步朗读对话并尝试进行角色表演。

2. 在情境中理解和认读:season,sky,spring,summer,autumn,winter,grass,cool,warm,cold 等描述季节的词汇。

3. 在实际情境中用"How many … are there in…"询问……有几个……并用"There are…"做出相应的回答。

4. 利用 picture book 简要描述 summer。

5. 学会欣赏大自然的美丽,体会人与大自然的密切关系,保持健康、积极、乐观的心态。

二、教学重难点

1. 教学重点

① 能认读描述季节的词汇 season,spring,summer, autumn,winter,cool,grass,sky,leaves。

② 能用"How many… are there in…"询问…有几个…,并用"There are…"做出应答。

2. 教学难点

① "How many… are there in…"的完整表达。

② 能用提供的语言材料描述 summer。

教学流程示意

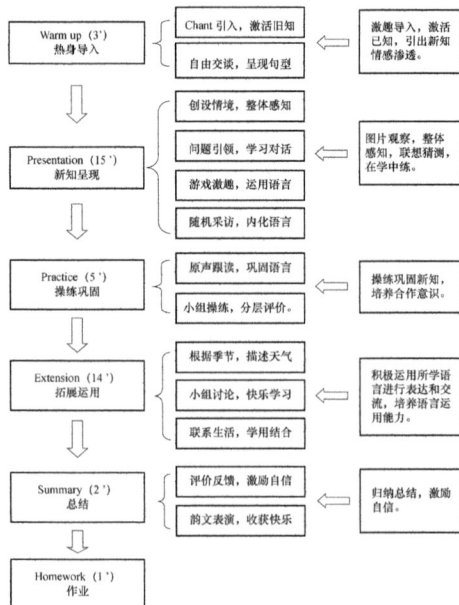

教学过程

一、Warming up(3分钟)

1. 表演 chant,激活学生记忆,调动学生积极性。

T:教师播放 chant 动画,和学生一起表演 chant。

How many, how many,
How many days in a week?
Seven days, seven days,
Seven days in a week.

Twelve good hours in every day.
Time for work and time for play.
Twenty-four hours for day and night,
Some for darkness and some for light.

2. 自由交谈,呈现句型

T:How many days are there in a week? PPT 呈现句型。

S:根据学生的回答呈现句型 There are…

T:What are the seven days in a week?

S:说出一周七天的名称,呈现句型 They are…

T:How many hours are there in a day? 板书呈现句型。

S:回答 There are twenty-four.

T:Twenty-four hours make a wonderful day. We can do many things we like best. So we should be happy every day.

—How many days are there in a week?

—There are 7.

—They are **Sunday, Monday, Tuesday Wednesday, Thursday, Friday and Saturday** .

How many hours are there in a day?

There are 24.

【设计意图】利用 chant,创设愉悦的学习氛围,激活学生已有的知识记忆,为本节课的学习奠定基础,在与学生就韵文内容的交谈中呈现本课的重点句型。通过情感渗透培养学生乐观向上、积极的、健康的心态。

二、Presentation(15分钟)

1. 创设情境,整体感知对话内容

(1)谈论图片,创设情境

① PPT 呈现主题图。

T:Look! Lala and Kate go to a beautiful place. What can you see in the beautiful place?

S:用"I can see…"描述看到的景物。

T:用"What colour is/ are…"引导学生说出物品的颜色,呈现相关的词汇和语句:sky,grass…/ The sky is blue. The grass and leaves are green.

② PPT 呈现 Mother sheep 带着她的宝宝们来了的画面,引导学生用本课重点句型"There are…"描述羊宝宝的数量。

T：Look，Mother Sheep and her babies are coming. How many babies are there?

S：There are four.

(2)歌曲激趣，呈现主题

① T：They are singing and dancing. Let's listen what they are singing. 播放歌曲《seasons song》。借助歌曲画面，与学生交谈，引导学生感悟 season 和 4 个季节单词的意思。

T：(指一个季节图片提问)Is it summer? No，it's spring. /This season is summer. / Is it autumn? This season is winter. So spring，summer，autumn and winter are 4 seasons.

② PPT 呈现问题，播放对话动画，整体感知故事内容。

T：They are so happy！ Now they are talking. Are they talking about animals/ colours/ seasons? Let's listen and watch.

S：观看动画，选出正确选项。

【设计意图】通过引导学生观察和描述图片，培养学生认真观察的好习惯，初步培养提取信息的能力。在语境中理解描述季节的词句，为对话 2 的学习做铺垫；同时利用歌曲激趣，结合歌曲画面，帮助学生感知 season 和四季单词的意思，为对话 1 的学习做铺垫。学生通过观看动画，整体感知对话内容。

2. 问题引领，学习对话

(1)学习对话 1

① 问题引领，呈现新知。

T：提出问题：What does Lala ask? 播放动画第一遍。

S：观看动画后，说出句子"How many seasons are there in a year？"

T：引导学生根据生活经验，扮演 Kate 说出" There are four. "

T：提出问题：What are the four seasons? 播放动画第二遍。

S：观看动画后，回答"They are spring，summer，autumn and winter. "

T：逐一呈现图片，理解、学习表示季节的词汇。引导学生在教师的帮助下，借助音节拼读词汇。

② 师生交流，复习对话 1。

T：Children，how many seasons are there in a year? What are they?

【设计意图】让学生带着问题观看故事,发展思维想象,锻炼学生捕捉关键信息的能力。引导学生在教师的帮助下,借助音节拼读词汇,树立学生的语音拼读意识,为以后的单词教学奠定基础。通过简单交流,帮助学生复习巩固对话1。

③ 游戏激趣,运用语言。

T:Lala and Kate are so happy. Now they are playing a game. Let's play together. PPT 呈现图片,视频示范游戏规则。

S:Group work:根据幸运数字的图片进行交际问答。

S:展示对话。

| Let's play! |
| How many…are there in… |
| There are… |

apples/dish/5

days/week/7

monkeys/zoo/10

seasons/a year/4　　　children/park/6　　　hours/day/24

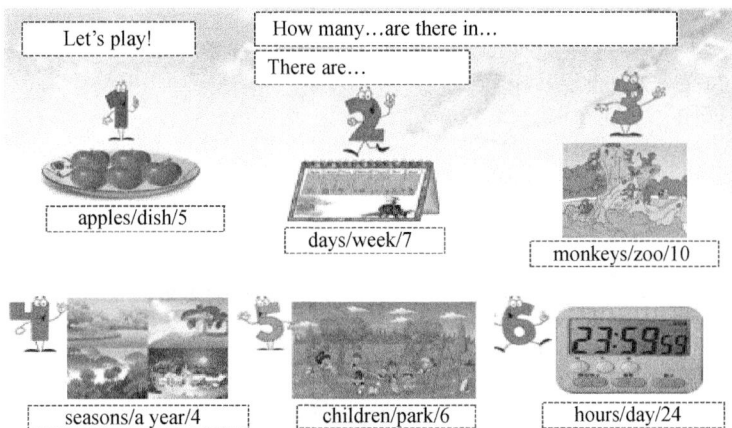

【设计意图】通过游戏,调动学生积极参与的积极性,既强化了重点句型的运用,又使得教师对于学生的学习效果进行监控。

(2)学习对话 2

I like summer. The sky is blue. The grass and leaves are green.

I like winter. I like the white snow.

①联想预测,感知对话。

引导学生预测 Lala 和 Kate 喜欢的季节及理由。

T:提出第一个问题:The four seasons are beautiful. Can you guess which season Lala/ Kate likes?

S:预测 Lala/ Kate 喜欢的季节。

T:播放动画第一遍,验证预测。

T:提出第二个问题:Why does Lala like summer? Why does Kate like winter?

S:预测 Lala/ Kate 喜欢夏季和冬季的原因。

T:播放动画第二遍,验证预测。

② 复述总结,复习对话 2。

T:Lala likes summer. So Lala says…播放句子录音。

S:听录音,朗读句子。

T:引导学生两人一组,分角色朗读。

S:两人一组分角色朗读表演对话 2。

S:集体分角色朗读表演对话 2。

【设计意图】通过联想预测激发学生学习的欲望。通过角色扮演,巩固强化情景语句,随机采访活动,帮助学生内化语言。

三、Practice(5 分钟)

1. 原声跟读,巩固语言

① 教师播放录音,学生指书跟读。

② 集体分角色朗读。

2. 小组操练,分层评价

① 学生根据自身能力选择层级进行练习。

评级标准:分角色朗读得一个 picture。表演对话得 2～3 个 pictures。

② 小组展示。

【设计意图】通过集体朗读和分角色朗读,进一步巩固本课所学语言。根据学情设计分角色朗读和表演对话两个层次,为不同层次的学生提供练习和展示的机会,有助于增加学生的自信心。

四、Extension(14 分钟)

1. 师生交流,描述 summer

T:LaLa likes summer. He wants to know more about summer. Let's tell him together. 师生交流,引导学生说出相关信息。

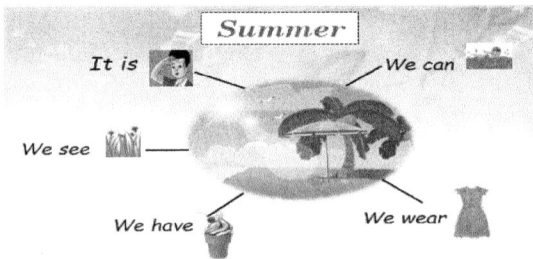

2. 联系生活,学用结合

① 引导学生根据生活经验,讨论、制作关于 summer 的图册。

S:Group work:讨论并制作 summer 的图册。

② 成果展示。

S:小组内每个学生描述关于夏季的一个方面,如:I wear a vest. I see birds…

T:将该组学生描述的材料装订成图册。

【设计意图】结合当下的季节,引导学生将相关的内容整合,进行延展,为学生从多角度描述夏季提供语言支持,使它更加完整化。同时也可以引导学生从学习方法、思维方法进行迁移,为后续的春季、秋季、冬季的描述做铺垫。

五、Summary(2 分钟)

1. 评价反馈,激励自信

T:结合学生得到的图片奖励,激励学生,并与学生简单交流图片信息,培养学生的语言运用能力。如:How many cards do you have? What are they? Do you like… What colour is it? Can you…

2. 韵文表演,收获快乐

教师播放韵文动画,引导学生一起表演韵文。

【设计意图】利用学生获得的作为奖励的图片,与学生交流,激励学生学习自信心,培养学生的语言运用能力。以表演有韵律感、节奏感的韵文,让学生在愉悦的氛围中结束本节课的学习,收获知识与快乐,同时为第二课时的学习做铺垫。

六、Homework(1 分钟)

1. Listen to Lesson 21 and repeat.(听录音跟读21课)

2. Finish your picture books of summer with your friends.(继续完成 picture books)

3. Make your own picture books of summer.(制作自己的夏天图册)

Blackboard（板书设计）

学习效果评价设计

一、评价方式

1. 多元性评价

① 教师评价:本节课教师运用眼神、肢体语言、评价用语如 Wonderful! Super! Good job 等,对学生进行激励性评价。

② 学生之间的评价:通过手势、鼓掌、评价语如 Good,good,you are good! 等鼓励同伴。

2. 与季节相关内容的图片评价

此评价设计与本节课季节主题相结合,学生积极性会更高。根据学生上课的表现,可以得到不同数量的 Pictures。课程结束时,结合学生获得的图片数量进行激励,以调动学生的积极性,并与学生就图片内容进行交流,培养学生的语言运用能力。

二、学习效果评价

1. 课堂检测活动

(1)游戏激趣,运用语言

让学生根据抽到的图片进行交际问答,可以检测学生是否能够运用本课的交际用语正确表达。

(2)小组操练,分层评价

分角色练习,可以检测学生是否能够熟练运用对话内容。为学生提供两种选择:能够分角色朗读得 1 个 picture;能够角色扮演表演对话得 2～3 个 pictures。

2. 教师根据学生的课堂表现、回答问题等情况给予 pictures 作为奖励,图片的数量代表了学生的表现。

3. 从课上的语言交流到最后的语言拓展输出描述自己眼中的夏天,通过学生的语言表达情况可以了解学生的学习效果。

本教学设计与以往或其他教学设计相比的特点(300～500 字)

一、注重语言实践

本节课,教师遵循英语教学的实践性原则,通过课堂中的多种教学活动,调动学生运用观察、体验、实践等方法,学习语言。如幸运数字游戏,学生在欢快的气氛中,巩固本课的功能句型和主要词汇;角色扮演环节给学生搭建展示的平台,调动了学生的积极性;拓展环节描述自己眼中的夏天,与学生实际相结合,帮助学生将所学知识运用到生活中去。

二、注重学生的形成性评价,激励学习

科学的评价能有效地激发学生的学习动机,调控学生的学习行为。本节课的教学中,注重用激励性语言如:super,great,excellent,good job 等去评价每个学生,让他们感受到老师对他们的关爱,增强他们学习英语的自信心。通过图片数量评价与交流,充分激发学生作为学习主人的积极性和主动性。

三、合理整合教材,提升语用能力

教师根据本课教学需要,将教材内容与相关的语言知识合理整合,通过视频、图片、picture book 等形式丰富课程资源,既增加趣味性,也促进了学生语言实际运用能力的提高。

四、图文并茂的思维导图,为学生提供语言梳理的框架和材料支持

把本课的重点内容提炼成图文结合的思维导图,既可以更直观地帮助学生梳理语言知识,也为学生的语言输出提供了语言材料的支持。

丰台区第八届师慧杯一等奖——春晓

刘晚情

教学基本信息			
课题	《春晓》		
是否属于地方课程或校本课程	否		
学科	音乐	学段：三至六学段	年级	三
相关领域	涉及三个学习领域：表现领域；感受与欣赏领域；音乐与相关文化领域。 核心内容：《春晓》的演唱。 本领域相关内容：《春晓》的识读乐谱。 其他领域的相关内容：《春晓》的音乐表现要素，音乐的情绪与情感，音乐的体裁与形式。		
教材	书名：义务教育教科书三年级音乐（下册）五线谱 出版社：人民音乐出版社 出版日期：2015 年 1 月		

教学设计参与人员		
	姓名	单位
设计者	刘晚情	北京市丰台区长辛店中心小学
实施者		
指导者		
课件制作者		
其他参与者		

指导思想与理论依据

（一）指导思想与理论依据

1. 指导思想

本课以提高学生审美能力，激发学生学习兴趣，培养学生演唱能力为教学设计的指导思想。

2. 理论依据

《新课标》中"突出音乐特点，关注学科综合"的基本理念。

3. 本课与思想理论间的对应关系

通过古诗新唱，音乐与古诗相结合，领悟诗词意境，同时在音乐中获得审美愉悦和享受，拓展学生艺术视野，深化学生对音乐艺术的喜爱。

教学背景分析

（二）教学内容分析

（1）本课在教材中的地位和作用

本首歌曲是三年级下册第 7 课两首演唱歌曲中的第二首，本课三首作品风格出处虽然不同，但都是欢快活泼的音乐情绪。通过本首歌曲的学习，感受古诗风格音乐作品的欢快愉悦情绪。

在小学阶段古诗新唱歌曲一共有三首，本课是第二首。学生在学习过程中，播种下中国古诗词的种子，在音乐教育的潜移默化中，感受古诗新唱的特殊魅力，提高学生的审美情趣。

（2）古诗《春晓》

古诗《春晓》是唐代诗人孟浩然所作，诗人抓住春天的早晨刚刚醒来时的一瞬间展开联想，描绘了一幅春天早晨绚丽的图景，抒发了诗人热爱春天、珍惜春光的美好心情。

（3）歌曲《春晓》

"古诗新唱"就是利用现代音乐语言，为古诗词配乐并得以传唱。

《春晓》是一首古诗新唱歌曲。由现代著名作曲家谷建芬谱曲。歌曲为 E 大调，4/4 拍。整首歌曲旋律流畅优美，情绪欢快活泼。

歌曲为带再现的三段体结构（ A　B　A'）。一三乐段为齐唱,二乐段为合唱。

歌曲有前奏和间奏,有 D.C. 反复记号。

第一乐段 4 个乐句为齐唱,旋律简洁、清新、流畅,且不失欢快跳跃之感。前三乐句的第一个音都是"sol",有重复、强调之感。古诗词与旋律保持一致,第一乐句的"眠"字,作曲家运用了变化音强化了语言声调的趋势,第三乐句"来"字的一字多音,既美化了音调,又强调了语调,形成了很好的演唱效果。

春　眠　不　觉　晓,　处　处　闻　啼　鸟。

夜来　　风　雨　声,　花　落　知　多　少。

第二乐段是合唱部分。两个声部之间和谐、明快、清新、简洁,第二乐段中的衬词"啦啦啦",和第一、三乐段形成了鲜明对比,使歌曲朗朗上口,活泼热情。

合唱部分高低声部分别出现大小六度和纯四度音程,其余均为三度关系,节奏中附点节奏的使用,使得旋律富有变化性,有活泼、跳跃之感。

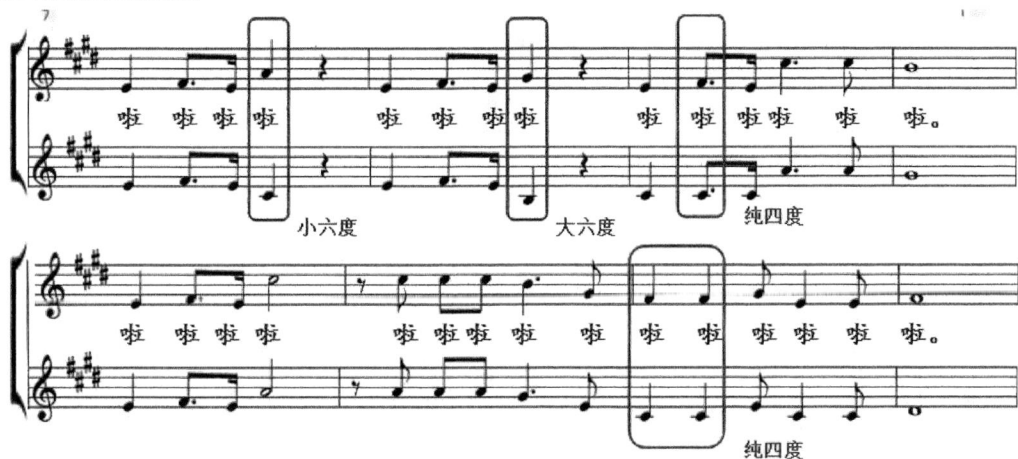

啦　啦　啦　啦　　啦　啦　啦　啦　　啦　啦　啦　啦　啦　啦。

小六度　　　大六度　　　纯四度

啦　啦　啦　啦　　啦　啦　啦　啦　啦　啦　啦　啦　啦　啦。

纯四度

第三乐段变化重复第一乐段,结尾部分是前一乐句旋律的扩充变化,舒展的节奏,表现出歌曲愉快热烈的情绪与朝气蓬勃的精神;"少"字在主音"do"上结束,有很强归属感,但由于乐句较长,应注意换气的位置。

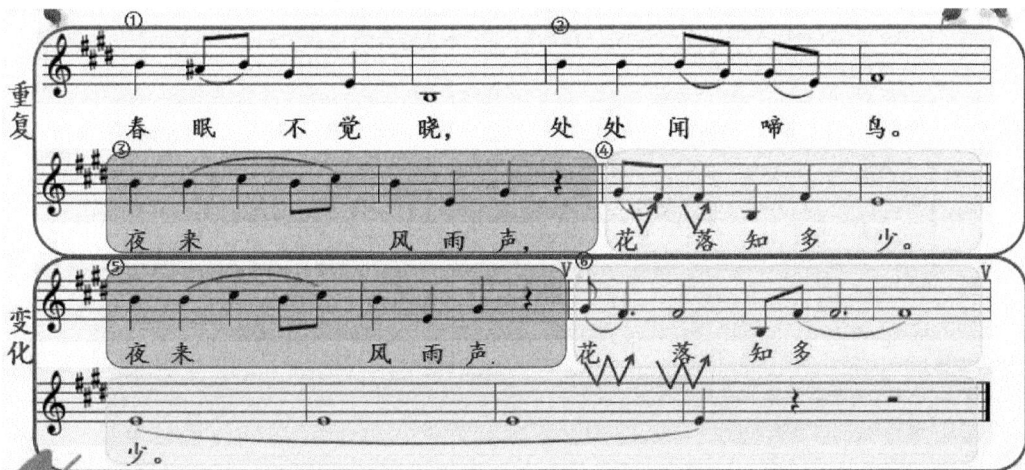

重复

春　眠　不　觉　晓,　处　处　闻　啼　鸟。

夜来　　风　雨　声,　花　落　知　多　少。

变化

夜　来　　风　雨　声.　花　落　知　多

少。

（4）音响分析

本首歌曲时长2分42秒。但是由于没有找到符合作曲家谱面的音响材料，因此，低声部用钢琴或教师范唱辅助。

（三）学生情况分析

1. 已有能力分析

（1）对古诗歌曲风格把握

学生在一年级下学期学唱过一首古诗歌曲《咏鹅》。《春晓》这首古诗学生普遍可以熟读背诵，知道诗词作者，并大致了解古诗所表达的内容，在二年级下学期欣赏课曾欣赏过同版本的歌曲，除此外课堂中应未学习过其他诗词歌曲。

（2）本课涉及相关知识

本课中出现了切分、附点节奏、休止符、全音符、圆滑线、移动"do"等知识，学生已经学过。

2. 预备能力分析

（1）二声部演唱

在三年级上学期，出现了两首轮唱歌曲，学生第一次学唱二声部；《春晓》这首歌曲之前只学唱了一首二声部合唱歌曲《虫儿飞》，虽欣赏过一些合唱作品，但能够准确唱好这首二声部歌曲，是本课的重点。

（2）反复记号 D.C. 唱歌课中第一次出现

（3）E 大调歌谱唱歌课中第一次出现

（四）前期教学问题与对策

1. 可能出现问题与对策

（1）问题：E 调歌曲识谱问题

对策：a. 找主音位置，标注字母唱名。

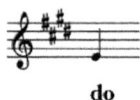

b. 设计字母谱唱谱方式，先唱骨干音，再唱完整谱。

（2）问题：合唱的部分音准问题

对策：a. 柯达伊手势辅助音高位置。

b. 针对骨干音进行和声练习。

c. 分声部学习，巩固各声部旋律。

（3）问题：合唱的部分声部和谐问题。

对策：a. 培养二声部聆听意识。

b. 歌词"啦啦啦"声音弹跳性。

c. 注意控制音量，声音均衡。

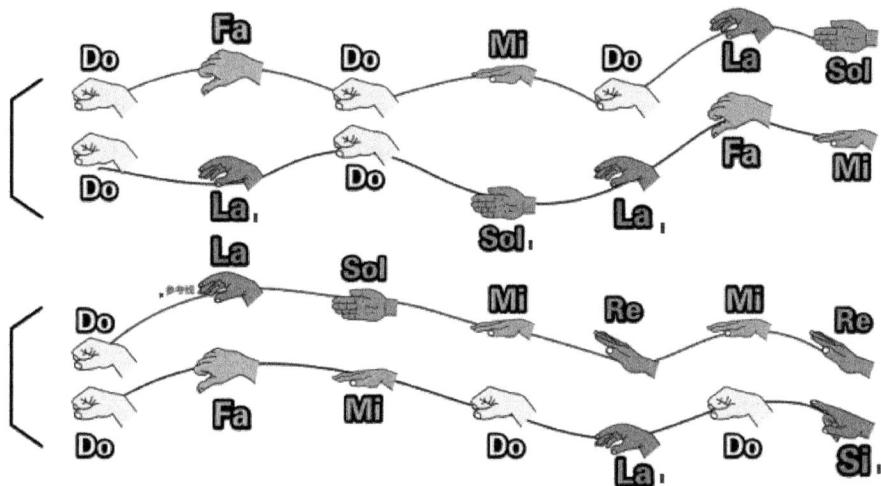

Do　Fa　Do　Mi　Do　La　Sol

Do　La　Do　Sol　La　Fa　Mi

La　Sol　Mi　Re　Mi　Re

Do　Fa　Mi　Do　La　Do　Si

2. 技术准备

① 采用音乐软件"Overture"制作歌曲乐谱。

② 图像的技术准备:使用 SysRq 抓图键制作出图片。

③ 采用"Microsoft office PowerPoint"制作演示文稿。

④ 使用绘声绘影音乐编辑软件:将歌曲进行音频截取,形成几个独立的音响。

⑤ 其他技术准备:教师课件、多媒体设备。

3. 教学方式与教学手段

本课以对比聆听、探究合作、多种感官参与、演唱体验等多种合作形式为教学方式与手段。

教学目标

一、情感、态度、价值观目标

感受歌曲《春晓》欢快活泼的情绪,热爱古诗词文化。

二、过程与方法目标

运用启发引导的方式,调动学生多种感官,通过聆听作品,对比分析,数节拍,变化演唱形式,观察乐谱旋律线,柯达伊手势等多种方法学会歌曲。

三、知识与技能目标

能用欢快活泼的情绪,弹跳的声音演唱歌曲;初步培养二声部聆听意识,初步学唱二声部歌曲。

教学重点难点

学习重点:了解歌曲结构特点,歌曲的准确演唱。

学习难点:演唱歌曲的合唱部分。

教学流程示意

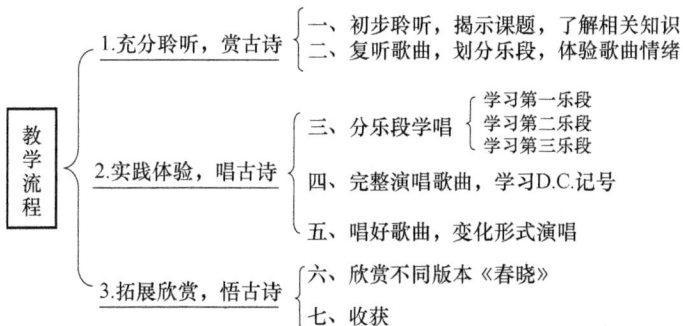

教学流程

1. 充分聆听,赏古诗
　一、初步聆听,揭示课题,了解相关知识
　二、复听歌曲,划分乐段,体验歌曲情绪

2. 实践体验,唱古诗
　三、分乐段学唱
　　学习第一乐段
　　学习第二乐段
　　学习第三乐段
　四、完整演唱歌曲,学习D.C.记号
　五、唱好歌曲,变化形式演唱

3. 拓展欣赏,悟古诗
　六、欣赏不同版本《春晓》
　七、收获

一、初步聆听,揭示课题

阶段目标:揭示课题,简单了解歌曲相关知识。

活动1.1. 初听歌曲,揭示课题

教师:今天老师想和同学们分享一首歌曲,听完告诉老师,歌名是什么?

教师范唱四个乐句。

答案预设:春晓。

活动1.2. 提问,介绍相关知识

过渡语:今天我们就来学习《春晓》这首歌,你知道春晓的作者是谁吗? 这首诗描写的是什么?

答案预设:词作者是孟浩然,描写春天的景色。

总结:这是一首古诗新唱歌曲,就是利用现代音乐语言,为古诗词配乐并得以传唱。这首歌由著名作曲家谷建芬作曲。

[设计意图]:了解歌曲的体裁形式,相关文化知识,为歌曲学习作铺垫。

二、听辨歌曲,划分乐段

阶段目标:划分乐段,感受情绪。

活动2.1. 数乐段

过渡语:现在我们完整聆听歌曲,为这首歌曲划分乐段,请大家伸出小手指,和老师一起,边听边数。歌曲有几个乐段?

答案预设:歌曲有三个乐段。

过渡语:这首歌一共有三个乐段,有些同学很奇怪老师为什么数了两次? 我一会儿再揭晓答案!

活动2.2. 听辨相似乐段

提问:哪个乐段和第一乐段的旋律相似?

答案预设:第三乐段和第一乐段相似。

教师总结:三乐段是一乐段的变化重复。

活动2.3. 感受歌曲情绪

教师:歌曲的情绪是怎样的?

答案预设:歌曲的情绪欢快活泼。

[设计意图]:边听边数节奏,可以迅速将孩子们的思想聚焦,引发了学生对旋律的有意注意;通过初听、复听,学生了解歌曲的结构,感受歌曲情绪,为分乐段学习做铺垫。

三、分段学习,突破难点

阶段目标:根据乐段不同特点,分乐段学唱歌曲。

活动3.1. 学习歌曲第一乐段

提问:观察第一乐段乐谱,红色的字对应的都是什么音符? 唱几拍?

答案预设:全音符、四拍。

方法:演唱的时候就要保持住气息,让气息来支撑你的歌声。

预设问题1. 学生不知道如何换气,如何保持气息。

解决方法:a. 教师范唱,加入手势辅助。

b. 提示换气记号。

提示:第三乐句的"来"字,乐谱上有一条什么线(圆滑线),注意一字多音。

最后提示学生段落反复记号,第一遍老师来负责唱,第二遍手势辅助,提示学生轻声唱。

活动3.2. 学习歌曲第三乐段

(1)过渡语

我们来学习和第一乐段相似的第三乐段,同学们听一听,哪个颜色的乐句相同,哪个颜色的乐句相似?

答案预设:蓝色的乐句相同,黄色的乐句相似。

(2)重点学唱第六乐句

预设问题1:第四句和第六乐句旋律易混淆,第六乐句易错。

解决方法:a. 先复习第四乐句,再对比第六乐句的节奏变化。

h. 提问,"知多""少"字各唱几拍? 小手跟随老师轻轻点拍。

c. 聆听老师范唱,跟琴练习,熟悉伴奏。

预设问题2. 最后一乐句气息不够。

解决方法:提示学生在"少"字前,悄悄换气。

最后教师弹琴,师生把第三乐段完整演唱一遍。

[设计意图]:集中学习相同相似乐段,熟悉歌曲主旋律;通过聆听、观察色块帮助学生区分易错易混淆的乐句,通过点拍、观察节奏线反复练习,解决歌曲难点;通过教师示范手势、伴奏提示,帮助学生掌握歌曲中气息的运用。

活动3.3.学习歌曲第二乐段

(1)划分声部,认识主音位置

过渡语:请大家拿起手里的乐谱看一看,你能找到第一三乐段吗? 我们还有哪个乐段没有学习呢?

答案预设:第二乐段没学。

追问:第二乐段是什么演唱形式?

答案预设:合唱。

过渡语:现在我们来学习第二乐段,先分声部。

提问:小音符"do"搬到哪去啦?

答案预设:"do"搬到了一线。

(2)合作演唱二声部

①骨干音演唱简化二声部音程练习。

过渡语:现在我们来分声部学习,同学们都会用柯达伊手势,你能用这个手势帮帮自己,让自己唱得更准吗?

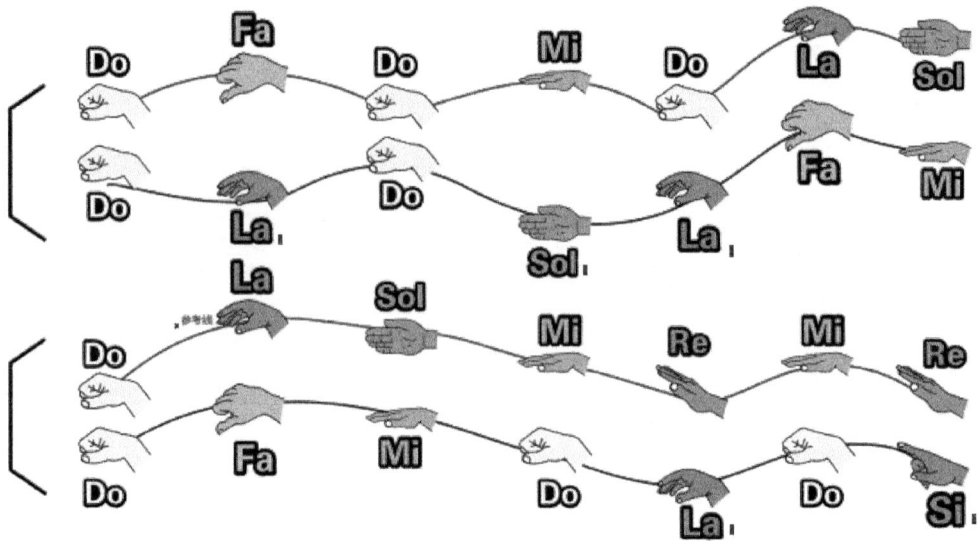

观看图谱,分声部分乐句演唱,整句演唱,最后整段旋律合唱。

<u>预设问题</u> 1. 高声部"la",声音不够圆润。

解决方法:强调"啦"发音,口型像咬苹果,高位置张开嘴。

② 完整唱二声部乐谱。

<u>过渡语</u>:现在老师增加了难度,小音符变得更多了!来了好多小附点节奏,大家看着五线谱试着唱一唱!

学生看五线谱演唱,分声部,整句练习,完整合唱第二乐段。

<u>预设问题</u> 1. 学生没有聆听意识。

解决方法:要求学生身体侧坐,聆听另外的声部。

<u>预设问题</u> 2. 八分休止符的演唱易错。

解决方法:a. 教师提示。

b. 用对比示范方法提示学生。

③加入歌词"啦啦啦"合唱二乐段。

<u>预设问题</u> 1."啦啦啦"声音没有弹性,粘连。

解决方法:加入歌词后,注意舌尖弹跳,笑肌提起,想象拍皮球的感觉。

教师示范发音方法后学生跟琴合唱第二段歌词。

[设计意图]:通过二声部骨干音练习,初步感受、演唱和声旋律,解决部分音准问题,为二声部完整演唱打基础;通过柯达伊手势,观察旋律线,直观体会旋律的高低走向,帮助学生唱准二声部;通过设计由浅入深,难度渐进的练习,巩固的二声部演唱,解决歌曲的难点。

四、完整演唱,巩固歌曲

阶段目标:完整演唱歌曲,学习 D. C. 记号的使用。

活动 4.1. 完整演唱,调整音色,咬字吐字

过渡语:同学们都学会了歌曲,怎样能让歌曲唱得更好听呢?

预设问题 1. 歌词演唱不够清晰,声音不够圆润。

解决方法:a. 教师示范口腔张圆和不张嘴演唱,请学生说区别,判断哪种方法好听。

b. 重点练习"晓""鸟""少"等字发音。

c. 要求学生提眉微笑。

教师弹琴,学生看乐谱演唱歌曲。

活动 4.2. 学习 D. C. 记号

过渡语:同学们,刚上课时我们数了两遍乐段,现在揭晓答案:D. C. 它叫"从头反复记号",老师教给大家一个小歌谣:"看见 D. C. 从头唱,看见小 Fine 就结束。"

播放完整歌曲,学生分声部完整演唱,自学 D. C. 记号。

[设计意图]:通过学生自主聆听歌曲,观察乐谱,了解歌曲结构以及 D. C. 记号的用法,培养学生自主学习能力和听觉意识;使用歌谣记忆 D. C. 记号,符合学生形象记忆的特点;以本首歌曲音乐特点为根据,通过教师示范对比、重点练习等方法,纠正歌曲吐字咬字发音问题。

五、艺术处理,唱好歌曲

阶段目标:能用欢快活泼的情绪,弹跳的声音演唱歌曲。

活动 5.1. 讨论对春天的感受

提问:你对春天有着怎样的感受?(播放 PPT 图片春景)

答案预设:春天非常美丽、生机勃勃等。

追问:同学们要是春游踏青,是什么心情?

答案预设:高兴、开心的心情。

活动 5.2. 变换演唱形式,完整演唱歌曲

提示:那我们就用富有弹性的声音,欢快活泼的情绪来演唱歌曲,用歌声拥抱春天!

播放完整伴奏音乐,请两位同学来领唱第一乐段;第二乐段合唱,变换队形,高声部起立唱,低声部坐直唱,用身高不同感受音高的不同;第三乐段齐唱,老师指挥。

[设计意图]:讨论对春天的感受,通过教师语境、情绪的引导,使学生理解歌曲,唱好歌曲;通过变换队形的方式,根据身高差异来体会音高差异,形象有趣;通过丰富多样的演唱形式,调动学生积极性,培养学生学习兴趣。

六、扩充欣赏,复习歌曲

阶段目标:扩充欣赏古诗新唱。

活动 6.1. 扩展欣赏

过渡语:我们来欣赏另一首歌曲《春晓》。

学生聆听皇家唱诗班版本《春晓》。

活动 6.2. 讨论欣赏曲感受

提问:这首古诗给你怎样的感觉?

答案预设:温柔抒情、安静、优美等。

教师总结:这首歌曲还是一首轮唱歌曲,轮唱也是合唱的一种表现形式。

[设计意图]:通过扩展欣赏同一内容,不同版本的古诗新唱,感受经典,拓展学生的音乐视野,深化学生对古诗词文化的热爱。

七、有何收获,教师总结

阶段目标:总结本课所学知识

过渡语:今天这节课你收获了、学到了什么?

答案预设:歌曲春晓、D. C. 记号、欣赏了歌曲,学习合唱等。

过渡语:希望同学们在以后能欣赏到更多更好的古诗新唱作品,感受经典,谢谢同学们和老师一起分享音乐,今天的音乐课就上到这里!

[设计意图]:讨论本课收获,复习歌曲知识,建立起学习期待。

学习效果评价设计

评价方式

（一）过程性评价

此评价主要用于音乐音响实践活动的过程中。

第一，在识读乐谱时，教师要给予学生激励性的评价，并给学生手势的帮助。

第二，整节课的设计从始至终都是师生探索音乐形象的过程。对于学生的讨论回答要给予积极的评价，给学生建立起学习音乐的欲望。

此外，教师参与表现时，学生也会根据自己对音乐的理解合理地对教师进行评价。

（二）效果性评价

本节课的设计主要是基于教师对音乐作品的深入分析，重点结合学生的生活实际、原有的认知水平、切合实际的设计探究学习内容。教学的各环节效果不同的学生都会有所不同，结合表现情况会有不同角度的评价。

评价量规

评价角度	目标量化	等级
感受与欣赏	能感受歌曲情绪，并用简单词语描述	
	能听辨歌曲节拍、速度、基本结构等，知道歌曲的体裁特点	
歌唱技能	唱准歌曲二声部	
	准确、有表现力演唱歌曲《春晓》	
整体表现	能参与课堂的音乐实践活动（识读乐谱、参与演唱、课堂反馈、拓展聆听等）	
	积极参与课堂的音乐实践活动，并且表现准确，有丰富的表现力	

本教学设计与以往或其他教学设计相比的特点

1. 关注音乐本体，培养学生听觉意识

通过全面准确地分析本课教材，以音乐为主体，根据歌曲特点设计内容丰富、目标明确的教学计划：如自学 D. C. 记号的作用、划分乐段都要求学生认真欣赏音乐和观察曲谱，在聆听中既熟悉了歌曲旋律，也培养了学生内心听觉意识。

2. 丰富学习方式，激发学生学习热情

本课设计了丰富多样的教学方法。识读乐谱时根据直观旋律线演唱，借助柯达伊手势帮助学生唱准音高位置。另外，通过自主聆听学习音乐记号、扩展聆听、变换队形、演唱形式等丰富有趣的教学方式，激发学生学习兴趣，使原本枯燥的乐谱学习变得饶有兴趣，不断提高学生音乐素养。

3. 弘扬传统文化，体现新课标人文性

通过对古诗词的学习演唱、扩展聆听、了解相关知识等教学环节，为古诗词插上音乐的翅膀，体现音乐教育和诗词学习水乳交融的优势，孩子们会在吟唱歌曲的过程中得到民族精神的培育，提升人文素养。

丰台区第八届师慧杯一等奖——初识键盘

王联军

教师个人信息					
	姓名	单位			
设计者	王联军	长辛店中心小学		年级	三年级

教学基本信息					
课题	初识键盘				
学科	信息技术	学段：中段		年级	三年级
相关领域	信息技术				
教材	北京出版社义务教育教科书信息技术第一册第二单元第一课				

指导思想与理论依据

根据素质教育的根本思想和基础教育改革纲要的要求,以学生的发展为本,创设能引导学生主动参与的教育环境,激发学生学习的积极性。倡导学生乐于探究,勤于动手。注重学生的人格,关注个体差异,满足不同学生的学习需要。培养学生对信息技术的兴趣和意识。

新课标中要求,紧密联系生活实际,让学生感受到学有所用,感受到学习的乐趣,快乐地投入到学习中。

教学背景分析

教材分析。《初识键盘》是北京出版社信息技术第一册第二单元输入小能手中的第八课,是键盘学习的第一课时。本节课是在学生认识了计算机,基本学会了用鼠标来操作电脑之后编排的,通过本节课的学习,既可以让学生更加熟练地操作计算机,又可以为后面学习文字录入、编辑 Word 文档、设计演示文稿等打下基础,所以学生对键盘的正确理解和认识是本章的重要内容,它在整个教材中起着承上启下的作用。

学情分析。本课的教学对象是刚接触信息技术课的三年级学生。之前,学生已经初步了解了计算机的特点和应用,熟悉了鼠标操作,为本节课的学习打下了良好的基础。根据以往教学经验,大多数学生对枯燥的键盘指法训练不感兴趣,再加上学生来自不同的区域,计算机操作水平和能力差异很大,接触计算机早的学生对计算机基本操作已很熟悉,还有一部分则是初次接触计算机。在教学中应考虑尊重学生由于计算机操作水平不同而存在的差异,让每个学生在原有基础上,在不同起点上获得最优发展。我在实施教学过程中就采用了"以快带慢"的互助教学模式,发挥带头学生的优势,调动他们的积极性,对班级其他学生进行帮助与指导。

教学目标(含重、难点)

一、教学目标

1. 知识与技能:通过观察认识键盘,了解键盘的分区,掌握主键盘区字母键、数字键、符号键、功能键的分布情况,并能够在"记事本"中输入字母和数字。

2. 过程与方法:学生通过观察键盘,自主探究与小组合作学习相结合,掌握键盘基础知识,提高观察概括能力。

3. 情感态度价值观:通过观察实践活动,激发学生学习信息技术的热情,让学生感受到学习信息技术的快乐,树立学好信息技术的信心。

二、教学重点与难点

【重点】:键盘的分区,主键盘中四个控制键:Enter、Backspace、Shift 和 Caps Lock 作用和使用方法。

【难点】:掌握 Caps Lock 键、Shift 键的使用。

教学流程示意

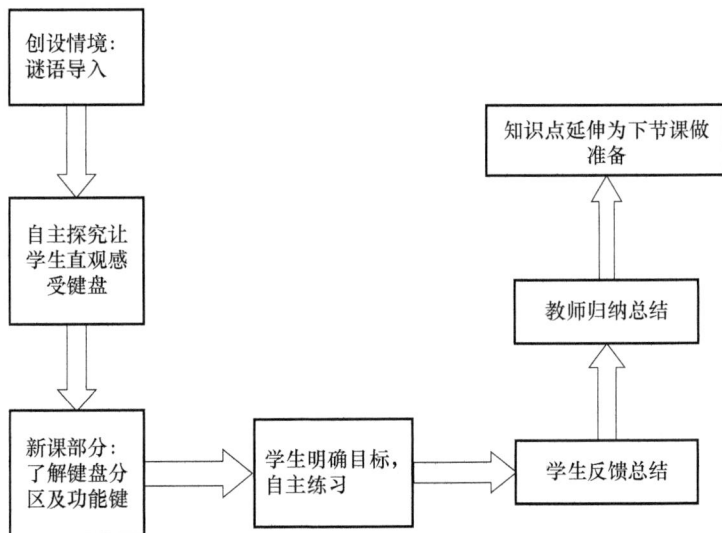

主要教学环节及设计意图

一、谜语导入,激发兴趣

老师:同学们,你们喜欢猜谜语吗?今天老师给大家带来了一则谜语,想不想猜啊? 下面请你们认真听谜面:

有户人家真奇怪,房子区域分四块。

有的面积大,有的面积小。有的成员多,有的成员少。

别看它们不起眼,少了它们真麻烦。

(打一电脑输入设备)(课件出示)

同学们都猜对了吗?对,谜底就是键盘。今天这节课我就和大家一起来认识键盘。其实键盘的家族很庞大,有很多样式的键盘,下面同学们来看一下。(出示课件)

[设计意图]:由学生感兴趣的猜谜语来引入,激发学生学习兴趣,并且谜面暗示了键盘的分区和它的重要性。

二、自主探索,熟悉键盘

(一)触摸键盘,整体感知

老师:现在我们就一起和最常用的标准键盘来一次亲密接触!下面请大家把自己的键盘轻轻地拉出来,仔细观察一下,键盘上按键的分布特点,然后数数看按键的数量!(学生数)有答案的请举手。(104个)

老师:很好,我们常用的标准键盘有104个键。你们数得非常仔细。我刚才发现有的同学数得很快。你能给大家说说你是怎么数的吗?

学生发言。

老师:嗯,你的方法很好!其实这位同学在数的过程中已经自觉把键盘上的键分成了几个区域来数的,对吗?(大屏幕出示键盘分区图)

老师:同学们观察一下,原来键盘上的键是按照它们的功能分成了四个区域。(课件)老师现在给出它们的名称,你能把它们对号入座吗?

(引导学生找出主键盘区、编辑键区、小键盘区、功能键区所处的位置)

[设计意图]:在这个环节设计上先让学生初步对键盘感知,请学生数数键盘上的键,这一过程中获得对键盘的整体上的初步印象。再尝试着给键盘分区,教师引导学生找出四个分区的具体位置。在这个过程中,学生在教师的引导下不知不觉中主动参与到课堂中来,并把认识的主动权交给学生,而不是教师把知识强加给学生。

(二)任务驱动,自主学习

老师:好,刚才同学们已经了解了键盘的四个分区,已经知道它们的名字和位置,下面我们就一起来看看键盘上最大的分区——主键盘区。

(课件出示主键盘区图)

老师:请大家认真观察,看看主键盘区上都有哪些类型的键?

学生发言,教师总结归类,字母键,数字键,功能键,开始菜单键,FN功能键。

任务一:掌握Backspace、空格键、回车键的作用和使用方法。

老师:老师为你们准备了一组小任务,你们有信心完成吗?好,请大家跟老师一起打开记事本吧。(提示学生用windows键)

(学生在老师的指导下,打开记事本)

课件出示任务一要求:请用拼音输入你自己和你邻桌同学的名字。例如:wang ming

Zhao　chen

(学生在记事本里输入名字)

老师:完成的请举手。在输入的过程中,你们遇到什么困难了吗?你解决了吗?怎么解决的?

(学生:空格键)你能描述一下这个键的特点吗?(这是键盘上最长的一个键,在主键盘的最下面一行)。大家都知道这个键的位置吗?互相指指看!

(Enter键)中文名字叫回车键。Enter具有换行的功能。

Backspace中文名字叫退格键,删除光标前的字符。举例操作示范。

任务二:掌握Caps lock Shift的作用和使用方法。

老师:第一个任务没难住同学们,那我们赶紧进入第二个任务吧。

课件出示任务二要求:用正确的英语问句格式输入"你叫什么名字"英文。

What's you name？My name is…

(学生在记事本里输入)

老师:完成的同学可以去帮助一下其他同学。这次有没有遇到什么困难?解决了吗?怎么解决的?

你能描述一下这个键吗?靠近哪个字母?大家都知道这个键的位置吗?互相指指看!

请大家反复地击打这个Caps Lock控制键,注意观察键盘有什么变化。

击打这个键时,有两种状态。请大家在这两种状态下分别输入几个字母,看看有什么不同。灯亮时,输入的是大写字母;灯灭时,输入的是小写字母。

任务三:综合运用主键盘中的双字符键。

老师:前两个小任务你们完成得非常好,恭喜你们。

课件出示任务三要求:请你利用主键盘里面的双字符键完成下面老师要求的内容。^_^,ChangXinDian@126.com

56% 95$

老师:碰到困难了吗?解决了吗?能介绍一下方法吗?大家能找到这个符号键吗?像这样的符号键很多,它们都有什么特征?对了,我们把键面上带有两行字符的键称为双字符键。上面的字符称为上档字符,下面的字符自然就称为下档字符。那同学们试试看,直接击打双字符键,输入的是哪个字符?(下档字符)不错,那我们如何输入上档字符呢?那我们就要请出 Shift 键,在键盘上找看看,你在哪个位置找到的?一共几个?它们的作用都是一样,设置两个是为了我们的操作更方便。那通过 Shift 如何输入上档字符?讲解并示范。

(学生在记事本里输入符号)

[设计意图]:本环节以学生自主探究为主,通过学生尝试-遇到问题-提出问题-解决问题-教师总结这一过程,由一系列小任务载体,充分调动学生的热情和积极性,让学生在实践中获得知识,获得成功,增强学生自信心。

三、反馈

同学们,你们今天做都非常好,提出表扬,谁能说说自己在操作过程中,是如何解决遇到的困难的吗?

[设计意图]:培养学生积极发言、善于总结和归纳的良好学习习惯。

四、总结

老师:今天我们认识了键盘这个好朋友,主要学习了主键盘区的几个重要的功能键,你们还记得都是谁吗?它们的功能你还能说出来吗?最后老师送给大家一个顺口溜,请大家和老师一起来念,去闻鹅肉汤,英语IOP。爱上豆腐歌,红酒和可乐。自信肠胃帮你忙。当你熟练背诵这个顺口溜的时候,主键盘上的字母键排列顺序你就已经掌握了。

[设计意图]:顺口溜来帮助学生记忆主键盘中字母键的排列顺序,让学生对枯燥乏味的字母记忆排除困扰,为下节课的指法练习做好铺垫。

本教学设计与以往或其他教学设计相比的特点(300~500字)

通过以上的教学设计,我认为本节课会是学生非常喜欢的一节课,条理清晰,教学重点突出,形式多样,在每个教学环节中都能体现以"学生为主体,教师为主导"的教育理念。主要表现在:

1. 教学形象、直观,让学生一目了然。
2. 教学任务设计合理,巧妙突破教学重难点。
3. 在实践中获取新知识,与英语课程巧妙整合。
4. 学生课堂参与度得到加强。
5. 学生个体差异得到有效关注。
6. 学生合作意识得到提高。

丰台区第八届师慧杯二等奖——
Unit 6　What will you do in the future? Lesson 20

谢　浩

教学基本信息			
课题	Unit 6 What will you do in the future? Lesson 20		
是否属于地方课程或校本课程	否		
学科	英语	学段:高段	年级	五
相关领域	职业		
教材	书名:义务教育教科书英语五年级下册　出版社:北京出版社　出版日期:2016 年 7 月		

教学设计参与人员		
	姓名	单位
设计者	谢浩	北京市丰台区长辛店中心小学
实施者		
指导者		
课件制作者		
其他参与者		

指导思想与理论依据
《英语课程标准(2011年版)》中明确指出:义务教育阶段的英语课程具有工具性和人文性双重性质,工具性与人文性统一的英语课程有利于为学生的终身发展奠定基础。其中,英语课程承担着提高学生综合人文素养的任务,即学生通过英语课程能够形成良好的品格和正确的人生观与价值观。同时,英语课程应根据教与学的需求,提供贴近学生生活、时代的英语学习资源,从而拓展学生学习和运用的渠道。 　　教师不仅要在引导学生学习的过程中帮助学生获得语言知识和语言技能,还要设计合理的活动帮助学生提升思维品质和文化素养。 　　本节课话题为谈论未来的职业选择,教师通过丰富课程资源,即借鉴课外阅读内容,帮助同学们认识到大多数工作都有自身的价值,要选择一个职业首先要对这个职业产生认可这一观点,从而提高学生的文化素养;通过用问题引导学生聆听及阅读课外阅读材料的方法,以及通过提供语言支撑,帮助学生思考自己的职业选择及原因的方法来提升学生的思维品质。

教学背景分析
教材分析: 　　1. 本课教学内容是北京版小学英语五年级(下)册 Unit 6 What will you do in the future? 的第二课时。本单元围绕职业这一话题,分别呈现了学生的3个生活场景,同时,该话题在三年级(下)册 Unit 7 I want to be a teacher. 中出现过。本单元第一课时场景是 Baobao 和 Mike 在公园里玩航模,互相询问和谈论将来打算从事什么职业,初步呈现兴趣对未来职业选择的影响。第二课时是 Guoguo 在 Mike 家看到一些奖杯和足球,从而谈论起 Mike 和 Guoguo 各自爸爸的工作和将来自己打算从事的职业,体现家庭氛围对未来职业选择的影响。第三课时是 Mike 和 Lingling 去参观机械制造厂,由此谈论起自己的爱好和将来想要从事的职业,以及在哪些方面需要努力。三个课时谈论的焦点在于职业本身,呈现为并列关系。 　　2. 补充阅读材料及原因 　　本课时的 listen,look and learn 板块所呈现的功能句略显局限,对于帮助学生在真实交流中进行表达存在一些影响。因此,在设计本课之初,教师借鉴了英文绘本 The Best Job 中的文字,将对话内容所隐含的情感态度集中体现在 Every job is the best. 即每一样工作都是有价值的,学会认识并认可职业的价值,从而选择从事某种职业。 　　学情分析: 　　本节课的授课对象为本校五年级学生,学生思维较为活跃,但语言积累欠佳,在理解和表达方面略显薄弱。教师提供了较多的帮助学生思考、讨论并输出的语言支架,同时,增加了适当的开放性问题,以此提高学生的思维品质。由于本课的话题是个人的职业理想,与学生实际生活联系较大,在授课前教师要做课前调研,如:What does your father/ mother do? What will you be in the future? 提前了解实际生活中学生们对身边哪些职业了解最多,利于更好的问题及活动设计。 　　教学方式:问答式、讨论式。 　　教学手段:通过多媒体教学课件、图片、表演等手段帮助学生理解文章。 　　技术准备:多媒体课件、音频、视频、自制时间表、课外阅读材料 The best job 等。

教学目标
1. 能听懂、认读单词 a coach、a football player、a basketball player、an engineer. 　　2. 能听懂、会说,询问他人将来是否会从事某种职业的交际用语及其回答"Will you be a football player in the future?""I hope so. Because…" 　　3. 培养学生尊重每一份职业的意识,发现不同职业的可贵价值。

教学重点
1. 运用句型"Will you be a football player in the future?"询问他人未来是否会从事某种职业,会回答 I hope so. 简单说明原因。 　　2. 词汇 coach,a football player,an engineer 的认读。

教学难点
1. 日常用语,如:I don't know how to play baseball,but I really want to learn. 　　2. 能够恰当地表述自己想要从事的某种职业及原因。 　　难点突破的方法: 　　针对第1个难点,教师在处理第一段对话时便渗透 how to play 的用法,在与学生交流后,播放足球比赛的视频,从而解答 how to play 的意思。 　　针对第2个难点,教师通过在活动前的示范,及在授课过程中逐步完善的语言支撑,都可以帮助学生模仿和掌握表述的方法。

教学流程示意

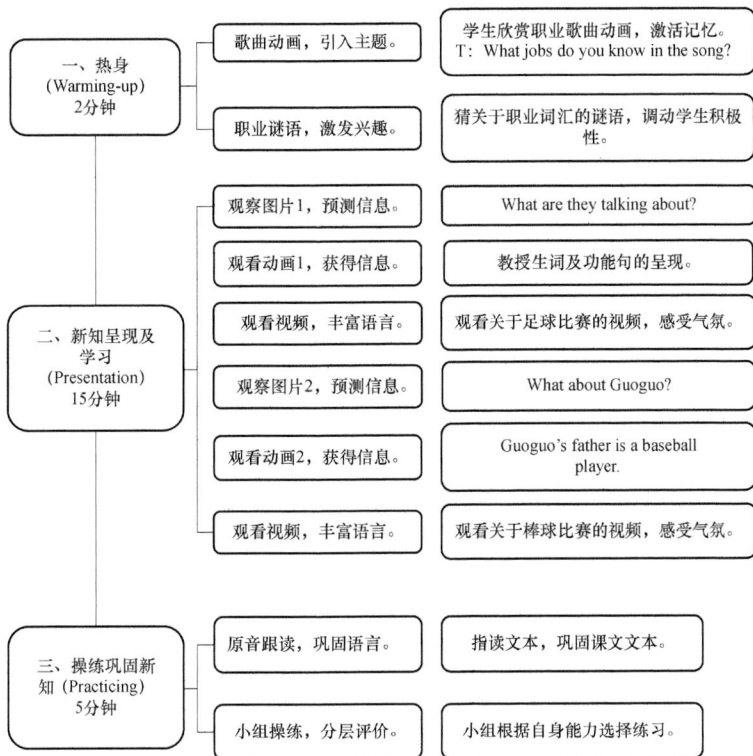

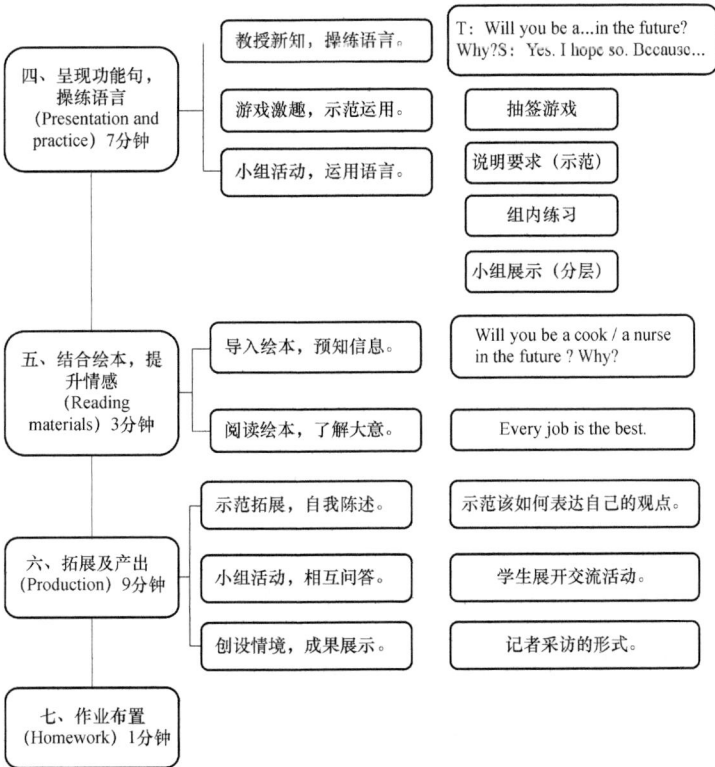

一、热身
(Warming-up)
2分钟
— 歌曲动画，引入主题。 → 学生欣赏职业歌曲动画，激活记忆。
T：What jobs do you know in the song?
— 职业谜语，激发兴趣。 → 猜关于职业词汇的谜语，调动学生积极性。

二、新知呈现及学习
(Presentation)
15分钟
— 观察图片1，预测信息。 → What are they talking about?
— 观看动画1，获得信息。 → 教授生词及功能句的呈现。
— 观看视频，丰富语言。 → 观看关于足球比赛的视频，感受气氛。
— 观察图片2，预测信息。 → What about Guoguo?
— 观看动画2，获得信息。 → Guoguo's father is a baseball player.
— 观看视频，丰富语言。 → 观看关于棒球比赛的视频，感受气氛。

三、操练巩固新知 (Practicing)
5分钟
— 原音跟读，巩固语言。 → 指读文本，巩固课文文本。
— 小组操练，分层评价。 → 小组根据自身能力选择练习。

四、呈现功能句，操练语言
(Presentation and practice) 7分钟
— 教授新知，操练语言。 → T：Will you be a...in the future? Why?S：Yes. I hope so. Because...
— 游戏激趣，示范运用。 → 抽签游戏
— 小组活动，运用语言。
　　说明要求（示范）
　　组内练习
　　小组展示（分层）

五、结合绘本，提升情感
(Reading materials) 3分钟
— 导入绘本，预知信息。 → Will you be a cook / a nurse in the future ? Why?
— 阅读绘本，了解大意。 → Every job is the best.

六、拓展及产出
(Production) 9分钟
— 示范拓展，自我陈述。 → 示范该如何表达自己的观点。
— 小组活动，相互问答。 → 学生展开交流活动。
— 创设情境，成果展示。 → 记者采访的形式。

七、作业布置
(Homework) 1分钟

一、Warming-up. 热身

1. 欣赏歌曲,激活学生记忆,调动学生积极性。

2. 师生交流,激活旧知。

T:Do you like this song?

S:Yes!

T:This is a song about jobs. Which job do you like best? Do you want to be a _____? Why?

[设计意图]:通过歌曲及师生交流活动,激发学生学习的积极性,引导学生直接进入职业主题,同时通过师生交流激活学生旧知。

二、Presentation 新知呈现

1. 观察图片,预测信息。

T:Guoguo and Yangyang are talking in a football club. What are they talking about?

S:Maybe they are talking about football/ father's jobs/ jobs in the future.

2. 观看动画1,获得信息。

T:Let's watch the video.

S:They are talking about father's job.

T:What does Yangyang's father do? Please read your book.

S:He is a football coach.

教师展示 coach 的图片,帮助学生理解词义,并通过展示 basketball coach,baseball coach 等图片加深学生对 coach 的理解,同时巩固发音。

T:A football coach teaches player how to play football. It's hard to do. It's not very interesting,but it can help players to play football better. Do you like this job?

Does Yangyang like his father's job? Why? Please watch the video again and tell me.

S:Yes. Yangyang likes his father's job. Because he will be a football player in the future.

T:Really? How does Guoguo ask and Yangyang say?

—Will you be a football player in the future? — I hope so. 板书,领读功能句。

T:Is it easy to be a football player ?   S:No. He is practicing a lot.

3. 观看关于足球比赛的视频,丰富描述工作的语言。

T:Look! There is a football match. Is it exciting?

S:Yes! It's exciting and interesting!

T:Yes. Football player is a hard but exciting and interesting job. So Yangyang will be a football player in the future.

[设计意图]:让学生感受足球赛场的激烈,帮助学生了解足球运动员的辛苦(hard),但仍然是个令人兴奋(exciting)且有趣的(interesting)的工作,为学生提供语言支持。

4. 总结图一,过渡至图二。

T:What does Yangyang's father do? What will Yangyang be in the future? Does he like father's job? Why?

S:…

T:Yangyang likes football very much. What else ball games does Yangyang like?

S:(Guess)

5. 观看图二,获取信息。

(1)观看动画二。

(2)提出问题,引导学生获取信息。

T:Let's watch the video. (Part 2)

S:He likes baseball.

T:How do you know that?

S:He really wants to learn.

T:You're right! Who can teach Yangyang? Please read your book.

S:Guoguo's Dad. "I'll ask my dad to teach you. "

T:What does Guoguo's father do?

S:Maybe he is a baseball coach or a player.

T:Does she feel proud of her father's job? Does she like baseball? Please read your book again.

S:Yes,she does. Because her cap is a birthday gift from her father.

T:Yes. She is wearing a baseball cap. It's beautiful! She loves it.

And she is watching a baseball game with Yangyang. Is it exciting?(教师播放一段棒球视频,让学生感受棒球比赛的激烈与乐趣。)

T:Is it interesting?

S:Yes. Hard but interesting.

And she is proud of her father's job. She says "I'll ask my dad to teach you."

(3)分配角色,师生朗读。

T:Now,I am Guoguo,You are Yangyang.

三、Practice 操练巩固新知

1. 原音跟读,巩固语言。

2. 小组操练,分层评价。

(1)小组根据自身能力选择练习。

(2)小组展示。

四、Presentation and practice. 呈现功能句,操练语言

1. 教师教授本课新词:an engineer.

T:a football/ basketball player/ swimmer is the best job. It is hard. But it is exciting and interesting. They can play in a great playground.(图片显示出宏伟的体育场馆,如:鸟巢、水立方。)An engineer can make them. 教师用图片解释 engineer 的词义,并领读单词,注意纠正发音。en-gi-neer.

T:Will you be a… in the future? Why?

S:Yes. I hope so. Because…

No. I will be a… in the future. Because…

2. 游戏激趣,示范运用语言。

抽签游戏,一名同学抽签后说出上面所写的职业名称,并展示给同学们,同学们用句型-Will you be a/an … in the future? 来采访抽签的同学。

[设计意图]:抽签活动是以随机抽签的方式进行的练习。学生对未知的词汇充满好奇,增加了学生参与的积极性。同时教师也可以对于学生学习的效果进行监控。大部分学生通过这个游戏练习了问句,抽签的学生练习了答句以及原因的表达,为其他同学做出了良好的示范,为下一环节的 Let's do 活动做好准备。

五、小组活动,运用语言

T:There are many job words on the paper. Choose one then interview your partner like this.(将对方将要从事的职业画钩,表格如下。)

	a teacher	a doctor	a dentist	a coach	an engineer
Mike					

1. 通过示范,说明活动规则。

2. 两人一组进行问答。(小组根据自身能力选择练习,选择只回答意愿的获得 1 颗星;回答原因的组获得 2 颗星。)

3. 小组成果展示。(引导学生根据板书上的提示词作答,如:It's hard but it is interesting. It's exciting.)

[设计意图]:引导学生分层练习,并分层进行评价,尽量让每个学生都有机会参与活动。

六、结合课外阅读材料,提升情感

1. 导入阅读材料。

T:Most people have jobs. What do your father and mother do?

S:My father is a cook. My mother is a nurse.

T:Will you be a cook / a nurse in the future? Why?

S:…

2. 阅读文本。结合图片,学生阅读理解文本大意。

T:Please read this The best job. (PPT)

T:What do their parents do?

S:Bob's father is a doctor. Joe's father is a famer. …

T:Which is the best job? Why?

S:All the children think their parents have the best job. For example,Bob says his mother was a nurse. He says she does the best job because it is exciting to help people. He will be a nurse.

T：Yes. Every job is the best. A job can help people or make others happy is the best.

[设计意图]：教师借助课外阅读的文本，帮助学生树立认可工作的价值，欣赏每一样工作的优点这一价值观。

七、Production 拓展产出

1. 示范拓展，自我陈述。

T：I am a teacher now. It's not easy. I learn how to teach. I read many books. Sometimes it's not very exciting to be a teacher. But I can teach children many things. I think my job is the best. Do you think so? Will you be a teacher in the future? Why?

S：I hope so. / No. I will be a … in the future. Because…（用板书上的职业词汇与形容词为学生的回答做支撑。）

2. 四人一组，相互交流。

T：Now, please work in groups. Ask and answer. "Will you be a teacher in the future? Why?"

学生展开交流活动。

[设计意图]：在原有功能句的基础上增加了询问及回答原因，丰富了语言，让学生练习询问他人的从业意愿及原因。

3. 创设情景，成果展示。

T：I'm the reporter now. Let me ask you now.

T：Will you be a … in the future? Why?

S：I hope so. Because… / No. I will be a … in the future. Because…

学生以小组为单位上台自我描述。

T：Who wants to be the reporter?

S：Will you be a teacher in the future? Why?

八、Summery and Homework. 总结与作业

1. 总结与评价。

T：You did a great job! Every job is great! Every job is the best! Because a job can help people or make others happy is the best.

2. 作业布置。

① 朗读对话。

② 询问自己的同龄人未来想要从事何种职业并记录原因，下一课时在全班分享。

学习效果评价设计

评价方式：

1. 课堂评价

教师评价：

①对学生在学习交流中的课堂表现进行评价。

②对学生读书或表演进行评价。

③对学生课堂上学习对话后回答相关问题的准确性进行评价。

④对学生小组活动即采访环节的自我表述成果进行评价。

学生评价：

①课堂上学生对其他学生的课堂表现进行口头或动作评价。

②课堂上学生对其他学生读书或表演进行口头或动作评价。

2. 课后评价

教师课后对每个人所写的自己向往的职业及原因进行评价。

评价量规：

1. 课堂评价

教师评价：

①使用激励性口头评价，如 Yes! Good! Great! Good job! 等；同时加上肢体语言，如：竖起大拇指、微笑等。

②创编对话并能够表演对话的小组得到老师口头评价，并得到全班的掌声。

学生评价：

①对回答正确、小组讨论、小组表演完成情况好的个人或小组用 Good! Perfect! 等激励性语言口头评价或鼓掌，竖起大拇指等肢体语言评价。

②对回答不正确、小组展示效果不佳的同学，采用鼓掌的形式评价，对其进行鼓励。

2. 课后评价

根据课后调查是否完成、有无明显错误进行肯定或鼓励的口头评价。

本教学设计与以往或其他教学设计相比的特点

一、强调学习过程,重视语言学习的实践性和应用性

在本节课的设计中,教师遵循英语教学的实践性原则,通过设计多种教学活动,让学生反复操练并在情境中运用语言知识。如抽签游戏,一名同学抽签后说出上面所写的职业名称,并展示给同学们,同学们用句型-Will you be a/an … in the future? 来采访抽签的同学。学生由此产生兴趣并较为主动地参与活动,在活动中巩固本课单词及句型;在拓展环节的采访活动,让学生有展示的平台,帮助学生运用所学的知识表达自己的想法。

二、丰富课程资源,拓展英语学习渠道

教师根据本节课的教学需要,借助丰富的教学资源让学生更好地学习。如教师借鉴了英文绘本 The Best Job 中的文字,将对话内容所隐含的情感态度集中体现在 Every job is the best. 即每一样工作都是有价值的,帮助学生认识并认可职业的价值从而选择某种职业。教师在本课中还选用了关于职业的英文歌曲 Job song,用以在热身环节快速直接地进入主题,并通过让学生观看足球、排球比赛的视频让学生感受到运动员职业的特点,为学生的语言输出提供素材。

三、思维导图

在本节课的教学中,教师采用思维导图的方式呈现整堂课的思路,一方面可以帮助学生捋清思路,另一方面也可以为学生的输出提供语言支撑。

四、教材整合

教师根据本节课的主题选用了贴近主题的内容进行教学,对于与本课主题关系不大的板块进行删减或改进,使其更符合本节课的主题表达,从而帮助学生更加明确学习本课的目的,从而更加有效地达到本节课的教学目标。如:删减 Listen and choose 板块,将 Let's do 部分留为作业,并由第三人称表达改编成便于自我陈述的第一人称表达。

丰台区第八届师慧杯体育二等奖——山羊分腿腾越

张建忠

一、指导思想

本课坚持"健康第一"的指导思想,以《体育与健康课程标准》为依据,贯彻落实学生"土体地位和个体差异"的课程理念,按照循序渐进、由易到难的技能形成规律和学生身心发展的特点,利用迁移规律,采用复习旧知识,结合学生已有经验由易到难地自然过渡到"山羊分腿腾越"的学练,降低学生对于器材和动作的畏难情绪,激发练习兴趣,体验运动乐趣,提高练习的实效性。

二、教学背景分析

(一)教材分析

2013 版 人教社 三册体育教师用书:五、六年级合订本。

1. 锻炼价值

支撑跳跃是器械体操项目之一,对增强上肢、下肢、肩带及腰腹肌力量,发展身体灵敏性、协调性,提高克服障碍的能力,培养勇敢顽强、果断的心理品质具有积极作用,具备重要的自我保护和实用价值。

2. 纵向分布

小学一、二年级虽然没有支撑跳跃内容,但是低年级攀登、爬越项目中有一个"爬越横向跳箱"。这虽然不是支撑跳跃项目,但是对于提高学生身体素质、锻炼学生胆量、对器材的感知是有帮助的,有助于学生养成克服困难的心理品质、安全练习的意识和习惯。从三、四年级起进行支撑跳跃教学,学习"跳上成跪撑—向前跳下的动作";五、六年级学习"跳上成蹲撑,起立,挺身跳下"和"山羊分腿腾越"动作,发展身体灵敏性、协调性,提高克服障碍的能力,见表9。

表9　教学内容

年级	内容
三、四年级	跳上成跪撑—向前跳下
五、六年级	1. 跳上成蹲撑,起立,挺身跳下;2. 山羊分腿腾越

3. 五年级教学目标

(1)通过五年级支撑跳跃练习,使学生基本掌握支撑跳跃助跑、踏跳、支撑、腾空、落地等动作方法;掌握支撑跳跃练习的自我保护、相互保护帮助的方法,知道练习各种支撑跳跃项目时必须具备的安全知识和措施。

(2)发展学生灵敏、协调、力量素质以及控制身体的能力,增强学生空间感和定向能力。

(3)通过练习增强学生勇气和自信心,克服胆怯心理。

4. 单元计划

根据人教版小学体育教材教学计划安排,五年级山羊分腿腾越共5课次,本次课在单元计划中是第2课次,见表10。

表10　教学内容和重点

课次	教学内容	教学重点
1	学习助跑踏跳、提臀分腿动作	助跑踏跳有节奏
2	山羊分腿腾越完整动作	支撑分腿
3	改进腾空、落地动作	顶肩、推手果断,越过器械轻巧自然
4	巩固山羊分腿腾越动作	动作协调、自然、优美
5	考核	检验学习效果

(二)学情分析

本课的授课对象是五年级8班。

1. 基本情况

全班共计24人,男生18人、女生6人,其中肥胖3人。

2. 个性特点

运动能力一般,有足球队2人,篮球队2人,田径队3人。学生组织纪律性强,有集体荣誉感,模仿能力强,喜欢游戏和比赛,学生之间能够互相帮助。

3. 项目基础

通过四年级的支撑跳跃学习,大部分学生能够独立完成"助跑踏跳提臀"的动作,但存在助跑踏跳衔接不紧密,对器械有畏难情绪,3名肥胖的学生起跳和支撑力量较弱,需要教师重点关注。

(三)教学策略

(1)教师采用讲解示范、保护帮助、纠正错误法、表扬鼓励法进行教学。

(2)学生采用观察法、合作法、体验理解改进动作进行学习。

(3)利用迁移规律采用复习旧知识的方法由易到难地学习新动作,体验运动的乐趣。

三、教学目标

(1)初步进行山羊分腿腾越完整动作练习,学会支撑分腿、越过山羊的动作方法。

(2)发展身体灵敏性、协调性,提高力量素质。

(3)培养学生勇敢、顽强、果断的心理品质和互相帮助的精神。

重点:支撑分腿。

难点:分腿直。

四、教学过程

(一)开始部分(3分钟)

(1)体委整队。(1分钟)

(2)报告人数。

(3)师生问好。

(4)宣布内容。

(5)队列练习:向左(右、后)转走。(2分钟2~3次)

四列横队,体操队形。

教法:教师口令。

学法:学生练习。

要求:精神饱满、动作整齐、口号声音洪亮。

设计意图:集中学生注意力,培养饱满的精神和组织纪律性,为本课有序进行打下良好的基础。

(二)准备部分。(8分钟)

(1)韵律操:"快乐全身动起来"。(3分钟)

四列横队,体操队形,见图6。

图6 准备部分

教法:教师播放音乐。

学法:学生展示韵律操。

要求:韵律感强、充满阳光。

设计意图:做好热身活动,提高神经兴奋程度,培养学生韵律感和表现美的能力。

(2)专项准备活动4×8拍。(5分钟)

内容:腕、踝关节绕环,膝关节屈伸,俯撑分腿立撑,单踏—双落—跳起—分腿跳。

四列横队,体操队形。

教法:教师巡视指导。

学法:学生口令并练习。

要求:动作到位、态度端正。

设计意图:使学生的肌肉和关节充分活动,避免在运动中出现损伤,为学习新技术做好身体和心理上的准备。

（三）基本部分（26分钟）

1．分腿腾跃（22分钟）

（1）内容：学生复习"助跑—踏跳—支撑分腿"动作。（4分钟）

学生分成6组，踏板6块，利用主席台练习动作，见图7。

图7　分腿腾跃

教法：教师巡视提出存在的问题，辅导个别学生。

学法：学生按组练习"助跑—踏跳—支撑分腿"动作，相互帮助改进不足。

要求：助跑踏跳节奏清晰，起跳有力，提臀到位、分腿快、直。

设计意图：巩固和改进"助跑—踏跳—支撑分腿"技术，为学习新动作做好铺垫。

利用主席台把学生分成6组，每组4人，增加练习次数。

（2）内容：分腿腾越。（18分钟）

①全体学生面对"山羊"左右各两列横队站立。（5分钟）

教法：A．教师进行分腿腾越完整动作的讲解示范。

B．教师讲解动作方法。

C．教师进行保护帮助方法的讲解示范。

学法：A．学生观看教师示范。

B．认真听讲动作方法。

C．一名学生配合教师保护帮助的讲解和示范。

要求：助跑—踏跳连贯、有力，支撑分腿协调。

保护帮助时：保护者站在山羊斜前方，面向练习者，当练习者支撑器械后，双手握其上臂，顺势向上提拉过器械并顺势后撤一步至落地，换至一手扶腰背，另一手护其胸腹。

设计意图：通过教师示范和讲解，学生形成正确的动作表象，知道动作方法。

知道保护和帮助的重要性，提高安全意识和责任感。

②按4套器材位置，学生自行分组一路纵队依次练习，见图8。

图8　学生自行分组依次练习

教法：A．教师出示评价标准并辅导能力较弱的希望在教师的帮助和保护下学生的练习。

B. 教师各组巡视指导。

学法:A. 学生根据标准和自己的实力选择分组、练习动作。

B. 练习时轮流保护和帮助。

C. 根据评价标准,通过升降级的方式正确评价完成动作的情况。

要求:练习认真,体育骨干负责,安全第一。

设计意图:A. 学生在评价标准的指引下自主练习,提高练习的自觉性和积极性,动作的达成度更加清晰和明确,利于学生对动作的理解和掌握。

B. 能力弱的学生在教师的指导下增强自信和勇气,能正确评价自己。

③全体学生面对"山羊"左右各两列横队站立。(3分钟)

教法:集合学生,指明在练习中的不足之处,提出改进方法。

学法:学生演示和观看。

要求:分腿直,顶肩推手及时。

设计意图:通过学生演示对比,加深对动作的理解和掌握,使自我评价更加准确。

④按4套器材位置,学生再次分组成一路纵队依次练习(图9)。(5分钟)

图9　学生练习

教法:教师巡视指导,辅导个别学生。

学法:学生分组练习,互相指出不足之处,按标准相互评价。练习时轮流保护和帮助。

要求:顶肩推手及时,落地轻巧平稳。

设计意图:学生知道动作的不足之处和改进方法,加强交流与合作,通过互相帮助共同提高动作技能水平,胆小的学生也能够克服心理障碍战胜自我。

2. 游戏:车轮滚滚(4分钟)

练习2次,4条宽带,每组排成1路纵队踩在宽带上行进,向前滚动20米距离。

教法:强调游戏规则并计时裁判。

学法:学生游戏。

要求:遵守规则,公平竞争。

设计意图:降低练习"分腿腾越"带来紧张感,活跃课堂气氛,促进身体的全面发展,培养学生团队意识。

(四)结束部分(3分钟)

1. 内容:放松操(图10)

四列横队,体操队形。

教法:教师播放音乐。

学法:学生完成放松操。

要求:动作轻松自然,调整呼吸。

设计意图:在轻松欢快的气氛中放松身心,恢复到心平气和状态。

图 10　结束部分

2. 内容:总结本课

教法:教师讲评,提出不足和希望。

学法:学生听讲。

五、学习效果评价(表 11)

表 11　学习效果评价

等级	合格	良好	优秀
标准	在教师的帮助下敢于完成"分腿腾跃"动作。	在学生的帮助下能够完成"分腿腾跃"动作。	能独立完成"分腿腾跃"动作。

六、课的密度、平均心率、运动曲线

(1)密度:40%～45%。

(2)平均心率:125 次/分钟。

(3)运动曲线(图 11)。

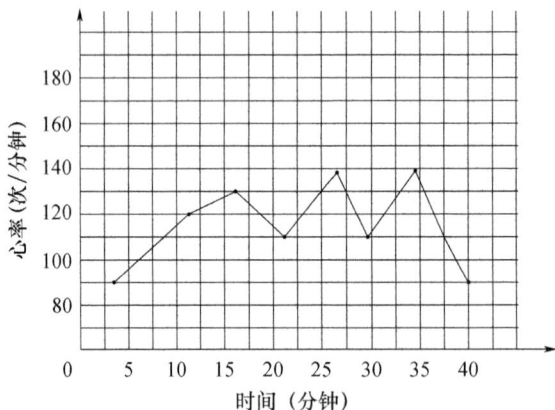

图 11　心率曲线

七、教学设计特色

(1)就地取材,利用校内现有设施(主席台)辅助教学,节省时间,提高练习密度。

(2)复习旧知识,结合学生已有经验,向新知识自然过渡,降低了练习难度,提高了练习兴趣。

(3)在强调安全的情况下,放手给学生指导和保护其他学生的机会,提升成就感。

(4)把"评价标准"作为学生自主练习的抓手,提高学生自主学练的积极性和自我评价、相互评价的能力。

2018 年 12 月市级展示课——Tod and the Trumpet

谢　浩

教学基本信息				
课题	Tod and the Trumpet			
是否属于地方课程或校本课程	否			
学科	英语	学段:中段	年级	四
相关领域	绘本教学			
教材	大猫英语分级阅读			

教学设计参与人员		
	姓名	单位
设计者	谢浩	北京市丰台区长辛店中心小学
实施者	谢浩	北京市丰台区长辛店中心小学
指导者	李晓梅	北京教育学院丰台分院
课件制作者	谢浩	北京市丰台区长辛店中心小学
其他参与者	英语组同事	北京市丰台区长辛店中心小学

指导思想与理论依据

　　《英语课程标准(2011 年版)》中明确指出:义务教育阶段的英语课程具有工具性和人文性双重性质,工具性与人文性统一的英语课程有利于为学生的终身发展奠定基础。其中,英语课程承担着提高学生综合人文素养的任务,即学生通过英语课程能够形成良好的品格和正确的人生观与价值观。同时,英语课程应根据教与学的需求,提供贴近学生生活、时代的英语学习资源,从而拓展学生学习和运用的渠道。

　　教师不仅要在引导学生学习的过程当中帮助学生获得语言知识和语言技能,还要设计合理的活动帮助学生提升思维品质和文化素养。

　　在本节课中,教师通过组织学生朗读并表演重要段落,帮助学生深刻体会 Tod 当时决定尝试出来演奏小号的决心;通过让学生聆听 Tod 在壳里与壳外演奏小号的声音,并进行问题引导,让学生感受到 Tod 前后两次演奏时的心情差异,更深层次地感觉到 Tod 能从 shell 里出来与朋友们分享自己的快乐是不容易的;通过让学生整体阅读并预测问题,培养学生主动阅读,有目的阅读的习惯,进而培养学生的思维品质;通过为学生播放教师所养宠物的视频,激发学生学习的兴趣,让学生感受到生活中的乐趣,同时促进实际生活与绘本内容的联系。

教学背景分析

　　一、教材分析

　　本课教学内容选自柯林斯大猫分级阅读系列教材的故事之一 Tod and the Trumpet《害羞的小龟托德》。内容讲述的是一只叫 Tod 的小乌龟由于害羞,大部分时间都躲在自己的龟壳里面,它在里面做着自己喜欢的事情,很开心,但是Tod 发现这样做并不能使自己真正的快乐,因为它的朋友们无法与它分享,更多时候 Tod 还是自己独处,不能融入集体,感觉很孤独。它非常喜爱演奏小号。在一次音乐课上,每个同学都分到了不同的乐器,Tod 分到了一个很大的金光闪闪的小号,十分兴奋! 为了能够演奏这支小号,Tod 克服了心里害羞的障碍,缓慢地伸出了自己的头和手,鼓足了勇气在龟壳外面演奏起了小号! 其中蕴含着一个道理:敢于尝试,挑战自我,才有可能获得惊喜与快乐。

　　二、教学内容

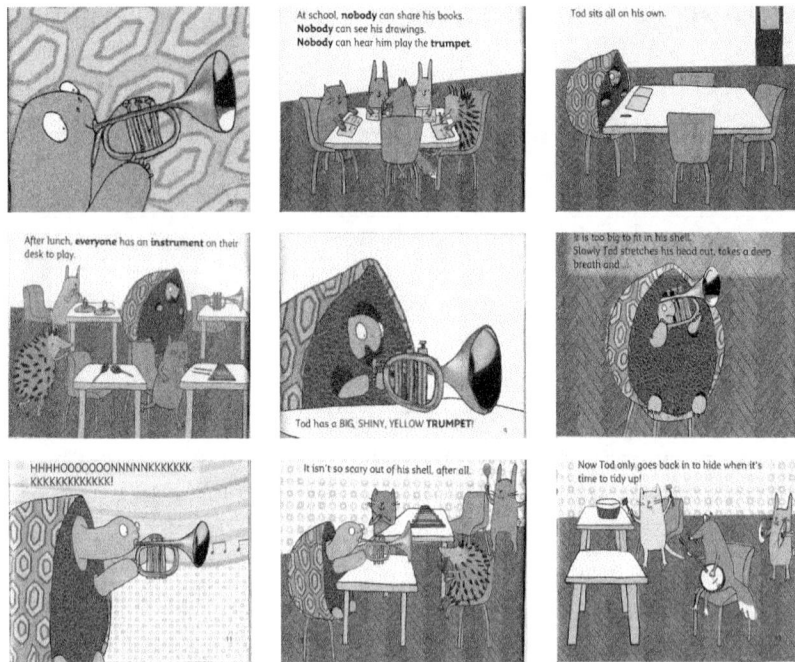

三、学情分析

本节课的授课对象为首都师范大学附属中学小学部(北校区)的四年级学生。在前期的调查中发现,这个班的学生思维较为活跃,有一定的英语语言基础,在理解和表达方面的能力较为突出。因此,我在读后环节的教学活动设计中,为学生创设了适当的发挥空间,同时,针对个别学生知识掌握稍欠缺,学习能力稍弱的情况,我要注意在巡视学生学习的过程中多加观察与辅助。学生在北京版小学英语第七册教材的第一单元学习过 happy,sad,worried,excited,upset,surprised 等表达情绪与情感的词汇,这为引导同学们理解本节课中主人公 Tod 的情感变化奠定了基础。

本节课所学的绘本故事较长,新词汇较多,所以教师通过引导学生观察图片、模仿动作、预测情节等多种方式帮助学生理解故事。如,shy,scary,shiny 等词汇教师通过图片帮助学生理解。同时,教师设计模仿朗读,练习表演,结合实际等活动,帮助学生理解绘本故事内容。

教学方式:讲授式、谈话式。

教学手段:通过多媒体教学课件、图片、表演等手段帮助学生理解文章。

技术准备:多媒体课件、音频、视频等。

教学目标

1. 能够理解绘本故事 *Tod and the Trumpet*。
2. 能够体会故事主人公 Tod 在故事不同阶段的心情变化。
3. 能够体会并学习 Tod 敢于走出自己的"舒适圈"即 shell 的感受与勇气。
4. 能够模仿并有语气地朗读故事的一部分,并能表演该部分内容。

教学重点

1. 绘本故事 *Tod and the Trumpet* 的理解。
2. 了解 Tod 在不同阶段的心情变化。

教学难点

1. 理解绘本内容,能够抓住故事发展的转折点,并尝试体会主人公内心情绪。
2. 理解以下关键词汇:stretch…out,take a deep breath,nobody,everyone,only,tidy up。

教学流程示意

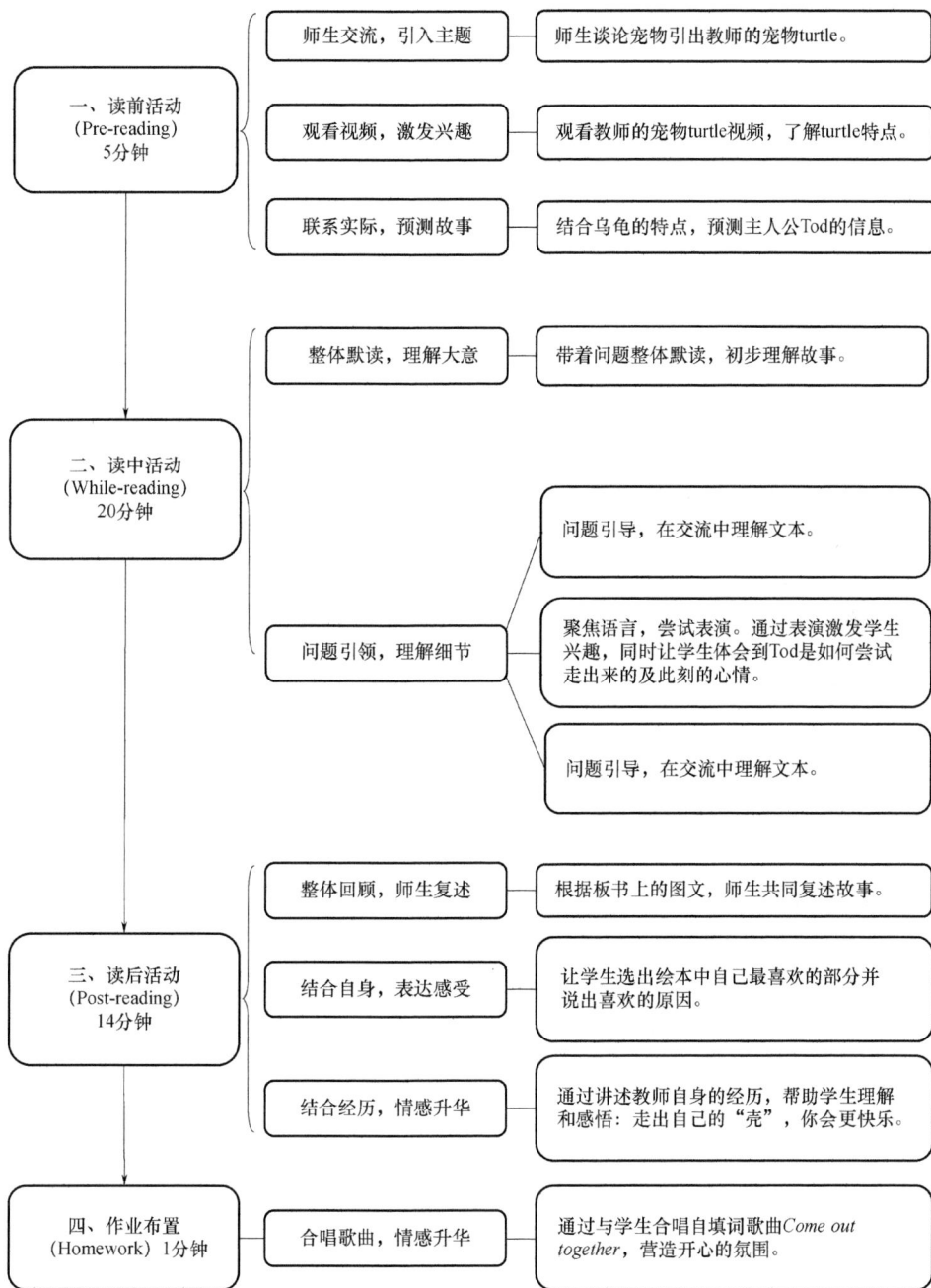

```
┌─────────────┐   ┌──────────────────┐   ┌────────────────────────────┐
│ 一、读前活动  │   │ 师生交流,引入主题  │   │ 师生谈论宠物引出教师的宠物turtle。│
│ (Pre-reading)│   └──────────────────┘   └────────────────────────────┘
│   5分钟      │   ┌──────────────────┐   ┌────────────────────────────┐
│             │   │ 观看视频,激发兴趣  │   │ 观看教师的宠物turtle视频,了解turtle特点。│
│             │   └──────────────────┘   └────────────────────────────┘
│             │   ┌──────────────────┐   ┌────────────────────────────┐
│             │   │ 联系实际,预测故事  │   │ 结合乌龟的特点,预测主人公Tod的信息。│
└─────────────┘   └──────────────────┘   └────────────────────────────┘
```

一、读前活动 (Pre-reading) 5分钟
- 师生交流,引入主题 — 师生谈论宠物引出教师的宠物turtle。
- 观看视频,激发兴趣 — 观看教师的宠物turtle视频,了解turtle特点。
- 联系实际,预测故事 — 结合乌龟的特点,预测主人公Tod的信息。

二、读中活动 (While-reading) 20分钟
- 整体默读,理解大意 — 带着问题整体默读,初步理解故事。
- 问题引领,理解细节
  - 问题引导,在交流中理解文本。
  - 聚焦语言,尝试表演。通过表演激发学生兴趣,同时让学生体会到Tod是如何尝试走出来的及此刻的心情。
  - 问题引导,在交流中理解文本。

三、读后活动 (Post-reading) 14分钟
- 整体回顾,师生复述 — 根据板书上的图文,师生共同复述故事。
- 结合自身,表达感受 — 让学生选出绘本中自己最喜欢的部分并说出喜欢的原因。
- 结合经历,情感升华 — 通过讲述教师自身的经历,帮助学生理解和感悟:走出自己的"壳",你会更快乐。

四、作业布置 (Homework) 1分钟
- 合唱歌曲,情感升华 — 通过与学生合唱自填词歌曲Come out together,营造开心的氛围。

教学过程

一、Pre-reading 读前活动(5分钟)

1. 师生交流,引入主题。

(1)师生共同演唱歌曲 *I Have a Pet*.

歌词如下:

I have a pet. He is a dog. And he says woof,woof,woof.

I have a pet. She is a cat. And she says meow,meow,meow.

I have a pet. He is a mouse. And he says squeak,squeak,squeak.

(2)猜一猜。

教师通过描述,请学生猜一猜教师饲养的是什么宠物。

T:I have a pet. It is green or black. It can be big and small. It walks slowly.

S:A turtle.

T:Do you like turtles? What do you know about turtles?

S1:Yes. They are green.

S2:Yes. They are slow.

S3:Yes. They are cute.

T:They have hard shells.

2. 观看视频,激发兴趣。

教师请学生观看自己的宠物 turtle 视频,初步了解 turtle 胆小的习性。

T:I keep two turtles at home. Sometimes they come out. Sometimes they hide inside. When do they hide inside? Let's watch a video.

S:When they feel scared.(学生或许会用中文回答,教师再用英文教学)

T:Yes. He hides in the shell. Because it thinks it is scary outside. And it thinks it is safe inside.

3. 联系实际,预测故事。

教师介绍本节课的主人公 Tod,并引导学生通读全文。

T:Today, I will share a story with you. There is a turtle, his name is Tod. He likes to hide in his shell. When does he hide inside? Please read your books quietly.

[设计意图]:通过师生演唱歌曲,激发学生学习的兴趣,并引入宠物的话题;通过观看视频,激发学生的兴趣,并以此引导学生谈论宠物乌龟的话题。

二、While-reading 读中活动(20分钟)

1. 整体默读,理解大意。

(1)教师提出 general question. 学生带着问题通读整个绘本故事。

T:When do they hide inside?

S1:When they feel scared.

S2:When you touch it.

T:Yes. They feel scared outside and safe inside. Today, I will share a story with you. There is a turtle. His name is Tod. Tod likes to hide inside.

Q:When does Tod hide inside? Please read your books.

(2)学生尝试回答问题。

S1:When he's feeling shy.

S2:When he's feeling scared.

[设计意图]:教师通过提出 general question,引领学生通读全文,让学生先整体了解绘本,为随后的细节分析做好铺垫。同时,学生通过整体默读文章有了自己对故事的初步了解,为随后的细节理解奠定了基础。

2. 问题引领,理解细节。

(1)整体默读并理解故事第一部分。

①Tod 因为害羞而时常躲在壳里。

●教师提出问题,让学生带着问题阅读文本。

Q1. When does Tod hide inside his shell?

Q2. Why does he like to hide inside his shell?

●请学生说出自己找到的信息,教师带领学生从插图入手理解内容。

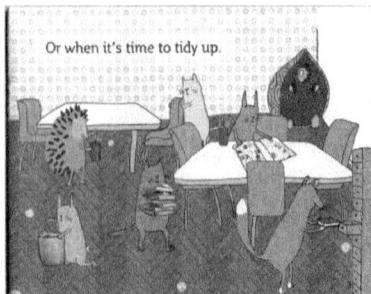

T：When does Tod hide inside? Let's listen and look.

●学生听录音,并观察无文字图片进行理解。

S：When he's feeling shy. (通过图片解释 shy)

T：Let's have a look. What are they doing? What about Tod? What does he like to do?

●学生观察图片并回答问题。

S：He likes to hide inside when he's feeling shy and it's time to tidy up. (用 clean the classroom 帮助学生理解 tidy up)

●教师完善板书第一步。(When? Feeling shy,tidy up)

②Tod 在壳里的快乐时光。

●教师提出问题,请学生带着问题阅读文本。

Q1. What does Tod do in his shell?

Q2. How does he feel?

●学生尝试自己读自己的绘本,随后看教师展示的无文字插图并回答问题。

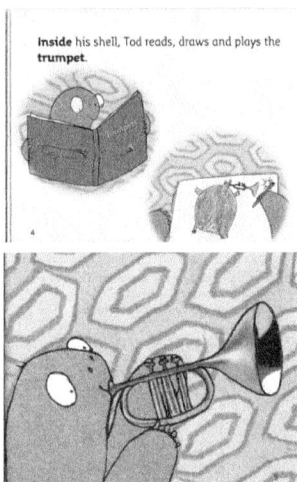

T：Wow. He plays it inside his shell. The trumpet must be small. Right?

S：Yes. It's small.

T：What else does Tod do inside? Just play the trumpet? Let's have a look.

●课件展示此段插图。学生观察图片并尝试回答 draws and reads inside. 学生尝试读文本并确定信息。

●教师得到反馈信息后完善板书第二步(What? Draws,reads,plays the trumpet)

S：Tod plays the trumpet,draws and reads in the shell.

T：How does Tod feel in the shell?

S：He is very happy.

T：So. Tod feels happy in the shell. So he likes to hide inside.

Let's listen to Tod's trumpet. Can he play it well?

●教师播放录音,学生再听一遍文本信息并聆听 Tod 演奏小号的部分。

[设计意图]:通过请学生聆听音频中 Tod 吹奏小号的声音并回答 *Can Tod play the trumpet very well?* 让学生了解 Tod 擅长吹奏小号,与故事后半节 Tod 由于紧张而吹得很糟糕形成对比。

③Tod 并不是真正的开心。

●教师提出问题,让学生带着问题阅读文本。

Q1. How does Tod feel now? Why?

教师呈现图片,学生观察图片及文本后回答问题。

T：Where is Tod? Let's try to read it. *Tod sits all on his own*.

S：Tod feels sad. Because…(学生表达自己的想法)

T：Let's see how he feels now.

●学生读出气泡中的文字 *I am upset*.

T：Oh. Tod is sad and upset. Why? He can do many things in his shell.

●从 Tod 的情绪变化入手,引导学生关注 Tod 伤感的原因到底是什么。

课件同时呈现插图。

At school, **nobody** can share his books.
Nobody can see his drawings.
Nobody can hear him play the **trumpet**.

Tod sits all on his own.

●学生尝试回答,或用自己的语言表达。随后,教师播放此段音频。

S:Because nobody can…(若学生回答不出,就用问题引导。如:Can they hear? Can they see his drawings? Can they read with Tod?)

T:Nobody can share with Tod. So Tod is sad and upset.

(2)整体默读并理解故事的第二部分。

①Tod 的新乐器。

●教师提出问题,让学生带着问题阅读文本。

Q1:Does Tod want to share with his friends?

Q2:Will Tod come out to share?

Q3:What does Tod have?

Q4:What's it like?

●教师提出问题后,学生先预设问题,再读书,尝试获取信息。

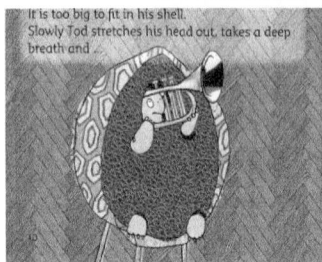

After lunch, **everyone** has an **instrument** on their desk to play.

Tod has a BIG, SHINY, YELLOW **TRUMPET**!

It is too big to fit in his shell. Slowly Tod stretches his head out, takes a deep breath and …

HHHHOOOOOOONNNNNKKKKKKK KKKKKKKKKKKKKK!

It isn't so scary out of his shell, after all.

S:Yes. Tod will come out!

T:Wow! He comes out? Why does he come out? Because of what?

S:Because of a trumpet!

T:The small trumpet?

S:It's a new trumpet.

T:How does he have the trumpet? Let's read it together.

●创设音乐课的情景,问题引领学生关注每个小动物的表情,询问学生它们开心的原因。

T:What does everyone have?

S:Instruments.

T:What does Tod have? What's it like?

●引导学生关注 Tod 的乐器及外形,为之后的故事发展做铺垫。让学生尝试读出文本。随后听音频,体会 Tod 此刻的心情,并模仿朗读。结合教具理解 shiny,trumpet 结合图片理解 everyone,instrument

T:I think Tod will play the trumpet inside again.

S:No!

T:Oh,you told me Tod comes out.

②Tod 尝试出来了!

●教师提出问题,让学生带着问题阅读文本。

Q1. Why does Tod come out?

Q2. How does he come out?

●通过教具及教师肢体语言理解 too big to fit,stretch,take a deep breath

T:Wow! Tod is so great! He comes out! What does he do next?

S:HONK!

●引导学生关注 Tod 前后两次吹奏小号的声音差别,结合 Tod 的心情说说这是为什么。提出开放性问题,如果你是 Tod 的朋友,你此刻会对 Tod 说些什么。

T:If you were his friends. What would you say to him?

S:Great! You are brave!…

[设计意图]:通过让学生回答开放性问题,渗透关心朋友、鼓励朋友的情感点,并以此激发学生的思维,培养学生的思维品质;通过引导学生关注音频中吹奏小号的声音,让学生们体会到 Tod 尝试出来后第一次在朋友面前吹奏小号时激动兴奋的心情。

●聚焦语言,尝试表演。教师带领学生阅读和理解书上内容,并用板书上的道具展示 Tod stretches out 的过程,用以理解生词。自己扮演 Tod 带领学生模仿 Tod 的动作边读边表演。四人一组,自读绘本并进行讨论及表演。其中三个同学每人读 1 句文本,最后一个同学表演 Tod。

[设计意图]:通过小组阅读讨论并表演的方式突破难点,帮助学生加强对本段故事情节的理解。同时激发学生学习绘本的兴趣。

③Tod 开始享受和朋友们在一起的快乐时光。

●教师提出问题,让学生带着问题阅读文本。

Q1. What is Tod doing now?

Q2. How does Tod feel now?

T:What's he thinking? Is it scary outside?

S:No.

●课件展示: It isn't so scary outside.

●学生齐读文本。

经过音乐课事件后,Tod 并不是所有时间都出来,它只有在大家打扫卫生的时候躲起来。引导学生关注 only 这个词。

T:Can Tod do everything with his classmates? Why?

●学生听录音并阅读文本内容后回答问题。

S:No. He hides inside the shell when it's time to tidy up.

T:Look! Tod can play together with his friends now. He also can… together with his friends now. But,he only goes back when it's time to tidy up. Maybe…he doesn't like it…

●学生结合后续故事图片理解 only 的用法,并尝试猜测。

Tod 只有在打扫卫生的时候躲在壳里的原因。

[设计意图]:故事结尾以开放式问题结束,引导学生发挥自己的想象力,表达自己的看法,培养学生的思维品质和表达能力。

三、Post-reading 读后活动(14分钟)

1. 整体回顾,师生复述。

教师带领学生,根据板书上的故事流程图复述故事,根据板书上关键词的提示进行复述。

2. 结合自身,表达感受。

T:Which part do you like best? Why?

S1:I like Part D. Because Tod can come out to play with friends. He is brave.

S2:I like Part D.

教师提出开放性问题,引导回到故事转折点,设身处地地思考,如果换做自己是 Tod 的话,会怎么做呢?

T:If you were Tod. On the music class. What would you do? Would you come out? Or hide inside?

学生带着问题两人一组进行讨论,交流各自的想法。

S:I would come out,because… / I would not come out,because…

[设计意图]:通过复述让学生整体回顾故事内容。通过让学生回答自己最喜欢故事的哪个部分及原因,来检验学生对这个故事的理解程度,并从学生的角度出发,让学生谈谈自己对这个故事的想法。通过开放性问题的引领,帮助学生结合自身,加深对绘本的理解,培养学生的思维品质。

3. 结合经历,情感升华。

(1)教师结合自身经历(与露天乐队合作演唱),帮助学生理解"Everyone has a shell""Try to come out""Sharing makes you happy. "

(2)学生谈谈自己的相关经历。

T:Do you have a shell?

S1:I'm afraid to speak in front of the class. But after I tried,I feel it's not scary to do that.

S2:I feel scared to touch a cat. But now,I keep a cat.

(3)师生合唱,营造开心氛围。

教师与学生共同演唱教师根据故事情节和情感目标创作的歌曲,教师演唱故事情节部分,师生共同演唱"Come out together. "部分。(教师击手鼓打节奏。)

T:I tried something new. I wrote a song. Do you want to sing it together?

S:Yes!

歌词:

There is a turtle. His name is Tod. And he is slow,slow,slow,slow,slow~~~he is sad.

Come out together. Come out together.

Come out together. Come out together.

Inside his shell,he plays his trumpet.

He likes to read,draw,play the trumpet~~~ he is happy.

Come out together. Come out together.

Come out together. Come out together.

Outside his shell. He has no friends.

Nobody share,share,share,share,share~~~he is upset.

Come out together. Come out together.

Come out together. Come out together.

On a music class. Tod has a trumpet.

It is a BIG,SHINY,YELLOW,beautiful trumpet! Tod comes out!

Come out together. Come out together.

Come out together. Come out together.

[设计意图]:通过谈论师生自身经历,让学生结合实际生活理解 *Everyone has a shell* 的含义,成为情感的落脚点。通过与老师合唱 *Come out together* 体会要勇于挑战自我的精神。

四、Homework 作业布置(1分钟)

1. Listen to the story and repeat.

2. Try to help Tod to tidy up with his friends!

板书:

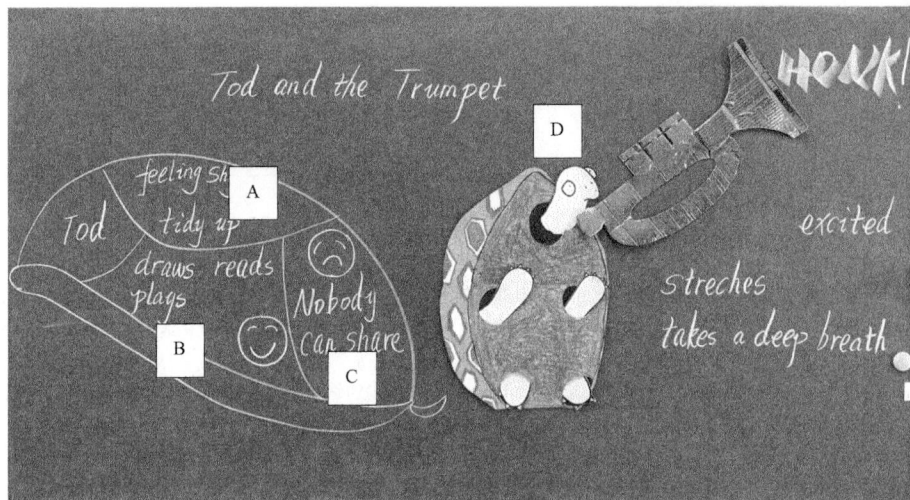

本教学设计与以往或其他教学设计相比的特点

一、强调学习过程,重视语言学习的实践性和应用性

在本节课的设计中,教师遵循英语教学的实践性原则,通过设计相应的教学活动,让学生在情境中理解并运用语言知识。如让学生上台合作表演 Tod 尝试在外面吹奏小号的活动,理解并体会生词 stretches and take a deep breath。学生由此产生兴趣并较为主动地参与活动,在活动中理解及应用相关语句,并在拓展环节的采访活动,让学生有展示的平台,引导学生根据老师给出的话题及恰当的语言支持进行表达。

二、丰富课程资源,拓展英语学习渠道

教师根据本节课的教学需要,借助丰富的教学资源让学生更好地学习。比如教师制作了小龟因为害怕而缩头缩脑的真实视频,让学生通过观看真实视频帮助学生理解教学重点。教师根据故事情节的需要,增加了两幅手绘图片,直观地表现出 Tod 通过努力而发生的改变,便于学生的理解。同时,通过播放关键片段的音频,让学生更深刻地体会到 Tod 在故事中的内心活动。

三、通过板书设计,帮助学生掌握故事流程

在本节课的教学中,教师通过板书呈现整堂课的思路。板书左半部分是教师手绘的一个乌龟壳简笔画,通过在"龟壳纹路"上手写关键词,清楚地表现出 Tod 在壳里的活动和心理状态;在黑板右半部是 Tod 的活动道具及 Tod 在音乐课上获得的小号道具。通过板书设计可以帮助学生捋清故事思路,同时可以帮助学生更加直观地理解绘本中的重点词汇,如:stretch,shiny 等。

2014 年 9 月北京市教学设计三等奖——特色小吃

关 静

教学基本信息			
课题	特色小吃		
是否属于地方课程或校本课程	否		
学科	小学美术	学段:第一学段(1—2 年级)	年级	一年级(上册)
相关领域	综合·探索		
教材	书名:义务教育教科书 出版社:人民美术出版社 出版日期:2013 年 6 月		

教学设计参与人员		
	姓名	单位
设计者	关静	丰台区长辛店中心小学
实施者	关静	丰台区长辛店中心小学
指导者	顾瑾	北京教育学院丰台分院
课件制作者	关静	丰台区长辛店中心小学
指导思想与理论依据		

本课以《义务教育美术课程标准》(2011年版)为指导思想,以学生的发展为根本,激发学生运用所学的美术知识和技能,通过综合性的美术活动,引导学生主动探究、研究、创造以及综合解决问题。融美术与其他各领域、与其他学科及与现实社会相联系。在教学过程中,注重以学生为主体的研讨和探索,引导学生积极探索美术与其他学科、与社会生活相结合的方法,开展跨学科学习活动,使学生的认知能力、综合性应用美术知识、技能的能力以及美术实践能力得到发展。

皮亚杰建构理论认为,儿童自己发现的东西才能积极地被同化,继而产生深刻的理解。要实施自我发现教学,教师要根据儿童认知发展水平来创设适当的教学情境,给儿童自我探索、自我发现的机会,使儿童通过积极的同化和顺应,获取对外界事物的认识。在本课教学中,我遵循这一理论,创设教学情境,用手偶小厨师乐乐贯穿全课,举办小吃文化节,使学生主动参与到学习中。以自我发现的方式使学生探究小吃与生活的联系,感受特色小吃文化。

教学背景分析

教学内容:

《特色小吃》一课,是北京市义务教育改革实验教材美术第一册第15课的内容,属于综合、探索学习领域。本课是在《多样的小饼干》《玩泥巴》学习的基础上又一个以彩泥表现为主的课程,是在《早餐》一课的基础上再次学习饮食文化,以探究北京特色小吃为题材的综合探索课程。

本课重愉悦性和体验性,紧密联系学生的生活经验,围绕"小吃"这一主题,引导学生了解全国各地的特色小吃,探究老北京的特色小吃,使学生感受老北京的饮食文化,从而培养学生热爱故乡北京的情感。

在学习的过程中,运用实物、录像、图片、音乐等资料,使学生感受到北京小吃吃的不仅是一种味儿,更是一种生活,一种悠然自得的态度。通过观察图片、实物等教学手段,引导学生交流北京小吃的外形特征和色彩特点,并体验制作北京特色小吃,教学过程中结合音乐及综合实践等学科的内容展开教学,为学生呈现出丰富、多元的美术课堂学习气氛和情境。

学生情况:

一年级学生刚刚入学不久,易失去注意力,因此,在课上教师设立了适当的奖励。学生年龄较小,在探究时对一些文字理解不了,针对这个问题,教师安排了一些录像、图片、游戏等完成探究内容。

我校的一年级学生有一部分是来自于外省市,北京的饮食文化与他们有一定距离,但学生们对他们家乡的小吃还是有一定的了解,因此,课堂上先以家乡的小吃入手,引出学生兴趣,逐步引导学生了解北京小吃,感受北京饮食文化。

本课是第15课,通过之前的学习,学生已经掌握了一定的造型能力,在《多样的小饼干》和《早餐》两课中学生已经掌握了对彩泥和废旧材料的使用,这对本课运用多种材料制作打下一定基础。

教学方式:

情境法。手偶小厨师和大家一起上美术课,小厨师给大家准备了九门小吃街举办小吃文化节展。

搜集法。课前查找搜集资料,了解自己家乡的特色小吃。

讲授法。小厨师介绍北京小吃。

参与体验法。品尝北京小吃,了解名称味道,感受北京文化。

游戏法。戴厨师帽,找朋友。

讨论法。小组讨论,学生在自主探究中获得新知。

演示法。通过教师示范,让学生学会彩泥制作小吃的方法。

合作学习法。小组合作完成作品。

教学手段:

多媒体、视频、探究合作、歌曲、音乐、游戏。

技术准备:

教具准备。电脑课件,实物投影,手偶,模拟道具糖葫芦、实物小吃、彩泥、奖牌。

学具准备。实物小吃、厨师帽、围裙、报告单、图片、课本、彩泥、废旧材料、彩纸、魔法玉米、彩笔、剪刀、双面胶。

教学目标

1. 知识与技能。

(1)了解北京特色小吃的相关知识。

(2)巩固搓、揉、压等泥塑基本方法,学习拧、切等技法。

(3)了解并学会运用多种媒材制作特色小吃。

2. 过程与方法。

(1)课前搜集资料,锻炼学生学习、查找信息的能力。

(2)学生在体验探究中掌握用彩泥、彩纸、废旧材料、魔法玉米等制作北京特色小吃的方法,激发学生的创新意识以及对美术学习的兴趣,进而培养学生的创造能力及动手制作的能力。

3. 情感态度和价值观。

树立学生传承老北京传统特色小吃的意识,体验探究、发现的愉悦,激发学生的自信心和美术学习的兴趣。

教学重点:探究老北京特色小吃名称及味道,学习用彩泥、彩纸、废旧材料、魔法玉米材料表现出北京特色小吃的形、色之美。

教学难点:运用各种材料有创意地表现出北京特色小吃。

教学过程					
教学阶段	教师活动	学生活动	设置意图	技术应用	时间安排
创设情境	1. 出示手偶:小厨师乐乐和同学们一起来上一节美术课。小厨师提出问题:这段声音是在吆喝什么? 2. 播放糖葫芦的叫卖声,教师拿出道具,引出课题:糖葫芦。 3. 板书课题《特色小吃》。	看道具、课件,回答问题。	小厨师角色的设计增加学生学习的趣味性,用叫卖声导入,引起学生思考,引出本节课的学习内容。	手偶:小厨师乐乐 课件:叫卖声,糖葫芦。 	1分30秒
新课讲解	1. 家乡的特色小吃。 (1)提问:上次,回家和爸爸妈妈一起寻找你的家乡有哪些特色小吃? 谁找到了,和大家说一说。 (2)将学生的小吃图片贴到中国地图上。	学生根据课前搜集的资料汇报。说出自己家乡的特色小吃。	培养学生搜集资料的能力。与社会学科相结合,使学生了解到全国各地都有特色小吃。	中国地图 	1分钟
	2. 小吃的历史。 教师播放录像。 提问:从这段录像中,你知道了什么?	学生回答问题。	使学生知道小吃很早以前就有了。	录像:小吃的历史 	1分钟
	3. 了解北京小吃。 播放课件北京小吃的歌曲及图片,小厨师乐乐介绍北京小吃。 提问:这些小吃你都吃过哪些?	观看课件听歌曲感受北京文化。说说自己吃过的北京小吃。	与音乐学科相结合,利用图片、歌曲使学生感受到北京的文化,初步了解北京小吃。	小厨师乐乐介绍北京小吃 播放歌曲:《北京小吃》 	1分30秒

	4. 创设情境。 介绍小厨师乐乐给大家准备的我们学校的九门小吃街。今天,学校的小吃街要举办一个小吃文化节,乐乐邀请大家来当小厨师,展示手艺。	学生观看场景:九门小吃。	为学生的制作创设情境,使学生乐于参与北京小吃的制作活动。	九门小吃街 	1分钟
新课讲解	5. 探究北京小吃的名称和味道。 (1)小厨师请大家品尝北京小吃,记住你喜欢的小吃的名称和味道。 (2)乐乐介绍茶汤的用料做法。 (3)介绍老北京十三绝。	品尝北京小吃。到展台前说出自己喜欢吃的小吃的名称和味道。学生观看课件。	使学生认识北京小吃的名称,了解北京小吃的味道。了解特色小吃的用料和做法都很讲究,渗透北京小吃文化,使学生进一步了解北京小吃。	打开食盒,品尝小吃 课件:乐乐介绍茶汤 课件:老北京十三绝	3分钟
	6. 探究北京小吃的形状和颜色。 (1)戴帽子,找朋友。 小厨师乐乐送给大家每人一顶厨师帽,帽子上面有不同的小吃图片,你喜欢哪个小吃就戴起哪顶帽子,看谁和你的选择是一样的,两个好伙伴坐在一起。 (2)完成报告单。 两个小伙伴共同研究你们喜欢的这样小吃的外形和颜色,将研究的结果贴在报告单上。	戴起厨师帽,找到好朋友。两个小伙伴合作完成报告单,部分学生将报告单展示在黑板上。大家一起检查研究结果。	加深对特色小吃的造型和颜色的认识。引导学生自主探究,用艺术思维方式观察生活,深化特色小吃的印象,为学生的制作打下基础。	戴起厨师帽 板书:小吃的形状和颜色	3分钟

新课讲解	7. 探究北京小吃的制作方法。 (1)小厨师乐乐送给每组一件宝物,请组内同学研究:你们的宝物是什么?是用什么材料、怎样制作的? 第一组:艾窝窝,用废旧材料制作,介绍技法:包、粘。 第二组:豌豆黄,用彩纸粘贴,介绍技法:剪、贴。 第三组:焦圈,用魔法玉米制作,介绍技法:粘。 第四组:麻花,用彩泥制作,介绍技法:拧。 (2)教师展台演示彩泥制作北京小吃驴打滚,介绍技法:卷。 (3)看书。 提问:豌豆黄的制作方法。 技法:切。 小结:可以借助工具来制作小吃。	各组学生探究制作方法。组长到展台前汇报。看教师演示制作小吃,了解怎样运用彩泥材料制作。看书,了解运用工具制作小吃的方法。	让学生认识多种媒材。培养学生用多种材料制作美术作品的能力,使学生养成细心观察仔细探究的学习习惯。通过直观的示范,继续培养学生用彩泥塑形的能力。培养学生利用工具对彩泥作品进一步美化。	学生探究各种材料制作小吃的方法 教师演示制作驴打滚 4分钟
	8. 启发创作。 小吃文化节快开了,请同学们根据桌上的材料想一想,你打算制作哪些北京小吃?	学生思考并回答利用桌上的材料,制作哪些北京小吃。	培养学生仔细观察,合理利用各种媒材制作美术作品的能力。	各种媒材 30秒
	9. 作业要求。 同学们比一比,看哪组制作的小吃造型美观,颜色漂亮。	学生认真聆听作业要求。	学生明确作业要求。	18分30秒

实践操作	1. 创设情境。 小厨师展示手艺制作小吃,参加学校的九门小吃文化节。 2. 艺术实践小组。 各组同学根据组内的材料进行制作。 第一组:废旧材料。 第二组:彩纸。 第三组:魔法玉米。 第四组:彩泥。 3. 学生可以小组合作集体完成作品,也可以自己独立完成作品。 4. 播放背景音乐:京味儿乐曲。	学生参与艺术实践,学生小组合作。	创设情景,激发兴趣。培养团队合作精神。利用可用于造型活动的各种材料,通过不同材料的运用,进行联想和创作,提高动手能力。		18分30秒
分享交流	参观小吃街文化节。 小吃街文化节开始了,学生的作品展示在了学校的九门小吃街上。组织学生去参观。	学生参观小吃街。	培养学生欣赏的能力。		1分钟
效果评价	1. 插糖葫芦进行评价。 最喜欢哪组的作品就在这个组的糖葫芦靶子上插上一串糖葫芦。 2. 学生总结评价。 找到得到糖葫芦最多的组。谁选了这组?说说这组你最喜欢哪个作品?为什么喜欢? 3. 教师点评优秀作品。 4. 评奖。 小厨师乐乐很满意大家的作品,他给各组都评了奖。 第一组:最佳创意奖 第二组:最佳表现奖 第三组:最佳色彩奖 第四组:最佳造型奖 教师发奖牌。	学生参加评价。学生思考说出喜欢作品的理由。学生聆听,组长领奖。	提高学生的审美意识,引导学生在艺术作品中感受美,并体现全员参与评价的理念。运用奖励法,激发成功意识和自豪感。	学生喜欢的作品 	3分钟
归纳总结	对学生作品,提出希望与建议。	学生聆听。	激发学生持久学习的兴趣。		

拓展提高	出示图片:外国人吃北京小吃。	学生观看课件图片思考,回答问题。	树立学生传承传统特色小吃的意识。		1分钟

学习效果评价设计
评价方式: 　1. 推优法。全班同学参观小吃街,选出自己最喜欢的作品,将手中的糖葫芦插在这个组的糖葫芦靶子上。 　2. 互评法。选择得到糖葫芦最多的组的同学,说一说你最喜欢这组哪个作品? 为什么喜欢? 　3. 点评法。教师点评材料运用得巧妙、有创意的作品。 　4. 奖励法。每组得到了不同的奖项,各组得到贴不同小吃的花朵。 　第一组:最佳创意奖;第二组:最佳表现奖;第三组:最佳色彩奖;第四组:最佳造型奖。

评价量规:

评价量规	达标	优秀
推优法	积极参与。	参与交流并认真思考。
互评法	积极参与,思维活跃。	积极参与汇报。
点评法	根据本组的材料,完成小吃的作品。	材料运用得巧妙,有创意。
奖励法	认真制作。	材料运用巧妙,造型准确,色彩丰富有创意。

本教学设计与以往或其他教学设计相比的特点(300～500 字)

　　1. 情境创设,激发兴趣。

　　在美术教学中,创设良好的教学情境,有助于诱发学生的好奇心,激发学生的学习兴趣,激活学生的探究机智,调动学生自主参与、主动探究和主动创造。在本课的教学中,教师用小厨师乐乐贯穿全课,乐乐和大家一起学习,带领学生做游戏,给大家准备了小吃街,举办小吃文化节,邀请学生做小厨师展示手艺,最后给大家颁奖。整个教学中,学生都非常有兴趣,积极探究,主动创造。实践证明,在美术课堂教学中,创设有效的教学情境,能有效地诱发、启迪学生的好奇心,丰富学生的想象力,培养学生的创造力。

　　2. 精致教具,渗透文化。

　　本课围绕"小吃"这一主题,引导学生了解全国各地的特色小吃,探究老北京的特色小吃,使学生感受老北京的饮食文化,从而培养学生热爱北京的情感。在教学中教师利用制作的小吃街的街景,给学生身临其境的感受,京腔京味儿的吆喝声;道具:糖葫芦;古香古色的食盒;龙旗;板书的画轴;京味儿的歌曲与乐曲;使学生充分感受到了北京特色小吃的文化。

　　3. 学科整合,综合思维。

　　美术与其他学科间的互相渗透和融合是现代课程改革的发展趋势。教师在讲解全国各地的特色小吃时,与综合实践课相结合,将学生搜集的自己家乡的特色小吃的图片贴在中国地图上,使学生了解到特色小吃遍及全国各地。在介绍北京的小吃时,与音乐学科结合,请学生听一段北京小吃的歌曲,从歌曲中寻找吃过的北京小吃,激发了学生学习的兴趣。美术与其他学科整合,不仅提高了美术课堂教学的效果,还有利于学生综合思维与综合研究能力的培养。

现　场

艺　术

"知本为长　育美恒馨"2015—2018 年学校美育成果荟萃

2017 年 6 月 1 日,诗词梦,中国梦——长辛店中心小学第二届"艺"彩纷呈嘉年华

2017 年 6 月,"大小携手,美焕童心"首师大高参小项目展示——舞蹈《舞起幸福鼓》指导教师:陈佩璇 表演者:学校舞蹈社团

2018 年 4 月 26 日,第一届校园风筝节

2018 年 6 月 21 日,"花开有声 七语童心"长辛店中心小学戏剧节暨高参小项目戏剧专场(一)

2018 年 6 月 21 日,"花开有声 七语童心"长辛店中心小学戏剧节暨高参小项目戏剧专场(二)

2018 年 12 月 20 日,二年级戏剧课及社团学期学习成果汇报 执教:文雯 表演者:全体二年级学生

2018 年 12 月,七语儿歌表演联唱 指导教师:文雯 瑞晓辉 小语教师 表演者:全体三年级学生＋中文戏剧社团

2019 年 12 月 23 日,"从课本到课本剧"二年级教育戏剧课本剧汇报:二年级(3)班《曹冲称象》指导教师:文雯 王健辉

2019 年 12 月 23 日,"从课本到课本剧"二年级教育戏剧课本剧汇报:二年级(5)班《狐假虎威》指导教师:文雯 李雪玲

2019 年 12 月 23 日,"从课本到课本剧"二年级教育戏剧课本剧汇报:二年级(1)班《小蝌蚪找妈妈》指导教师:文雯　李丽

2019 年 12 月 23 日,"从课本到课本剧"二年级教育戏剧课本剧汇报:二年级(4)班《狐假虎威》指导教师:文雯 彭天添

2019 年 12 月 23 日,"从课本到课本剧"二年级教育戏剧课本剧汇报:二年级(2)班《寒号鸟》指导教师:文雯 谭慧 瑞晓辉

2019 年 12 月 23 日,"从课本到课本剧"二年级教育戏剧课本剧汇报:二年级(6)班《玲玲的画》指导教师:文雯 何金莲

打击乐课 1—执教:刘芯

打击乐课 2—执教:刘芯

二年级戏剧常态课 1—执教:文雯

二年级戏剧常态课 2—执教:文雯

二年级戏剧常态课 3—执教:文雯

二年级戏剧常态课 4—执教:文雯

二年级戏剧常态课 5—执教:文雯

二年级戏剧常态课 6—执教:刘晨阳

教育戏剧游戏《一二三木头人》—执教:文雯 助理:时艳新 瑞晓辉

2016 年 4 月,刘芯打击乐课—强音练习

英语戏剧社团训练课 1—执教:龙少安 助教:廉丽

英语戏剧社团训练课 2—执教:龙少安 助教:廉丽

英语戏剧社团训练课 3—执教:龙少安 助教:廉丽

英语戏剧社团作品:《暴风雨》指导教师:吴中东 文雯 廉丽 梁曦 瑞晓辉

英语戏剧社团作品:《彼得·潘》指导教师:RO-MA 廉丽 瑞晓辉

英语戏剧原创作品:《丝绸之路》指导教师:吴中东 ROMA 廉丽 瑞晓辉

英语戏剧社团作品:《花木兰》指导教师:文雯 时艳新

英语戏剧社团作品:《卖火柴的小女孩》指导教师:吴中东 ROMA 廉丽

英语戏剧社团作品:《匹诺曹》指导教师:ROMA 吴中东 廉丽 瑞晓辉

中文戏剧社团训练课1—执教:文雯 助教:时艳新

中文戏剧社团训练课2—执教:文雯 助教:时艳新

中文戏剧社团训练课3—执教:文雯 助教:时艳新

中文戏剧社团训练课4—执教:文雯 助教:时艳新

中文戏剧社团训练课5—执教:文雯 助教:时艳新

中文戏剧社团训练课6—执教:文雯 助教:时艳新

中文戏剧社团作品:《三顾茅庐》指导教师:文雯 时艳新

体 育

2017 年首师大高参小汇报演出——足球操 指导教师:程剑 常凯 李海霞

2018 年 11 月 30 日,中国教育电视台"绿茵好少年"足球文化节

2019 年 4 月 17 日,家长网络开放日之二年级早操 指导教师:刘建国

长辛店中心小学休育改革之课间操模块化

刘建国老师全国活力校园参评案例:《培养学生裁判员为学校开展阳光体育活动提供有力支持》

足球操一指导教师: 程剑 常凯 李海霞

足球常态课一执教: 程剑

足球社团训练课 1一执教:程剑

足球社团训练课 2一执教:程剑

外　语

2015 年 12 月 25 日，"童心看世界，七语风采秀"高参小项目外语成果汇报

2018 年 12 月，七语儿歌表演联唱 指导教师：文雯　瑞晓辉　小语教师 表演者：全体三年级学生＋中文戏剧社团

德语社团作品：《白雪公主和七个小矮人》指导教师：刘晨　贾佳　瑞晓辉　李海霞

德语微课 1—执教：陈欣怡

德语微课 2—执教：陈欣怡

德语微课 3—执教：裴港悦　王嘉彬

俄语社团作品：《狼和小羊》指导教师：王伊　王思佳　瑞晓辉

俄语社团作品：配乐朗诵《假如生活欺骗了你》(首都第八届中小学生外语节二等奖)指导教师：王伊　王思佳　李海霞

俄语微课 1—执教：杨倩雯　吉璐瑶

俄语微课 2—执教：王思佳

俄语微课 3—执教：王思佳

俄语微课 4—执教：王伊

俄语微课 5—执教：王思佳

俄语微课 6—执教：王伊

俄语微课 7—执教：王伊

法语社团作品：《丑小鸭》指导教师：张雨桐　齐雅伟　瑞晓辉

法语社团作品:诗伴舞
《雨巷》(首都第八届中小
学生外语节三等奖)指导
教师:齐雅伟　张婷超
陈佩璇　瑞晓辉

法语微课1—执教:
齐雅伟

法语微课2—执教:
齐雅伟

法语微课3—执教:
张婷超

法语微课4—执教:
张雨桐

日语社团作品:情景朗
诵《枫桥夜泊》《春夜喜
雨》(首都第八届中小学
生外语节一等奖)指导
教师:瑞晓辉　杨雪晴
李虎　文雯

日语微课1—执教:
闫晓宇

日语微课2—执教:
闫晓宇

日语微课3—执教:
吴星宇

日语微课4—执教:
吴星宇

西班牙语社团作品:短剧
《三顾茅庐》(首都第八届
中小学生外语节一等
奖)指导教师:唐海月
谢雨鹤　文雯　瑞晓辉

西语微课1—执教:
谢雨鹤　唐海月

西语微课2—执教:
谢雨鹤　唐海月

西语微课3—执教:
韩蕊　陈润芝

西语微课4—执教:
梅清

心 语

教师心语

我是长辛店中心小学一名普通的英语老师，今年已经是我在这里工作的第六个年头。这里有宽阔的校园、友好的同事、和蔼的领导和可爱的学生。我越来越享受在这里工作的时光。

作为一名一线教师，我每天都要与课本与学生打交道。6年过去了，课本在变，学生在变，我也从刚走上讲台的青涩、容易紧张的新教师，成长为如今比较成熟的经验型教师了。这些变化离不开自己的努力，当然更离不开学校搭建的良好平台。

2015年，高参小项目启动。首都师范大学与长辛店中心小学友好地牵手了。一时间，丰富的教学资源，先进的教学理念，专业的培训团队便一起来到我们的校园里，就像春风一样吹到我们每一位师生的脸上。操场上的畅快淋漓，特色社团里热情投入，教室里的认真聆听，走廊展板上的丰富多彩，校园里的每一个角落，每一位学生和老师都得到了高参小项目的滋润，春意盎然，一派生机勃勃。我作为受益者之一，感到格外幸运与幸福。

2016年，我有幸参加了丰台区小学英语教师青年班，在这个班级里，我学到了一些新的教学理念，如：单元整体备课、单元任务教学、高效的课堂活动设计等。同时也了解到近几年小学英语教学的研究方向，如：基于提高学生阅读兴趣与技巧的绘本教学，单元整体授课的意义与实践等。除了学习新的教育教学理念，还有了更多的学习机会。学习期间，我认真记录每一堂课的优点和需改进的地方，积极参与课堂讨论，不断积累和提高自己的专业水平，并将学习到的东西合理运用到自己的课堂教学中去，目的是真正让学生们受益。自此之后，我校领导多次请丰台区英语教研员进校听评我的课，并逐步让我参加区级、市级的研讨课活动，把自己的磨课成果拿到更大的平台上展示，与更多区里市里优秀的教师交流学习。从2016年至今，我从一个站在公开课讲台上会紧张的年轻老师，进步为一个比较沉稳自如的成熟型教师。在这里，我要衷心感谢学校搭建的学习展示平台，感谢高参小项目的大力支持！

2017年9月，我被特聘为北京教育学院丰台分院小学英语学科兼职教研员，对我这样一名普通教师来说，这无疑是一个莫大的荣誉与肯定。我对自己的要求也提高了。我积极参加各级各类公开研讨课活动，先后承担了多节公开课的任务，从校级优课到区级优课，市级优课再到部级优课。在每一次的准备过程中我都全力以赴，在数不清的试讲和磨课过程中，我虚心听取教研员们的宝贵意见，不断改进自己的教学方法，提高课堂效率。因此，我得到了专家与学生们的一致好评，从中我找到了自信，同时也产生了一种使命感，那就是将自己所学运用到自己的课堂里，让学生们受益，并且把这些好的方法分享给其他老师，让这种方法传播开，让更多的学生受益。教学方法的提高是一方面，更重要的是提高自身的德育水平，在师德方面要做到严格要求自己，做到德育为先，要以身作则，给学生们正面积极的影响。我们的校训是：日积小善，方成大器。作为老师，我首先要做到这一点，才有资格教自己的学生们。

自高参小项目实施以来，老师们、同学们受益匪浅。这是一个利益学校、利益教师、利益学生的一个了不起的项目！因为，对于我的个人生活，高参小项目也帮了一个大忙。

2018年，我结婚了，而我的爱人就是当时就读于首都师范大学英语翻译专业的研究生。

所以，这段姻缘还要感谢高参小项目，感谢首都师范大学派到我校的助教同学们。英语组的工作比较繁忙，一名教师要负责 5 个班的教学。日常工作涉及课件制作、作业批改、学生补课等。助教的加入在很大程度上缓解了老师们的工作压力。起初，每位老师配了 5 名助教，我的爱人就是其中的一位。她认真对待每一个任务，制作课件、教具、作业的复判、单元成绩的审核与录入。对于一名研究生来说，这些琐碎的工作没有过多的技术含量，需要更多的是细心与耐心。我的爱人，她想成为一名人民教师，有了这样的前提，使得她能够认真对待教师的这些琐碎的工作，同时，不放过每一次的学习机会。比如，我要上课了，她主动提出要进班听课，学习讲课的流程。听课期间，她认真记录，并且有意识地观察学生们上课的状态，适时提醒，有了初步的管理学生的意识。看到这些，我心里很高兴，因为，我看到了她对这份工作认真的态度，看到了她对学生们的喜爱与耐心，看到了她踏踏实实的性格，更重要的是她有一颗主动进取、不断学习的心。在我眼里，她有别于大众印象中的"90 后"，她不浮躁，不骄傲，脚踏实地，认真负责。就这样，我们相爱了，在生活中，有了更多的接触。我们有着共同的爱好，绘画，音乐，英语，摄影，这让我们之间的距离也越来越近。我更加能感受到她的可爱与纯真，真诚与善良。我们非常感谢首都师范大学和长辛店中心小学的各位领导们，感谢高参小项目，因为这个项目，我们才有机会相识，相知，相爱。

因为高参小项目和校领导们搭建的平台，青年教师们才有了更多学习的机会，才有更多提高自己的机会，因为高参小项目的支持，学生们才有更多开阔视野的机会。希望这类项目能一直做下去！

谢浩

学校高参小项目中的戏剧课程给语文教学注入了新的活力，我在语文单元整体教学中融合了戏剧课程，收到了特别好的效果。我把这些收获记录下来，以便今后开展更好的研究。

一、实践背景

随着部编版教材的使用，广大教师努力学习新教材理念，学校开展了丰富多彩的教学活动。本学期学校开展了单元整体教学研究。通过一系列的学习研究实践，最后实施于教学，收到了良好的教学效果。单元整体教学是把整个单元的教学内容统一分析、研究，最后有步骤、有目的地实施教学。每一项教学内容对应一项教学环节，每一项教学内容都有其重要的作用。单元整体教学加强了教学内容的联系，教学步骤更清晰，提高了教学效率。

学校高参小项目中的戏剧课程，深受学生的喜爱。我一直在思考，如何把戏剧课程和语文教学结合起来？如何更充分调动学生的学习积极性？如何突破教学难点？随后我和负责戏剧课的文老师进行了探讨，决定使用部编版语文二年级上册第五单元来开展教学研究。

二、实践过程

确定了实践内容，我开始进行前期的学习和准备。我充分研读了教材，又学习了戏剧课的相关内容。二年级上册第五单元共有三篇课文、语文园地和口语交际。这三篇课文是《坐井观天》《寒号鸟》《我要的是葫芦》。单元的人文主题是思维方法，语文要素是初步体会课文讲述的道理。通过对整单元整体教学内容的分析，我们决定在《寒号鸟》这一课找到切入点。这篇课文居中，在单元中有着连接和提高的作用。

文老师带着学生进行前期戏剧课基本功教学，在教学《寒号鸟》这一课后，学生将这篇课文以课本剧的形式出演。

首先是对课文的理解。学生在上语文课的时候充分朗读课文，我调动学生的积极性，带着学生通过不同形式朗读课文。然后再引导学生对课文内容思考,学生交流讨论,老师从正面积极引导。学生能说出故事中的道理。

接着来到戏剧课堂。学生根据自己的情况选定角色,还有部分学生不知道如何选定角色,教师会全面分析学生的情况,并跟学生商量,征得学生同意后再排练课本剧。排练课本剧的过程又是一个学习、巩固、再创新的过程。初排课本剧,学生多次复习课文朗读。"书读百遍,其义自见"。学生在排练和朗读中更加深了对课文内容的理解,从而达到了初步体会课文讲述道理的目的。

课文内容是一个载体,学生展示的舞台表演也是重要的内容。排课本剧之前文老师已经教会了学生很多的舞台表演技巧、气息的训练以及角色的神态心理动作表演。在排练的过程中学生要完全融入表演的角色中,寻找到表演的最佳状态。大部分学生在表演的时候,能把表演和生活实际联系起来。比如老师在指导扮演喜鹊的卢冠然同学表演时,老师问道:"你看到《寒号鸟》住在岩缝中是什么感受?"卢冠然同学说:"很奇怪,很吃惊,这太危险了!"老师就赶紧提醒他,可以把"它怎么住在岩缝里呀?多危险啊!"这句话加到台词里面。老师和学生反复排练,反复修改,力求呈现出最佳的效果。

三、实践效果

1. 戏剧教学与单元整体教学相结合,突破了教学难点。

第五单元的教学重点是初步体会课文讲述的道理。课本剧演到最后学生能明白做事千万不能拖拉,并能背诵《明日歌》。学生从亲身表演、内化体验再到说出道理是一个自然而然的过程,这比在教室里生硬地说教印象要深刻得多。

2. 戏剧教学与单元整体教学相结合,激发了学生的学习兴趣。

戏剧课深受学生的喜爱,学生们是站在舞台上上课,不需要坐在座位上,这种特别的形式,对于他们来说就是"玩",在玩中学,在学中玩,自然会收到良好的教学效果。

3. 戏剧教学与单元整体教学相结合,增强了学生的自信心。

记得有一位特级教师说过:学生站在座位上回答问题和站在讲台上回答问题,效果是不一样的,不要小看这一转身,这是学生自信心的提升!同样的道理,学生站在教室里上课和站在舞台上上课,效果更是不一样的,这更是学生自信心的飞跃!看到学生们汇报演出时表现出来高度的自信,看到台下家长们骄傲、吃惊、赞许的眼神,我和文老师很欣慰。

4. 戏剧教学与单元整体教学相结合,培养了学生的创新精神。

课文中的寒号鸟,因为懒惰最后在寒冷的夜里冻死了。学生们排练几次以后都说这是一个悲伤的故事,可不可以让寒号鸟不冻死呀?同学们可以发挥自己的想象力把这个故事改编一下,于是大家纷纷发表自己的看法,有的同学说它可以到喜鹊家去住,有的同学说它可以买一个电热器,还有的同学说它可以坐飞机去海南……在后来的演出中就加入了这些内容,学生在表演中有自己的想法,这是特别难得的。

5. 戏剧教学与单元整体教学相结合,增强了班级凝聚力。

在多次的排练中同学们团结一致,配合默契。扮演枯树叶的徐兰琦同学准备了很多枯树叶,每天都用一个袋装好,如果别的同学忘带了,他会分给同学们一些。每一个环节,同学们都熟记在心,全班同学就是一个整体,演出时一气呵成。这与全班同学的团结协作是分不开的。通过这次活动,明显增强了班级凝聚力。

四、实践反思

1. 戏剧课程在语文教学中可以形式多样,除了全班同学参与的大型演出,也可以让学生表演课本中最精彩的情节,还可以让学生分小组表演,这样可以充分培养学生的组织能力。

2. 在教学过程中还可以更大程度地发挥学生的主动性和创造性,比如把课文改编成剧本,这一过程可以让更多的学生参与进来,老师的指导和学生的创新相结合,会收到意想不到的效果。

戏剧课程与语文教学相结合是一种新的尝试,我们在学习中实践,在实践中积累经验,相信在未来的教学中,我们会越来越好,让更多的学生受益。

谭慧

◇◇◇

作为高参小项目的受益人,很幸运参加了首都师范大学高参小项目组对于小学语文文本解读与朗诵的培训,此次培训使我增长了不少见识,也了解了一些朗读的技巧。

培训中,张凤霞老师向我们讲解了朗诵的技巧,重点从朗读的气息、发声、吐字、姿势、手势和表情等方面进行了讲解。这让我们对于朗诵技巧有了更加深入的认识,同时掌握了一定的训练方法。听完讲座,使我感受到,在日常教学中,朗读课文,既是读的训练,也是说的训练。朗读,要把无声的书面语变成有声的言语。教师能够认真、恰当、适时地引导学生的朗读,就能让语文课堂教学"活"起来。

一、在朗读教学中让学生学会朗读

在朗读教学中让学生学会朗读。朗读的指导和训练要有层次,要充分进行感悟。在老师的引导下,学生边读边悟、边悟边读、读读悟悟。不是通过教师的讲析,而是通过自己的品读感悟来达到对课文内容的理解。朗读教学价值在于高效与深刻,课堂上既洋溢着学生琅琅读书声,又涌动着学生揣摩品味的思维潜流,课堂教学的活跃外象与学生思维的深层触动同时生辉。

朗读教学中,朗读的方式虽多,但无论哪种朗读,都是阅读教学中的一个重要的组成部分,更是帮助学生培养语感,理解课文内涵,从而达到教学目的的重要手段之一。而有效朗读的训练,必须同思维活动紧密地结合起来,特别是同想象紧密地结合起来,才能诱发学生的语感。语文学习,离不开想象。学生在学习语文中没有了想象,就无从对语言进行感受和理解。

二、老师的范读,可以激发学生的朗读兴趣

在平日里,我喜欢用多媒体放出朗读,我以为只要孩子们能读准音就行了,而张老师站在我们中间精彩的范读,以声传情,形神兼备,不仅使我对课文内容产生感情,还使我受到感染。因此,她每次范读,几乎都能把我带到文章的情境中,使我听得如痴如醉,情感也随之跌宕起伏,这时的教室异常安静,随着张老师的朗读情感,我们的心和作者的心碰撞在了一起……很多时候都会情不自禁地跟张老师一起读起来。同时让我明白,范读激发了学生朗读的兴趣。老师声情并茂的朗读,可以触及学生的内心,使学生及时把握住了文章的感情基调,也掌握了感情朗读的金钥匙。

三、划分节奏,改变符号

划分节奏,我以前总认为是单一的、一成不变的。听了张老师的讲解,让我知道原来划分节奏可以根据意境与理解诗意来划分。标点符号好比音符,它们牢固地缚住文章,不让它撒落。小学语文教学的重难点是阅读和作文的教学,而标点符号的掌握又是其中的一个难点,尤其是低年级小学生,在初步接触和学习标点符号的过程中,会遇到很多困难。我们如果在平时告诉他们这种朗读方法,会不会对他日后阅读与写作造成影响,这也值得深思。被选入教材的课文每一篇都是文质兼美的,它们不仅思想内容积极向上,语言文字准确生动,而且标点符号

的使用也极其讲究,标点符号的学习也离不开朗读。

总之,朗读是提升语感品质,提升言语品位的捷径,朗读是提高学生语言感悟能力的行之有效的好方法。朗读教学,是语文教学的优秀传统,随着教改的深入发展,作为语文教师,我们更有必要将它继承并发扬。

马岩琦

～～～～～～～～～～～～～～～～～～～～～～～～～～～

面塑又叫作捏面人,是一项中华民间传统艺术。它是手工制作与创意想象相结合的传统手工艺。面塑艺术扎根于民间,与我们的生活紧密相连。借助高参小项目,根据我校制定的校园美育理念,把面塑这项中华传统民间艺术带进课堂,使我校学生在文化素养和动手能力方面得到了有效培养。

在这项活动中我有幸担任面塑社团的指导老师,教学初,教授孩子们基本的手法揉、搓、捏、压、剪、刻、划、粘、滚等,孩子们的兴趣非常高。看着他们掌握了初步揉面的技巧,把一团面变成小鸡、小鸟、熊猫……他们展示着、微笑着、感受着制作过程带给他们的快乐,有的孩子在学习上成绩不是很尽如人意,但是在这里孩子们找到了成功和自信,展现出他们对面塑这门艺术具有浓厚的兴趣。此时,我更能体会校园美育的理念在学校教育的重要性。在社团活动中,我根据学生的年龄特点和学习基础制作了一系列课件,包含面塑背景、基本手法、各式各样的面塑图片,拓展孩子对面塑的知识。通过社团活动,孩子们感受到面塑艺术的独特魅力,同时也提高了他们的创造力和民族自豪感。

高参小项目走入我校的几年中,在每周都有面塑社团活动的基础上,我校开展了多次艺术展示活动,如"风情节""艺术节""高参小汇报会"。在艺术节时我带领社团的孩子们在操场上支起了小摊位,展示着我们社团课上制作的作品,还现场为嘉宾们、同学们、老师们表演捏制过程,几分钟的时间我们就能制作出栩栩如生的作品,没有参加社团的孩子向我们投来了羡慕的眼神,社团中的孩子们更加自信,更加积极地表现着自己不断进步的手艺。随着不断地学习,孩子们的手艺也在进步着,我开始设计增加难度,让面塑作品与古诗、与情境相结合,制作出更加完整的作品。在高参小四周年时,我还有幸为高参小项目亲手制作面塑大蛋糕表示祝贺,这些都要感谢高参小的平台,感谢校领导的英明决策。

高参小项目让我受益匪浅,让孩子们获得了更多的知识,开阔了更宽的眼界,为我和孩子们了解祖国博大精深的传统艺术铺设了宽广的大路,陶冶情操,增加自信,为以后更好发展提供了有利的支撑,千言万语化作感谢,感谢有这样的好机会,感谢高参小项目,感谢各方领导鼓励与支持,我作为老师必不忘初心,砥砺前行!

白德毅

～～～～～～～～～～～～～～～～～～～～～～～～～～～

书法艺术是我国源远流长的传统艺术,是中华之瑰宝。能够写一手漂亮的字,是一名教师的基本功。高参小项目让我们近距离聆听到首都师范大学姜栋教授的讲座,同时也感谢学校领导为我们搭建的学习平台,通过学习让我受益匪浅。

这次培训使我意识到硬笔书法对于教师的重要性,教师的字会潜移默化地影响学生的字体,这让我倍感压力。书法不仅仅是一项基本技能,更重要的是传递着一种责任,是传承祖国书法传统文化的责任。学习书法不只是提高写字水平,还能提高人的艺术修养和人的良好心理素质,陶冶自己的情操。

姜栋教授在授课时的语言浅显易懂,幽默诙谐,让我耳目一新。他首先教会大家"学会读帖、学会看字"。从基本笔画入手,结合汉字特点,给大家讲述了硬笔书法的基础知识。每节课上都生动认真地为大家演示硬笔书法的"起笔、运笔、收笔"。让我印象深刻的是,姜教授让我们由简入手,一定要把基本笔画练好。"横、竖、撇、捺、点、提、折、钩"这些基本笔画,每一笔都必须经历"起笔、运笔、收笔"三个过程。一笔一画是基础,从基础笔画入手,改变原来的不正确的书写习惯,建立新的正确的书写习惯,是写好字的开始。同时为我的语文识字教学工作提供了很大的帮助。

练习书法写好基本笔画是不够的,更重要的是坚持和耐心。这一点我在姜教授身上深深地体会到了。姜教授工作非常繁忙,但每周五坚持到我校为大家授课,认真查阅作业,风雨无阻,让我认识到练习书法要有毅力,能够日复一日地坚持下去,要持之以恒,不能半途而废,才会有收获。

书法是一门艺术,不是一朝一夕练就的,在今后的工作学习中我需要静下心来认真练习,养成良好的习惯,加强自身修养,提高自己的业务水平,做一名合格的教师。

卜丽靖

时间过得真快,一转眼踏上教师的工作岗位已经四年了,从初出茅庐的大学生到现在,我成长了许多,无论在教学和学生管理方面都积累了不少经验。这四年来的成长和进步离不开学校领导的督促和帮助。还要感谢大学时期有这个宝贵的机会参与首都师范大学"高校参与小学"项目,在长辛店中心小学实习,每周给一、二年级的学生上舞蹈普及课程,参与学校的文化艺术活动,最后非常幸运地在长辛店中心小学工作,成为一名小学舞蹈教师,踏上了教师这个光荣的职业道路。下面我来谈谈通过高校参与小学的项目,我在教学工作中的成长和体会。

记得刚步入工作岗位的时候,像每个新老师一样,我相信老师这个职业是充满无限的光辉,对未来的课堂和学生充满美好的期待。同时我也像每个新老师一样害怕在教学上出现问题,比如怎样与学生相处,使学生学有所得。促使我不断提高自己的教学水平和思想觉悟,并顺利完成教育教学任务,要充分发挥教师的魅力让学生在快乐中学习与成长。

首先谈一下在教学方面的体会,我主要担任一二年级舞蹈课程的教学工作,还负责学校舞蹈社团的训练工作。通过不断地反思和整理,完成了一年级、二年级的校本舞蹈教材。在教学上从备课、上课、听课、评课以及做好课后反思等工作。参加了学校的常馨杯教学评优课,获得了一等奖,在教学方法上也有了一定的认识和提高,在课前积极准备,课后及时进行反思和总结,希望在以后的工作中不断提高自己的教学水平。

其次是学校活动方面,我还担任了小蓓蕾舞蹈社团的教学工作以及少先队集体舞比赛、首都师范大学参与小学项目的相关活动。参加丰台区第三届北京市少年交警队交通安全会操评为优秀指导教师。参加争做新时代好队员——舞动中国梦校园集体舞大赛,获得三等奖。在首都师范大学高参小项目推进研讨会活动中,指导《七语儿歌表演联唱》的展示活动。编排法语节目《雨巷》,参加首都外语节展示活动节目录制。最难忘的是编排舞蹈《弄堂记忆》,参加丰台区第二十二届学生艺术节演出活动,获得二等奖。

2017年6月,我带领舞蹈社团的学生,参加了首都师范大学艺术季系列演出之高参小项目汇报演出,以长辛店中心小学一名教师的身份,再一次回到母校,颇为感慨,希望在未来的道路上能不断成长。

陈佩璇

时光荏苒,高参小项目到了收官之年,几年来在这个平台的推动下,我校的体育面貌焕然一新,这里面有成功的经验和失败的启迪,无不浸透着领导和广大师生的辛勤汗水。我们积累了如何培养学生的核心素养,如何锻炼学生的体质、提高体能、掌握锻炼的方法、养成锻炼的习惯等方面的宝贵经验。

体育教师的理论和专业技能不同程度的提高。教学上进行了从身体素质方面入手进行教学改革的探讨,要求以密度和强度作为衡量学生锻炼效果的指标,配合丰台教育分院进行地方课程改革研究和展示,体育教师的教学水平有明显的提升,得到专家的认可和表扬!

促进学生体质健康方面。我校从课间操入手,形成了具备我校特色的模块化游戏式的锻炼模式,结合锻炼身体素质的内容,利用学生裁判员进行评价和管理,深受学生喜爱,两个课题确认成为区级课题进行研究!

学生在小学 6 年里可以至少掌握两项球类技术,开展丰富多彩的竞赛活动,比如跳绳比赛、三大球类联赛、趣味运动会、吉尼斯挑战赛等赛事,并建立了家庭锻炼方式的尝试,得到广大家长和学生的支持,为培养学生的终身体育意识打下了坚实的基础!

希望高参小项目继续伴学生成长,加大支持力度,促进校园体育文化建设,体育教师交流培养,教育科研的指导,开展丰富的校园体育活动等方面坚定地、深入地走下去!

张建忠

2016 年,在高参小项目的支持下,我校体育组制定了"创造学生锻炼空间,培养学生锻炼兴趣,全面提升学生身体素质,并为培养终身体育锻炼习惯奠定基础"的三年规划。在这三年的工作实践中,围绕规划的整体要求,根据体育活动的需要,我们成立了学生裁判组,让学生体验规则运动,在规则运动中学会运动的规则,运用规则,并能够为学校举办的各项竞赛服务,以解决竞赛裁判人手不足的问题。同时,大课间我们实现了班主任老师不跟班,由学生裁判员承担管理的重任。与此同时,进行大课间的评比,出台了大课间校园先锋榜。我们制定了详细的评比和管理细则,每周进行大课间评比,并张榜于校园醒目位置,方便各班学生及时了解本班的参与活动情况。这些裁判员,每天参加晨练,在运动中学习和体验运动,同时学习与人交往的常识,学会与各种性格的同学打交道。学生裁判员不但运动能力和身体素质不断提高,而且在工作的开展过程中体育育人的功能也得到了充分的体现。

随着体质健康的社会关注度越来越高,为了调动学生参与运动的积极性,我们开展了挑战"校园吉尼斯"的活动。根据以往的运动成绩和年级特点设置了不同的运动挑战项目以及各个项目的种子成绩及种子选手,公示于"校园吉尼斯"榜。学生每个月进行一次挑战活动,更新上榜。学生裁判员承担了全部的工作任务,同时自己也要参与到挑战活动中来。校园沸腾了,自主锻炼的学生多了起来,充分地体现出了学生锻炼主体地位。

为孩子创造条件,搭建展示的平台,促进学生自主锻炼,让孩子真正成为锻炼的主人,是体育老师的责任与任务。通过这几年的探索与研究,学生裁判员队伍在不断地更新与发展。我相信,上下一心,众志成城,我校的体育工作会迈上一个新的台阶。

刘建国

我校五年来在高参小项目理念下,使得课间操和校园运动会有了很大突破,我也为之贡献出自己的一份力量。

在课间操管理形式上由原来的做广播操的固定模式调整为现在的模块化管理。整个课间操,从学生入场、啦啦操预热、准备活动、专项活动、放松整理、场地转换等都是用音乐来贯穿控制。这样既增强了学生们的活动量,也提高了练习的兴趣,而且每个年级的练习项目不同,会根据年级特点进行设置,练习一段时间各年级的练习内容会进行轮换调整,总之一个课间操下来,虽然孩子们身上充满了汗水,但脸上却洋溢着青春的笑容,达到了锻炼育人的目的。校园春季运动会也由原来的以跑、跳、投为主的单一项目转化为人人都感兴趣、都在积极参与的体乐汇模式。无论是在比赛形式或项目的设置上,我们每年都在不断地创新,力求让每一名学生都能参与比赛,都有登上领奖台的机会,在运动中享受成功的乐趣。

在高参小项目的引领下,学校的讲台变宽了,舞台变大了,既培育了学生的艺术情操和体育特长,又全面提升了学生的综合素质;既助推了学校体育教育的进程,又提升了学校的影响力。我期望在未来的日子里,高参小项目能够结出更多的硕果,让每一个孩子获得更多元的发展,更快乐地成长。

杨涛

自2015年以来,学校应上级要求参与高参小项目,体育工作也因此发生很大变化。首先是理念上的改变。通过参与高参小活动开阔了老师们的眼界,拓展了老师们的思维,由原来的教师上好体育课变成了学生上好体育课,原来是课上要教会学生什么,现在是学生上完课后有什么收获。把复杂的教学活动变成学生的体验拓展,其实就是更深层次地理解教学目的和学生的需求,培养体育人才不是我们小学体育教师的最迫切的任务。我们的任务是让学生在有限的时间和场地里有最大的收获和成长。让学生喜欢体育课;让学生在课上自觉动起来。把这两点结合起来,巧妙地融合在教学内容里就是我们的努力方向。这对教师的要求就更高了。学生喜欢的东西很多,游戏、比赛、表扬、创造。只要符合学生心理的内容,都会让学生自觉动起来。例如:立定跳远一课中,给学生设定不同环境、不同级别、不同内容的跳,使不同身体条件的学生在自己能力范围内过各个关口,每过一个关都是对自己的认可和鼓励。在很多次认可中逐渐训练自己的腿部力量,而自己却还沉浸在运动环境中。又如,在课间操工作中,我成立了带操团,使本该努力去学习做操的孩子们身上先有了使命感,他们学做操的目的不光是为了把操做好,还随时想着要成为别人的榜样。这样他们就会更加努力。而其他孩子也会有相同的想法,想早日成为他们中的一员。如此,带操员本身的意义就无限地扩大了。

人的运动素质包括力量、速度、灵敏、耐力、柔韧五项。如何在课堂上发展这些素质成了我们体育课堂的主线。我们体育教师就是要深入理解运动本质和学生需要,用自己的努力让孩子真正地有收获,锻炼出强健的体魄,以适应社会的需要。

王卫民

高参小项目在我校开展五年来,我作为一名体育参与者收获多多,看着我校体育工作一年一个样,学生的身心在活动的开展过程中得到了健康的发展。我们的体育教师在此项活动中也得到了学习和启发。在课间操上,改变了上操组织学生随着音乐完成几套操的机械模式,在体育老师安排下学生随着音乐分组完成多套体育活动,增加了学生上操的兴趣,锻炼了学生的体能,使学生在有效的时间内大汗淋漓,达到了锻炼听音乐开始行动的能力,锻炼了学生的组织能力,锻炼了学生的纪律性。通过三大球进校园,我校引进了足球进课堂的活动,通过此活动锻炼了学生的拼搏精神和组织配合能力。通过改进原有的运动会模式,增加了学生在运动竞赛中的乐趣性,课堂上增加了密度和强度的要求,提高了体育课的教学目标和教学质量。

段德剑

在高参小项目支持下,我校成立旗队方阵,在开始组队的时候,我们几个体育老师和主管李海霞、瑞晓辉老师也是煞费苦心。首先选人,初拟名单,再经过层层筛选,最后定人。每个同学表现得都非常好,训练也都特别认真,两只小手举着旗杆,在操场上一遍一遍地练习,但没有一个同学喊苦喊累。在最后定人时,让谁离开都是万分不舍。入场的几分钟展示,背后都凝结着老师和同学的汗水。就如10月1日祖国大阅兵,我们看到整齐划一的方阵,其实是战士们多少个日日夜夜训练出来的,背后付出的汗水和泪水只有自己知道。

高参小设立的目标就是利用大学学校体育、美育的专业素质和优势资源,助力小学全面普及艺术教育和体育,让美育和体育成为每个学生的必需品。

在高参小助力的五年中,我校学生受益匪浅,每个学生都以健康、快乐的心态在幸福地成长。

杨秀英

过得真快,一晃高参小项目在我校开展活动已经六年了。在这六年中,首都师范大学把最先进的教学理念和经验带给了我们学校,尤其是体育工作。在引进过程中,我参与了体育活动的开展,从中获益匪浅。

上操。从入场就要求学生挺胸抬头摆臂,使得学生的精神面貌有了很大的提高,在操的内容上也做了很大的改进,以小组为单位听音乐,做各种体育活动,再随着音乐进行小循环。通过操的内容改进,向学生进行了思想教育,培养了学生的自觉性、组织性、纪律性。上课和开展各类体育活动。引进球类进校园,培养了学生的拼搏精神和团结协作精神。各类体育活动进校园增加了学生课间活动的兴趣,丰富了学生锻炼的种类。

朱宏林

我是长辛店中心小学的一名体育老师。高参小项目是首都师范大学和我校共同合作的主要关联音体美的一项活动。此项活动的目的:主要是从大学的着眼点,高屋建瓴地给予小学的音体美教育以全面系统的方向性引导。这对于我们这些长期在小学义务教育阶段工作的老师们来说,带来了很大的震动!长期以来,音体美课在只抓成绩的功利主义思想下是不被重视的,是可有可无的!而几年来,在这个平台的推动下,我校的体育面貌焕然一新,一方面来自领导层面;一方面来自老师层面;一方面来自学生层面。首先,领导层面,感谢李校长和主抓体育教学工作的李海霞老师。我们都知道一件事要想干好,从立意、发展、落实,到最后的评价反馈都需要一个强有力的推手,李老师就是我们背后这只无形的手!其次,教师层面,我们有一个和谐的、像家一样的体育组。这里要提一下我们的"家长",也就是组长张建忠老师。他无愧于共产党员这个称号!他关心每一个组员,而且是全方位的!无论是工作还是生活或是学习几乎面面俱到!他真正做到了全心全意为党奉献,为大家服务!当然,还有我们这个大家庭里的每一位兄弟姐妹。互相理解,互相帮助的利人主义思想是极不易形成的!但是,我们的体育组就形成了这种思想!再次,学生层面,我们的孩子好啊,他们爱玩!这本身就是对体育的认可。他们勤于付出,不怕苦不怕累!老师给定的训练计划按时保质完成,有时甚至会超额完成!

都说老师是园丁，在教育这个大花坛里，应该让"花朵们"自由地开放！园丁需要做的是恰到好处地浇一点儿水、施一点儿肥！体育是伴随我们一生的教育，是融入骨子里的习惯！它不应该停下，它应该一直走下去！

最后，请大家记住：生命不息，运动不止！

张志山

来到长辛店中心小学已经两年有余，在这里首先感谢学校和高参小项目给予我们教练员的信任与支持。

在学校，学生参加社团是从兴趣出发，都抱着好玩的心理，练球没有方向性和目的性，棒球的基础训练又很枯燥，所以我们教练要抓住学生的特点，调动球员的自觉性和积极性，激发他们的训练热情，让他们懂得：运动技术水平的提高必须经过长期不懈的努力和勤学苦练的过程。在训练过程中如何发挥教练的主导作用是很重要的，教练是训练课的组织者与指导者，指导者自觉性和积极性的高低对球员有着直接影响，必须要严格要求自己，以身作则，做球员的榜样，不断提高自己的思想觉悟和师德修养水平。学生对教练的一言一行，往往都要学习、模仿，他们对教师的热情教诲是乐于接受的。因此，凡是要求学生做到的，教练必须首先做到，并且以自己对工作的热情和认真负责的态度去影响队员。努力钻研业务，提高训练教学质量，这样才能更好地发挥主导作用，和学生打成一片，才能让他们做到尊重你，喜欢你。

最后祝长辛店中心小学棒球社团越办越好，孩子们都有很好的前程。

李建宇

转眼间，来长辛店中心小学上班已经一年半的时间，从一名专业运动员转变为一名教练员，感受颇深。

从一名运动员转变成教练员是艰难的，在我看来，最重要的就是耐心二字。在我刚开始上棒球课的时候，在教孩子技术方面的东西的时候，我觉得很简单的东西，但是孩子们就是做不好，我当时很生气，可是后来发现，是我自己的语言表达不够好，我所表达的东西，在孩子们理解范围以外，我教得太快了，耐心不足，没有站在孩子们的角度来思考问题，而且最重要的一点，其实棒球训练是很无趣的，但在小学生的棒球训练课中，为了要保持孩子们的专注度和兴趣，不能一味地进行单一训练，要把娱乐性提高，比如每天增加娱乐性游戏，在游戏中提高孩子们的技术、团队合作的精神，让孩子们时刻感觉到对棒球的兴趣。要勤跟孩子沟通，聊聊天，保持教练员与队员之间的感情与信任度。

因为从小就打棒球，我深知棒球运动给我带来的影响是巨大的。棒球不像其他集体项目，靠一个人是不足以赢下比赛的，它很能提高孩子们团队合作的能力。我带队员们出去比赛已经有3次了，从第5名到第1名，我看到了他们的努力与拼搏，作为教练员我很开心，希望棒球能带给他们的，不只是棒球运动技术的提高，还有意志品质的提高。

这一年半的时间，队员们有进步，同样对我自己也是个磨炼。感谢校领导的支持，希望长辛店中心小学的棒球队越来越好。

佐新琛

自从2014年高参小进入校园以来，很大地提升了学生们对体育项目的积极性和活跃性。在如今的社会，学生的学习压力越来越大，从而忽略了孩子的运动项目，孩子不应只有脑力劳动,也应该有一部分的体育活动,这样才会让孩子更健康地成长。自从高参小进校园以来,我们看到了孩子们的热情,也得到了家长的认可和支持。对于足球这项运动,我们也一直在尽全力培养孩子们对足球更专业的认知与训练。作为教练,我们努力学习足球方面的最新技术及知识,获取最先进、最科学的训练方法,更加有效地提升学生们的专业水平,培养出优秀的足球人才。这些年我们也培养出了很多优秀的学生,有的学生被国安选中。感谢高参小这个项目,让学生跟教练一起成长,孩子们体能健康方面也都有所提升。希望高参小的项目以后还能多多进入校园,为孩子们营造更加专业、更加健康的体育环境。

常凯

时光荏苒,岁月穿梭。转眼之际,已经是首都师范大学高参小项目第六个年头。六年的风风雨雨,我校足球社团和足球课累计培训人次达到上千人之多。社团在丰台区三大球和班级联赛中取得了优异的成绩,五年三冠,一次亚军。在北京市校园足球联赛中,分别获得第三名和第四名的成绩。还有一名队员入选了北京国安 U12 梯队。与此同时,我们也获得了足球特色校的称号。这一切都离不开首都师范大学高参小这个项目,感谢你们的支持,让我校的足球社团发展蓬勃;感谢你们选中了足球这个项目,足球是世界第一大运动,也是最受欢迎的项目之一,它给孩子带来了快乐、拼搏、挫折、坚强……足球不仅仅只是一项运动,足球更是教育,它教会我们如何在困难的时候,不要放弃,冷静思考;它也让我们学会怎样去面对失败,不气馁;它更让我们感受到赢得最后的胜利,流下激动的泪水。在比赛中,落后,扳平,反超逆转!这样的剧情,我想在生活中,只有足球能给我们带来!我们会一如既往地努力工作,因为这几年的工作让我知道,足球就是教育,而教育没有捷径,要脚踏实地,一步一个脚印地走下去,我们的路还很长。

程剑

学生、家长心语

足球是我生活中不可或缺的活动,是有益身心健康的体育活动项目。我一年级参加了学校的足球队开始练习足球技能,在足球训练中,我既感到了成功的快乐,又体会到了练习的艰辛。教练教了我许多的足球技能,有扣球、拨球、拉球、推球、传球、头球、颠球、停球、内跨、外跨等。这些足球技能听起来简单,但做起来却十分困难,需要刻苦地练习,才能掌握这些足球技能,所以每天课后教练都会带着我们练习。

刚开始练习的时候,我动作不协调,控制不好球,身体和球都不听我的话,球像一个调皮的猴子在我的脚下乱窜,想抓也抓不住它,我感到很困惑、很沮丧。是教练不厌其烦地给我做示范,帮助我,鼓励我,看了教练的动作,我感觉教练像对它施了魔法一样,任凭教练摆布。于是,我暗下决心,一定要像教练一样让足球有魔力,我开始每天认真刻苦地锻炼,练习教练教给我的每一个基本动作。休息的时候,我也在小区里的足球场让爸爸陪我练习。功夫不负有心人,它开始慢慢地"听"我的话了,我也能很好地控制它了,不再像个调皮的猴子一样乱窜了。

通过刻苦的锻炼,我还当上了足球队的队长,我觉得特别自豪。在足球运动中,我不仅强健了体魄,同时也磨炼了自己的意志,学会了许多足球技能,使我体会到了成长中那无穷的快乐。

蔡一辰

少年强则国强,足球运动是一项全民运动,应该加强青少年足球训练。学校开展了高参小项目,足球是其中一项,在这样的学校里,不仅学习知识,还能有机会锻炼身体。值得高兴的是,我的儿子在一年级的时候就参加到了这个队伍里,还当选了队长。

两位教练辛勤地付出,无论严寒还是酷暑,都带领着孩子们认真锻炼。在教练的悉心指导下,孩子成长得很快,学到了很多足球技能。通过足球训练,孩子的身体素质好了,提升了自身的免疫力,同时还让孩子明白了做任何事都不容易,需要有耐心,要持之以恒。

校园足球能得到重视,是我们家长心中所想,所盼。同时,孩子们也可以在稳定的环境中学习锻炼,对孩子的身心都是有益的。

蔡一辰家长

我叫段景涵,是长辛店中心小学学生,也是足球队的一员。

小学刚入学的时候我身体素质不太好,经常感冒,也不爱学习,对任何事都没有兴趣。自从被足球队选上踢球以后,我找到了兴趣爱好——踢足球。

经过3个学期的训练,让我收获很多,首先身体素质有了很大提升,现在基本不怎么感冒,然后就是上进心和团队意识,一开始我有点胖,协调性不太好,经过足球训练都有了很大变化,现在的我还是有很多不足,在以后的训练和生活中我要克服这个毛病。

我的进步离不开学校、老师、教练的帮助,尤其两位教练每天放学都要带我们踢球,风雨无阻,周末休息还要带我们打比赛。在这里我想对两位教练说一声:你们辛苦了! 感谢你们的培养教导,不管以后我们走到哪里,从这里培养的不服输的足球精神都会跟随我们。

段景涵

自从踢了足球,孩子的身体素质越来越好了,也不是天天只知道玩了,有了一个爱好。

小学刚入学的时候孩子经常感冒,身材"发福"得厉害,还容易受伤,同学都叫他"小胖儿",干任何事情都磨磨叽叽,也没有上进心。

自从一年级被足球队选中开始踢足球,现在已经踢了3个学期了,身体素质明显提高,也很少生病了,冬天也能坚持,夏天也不怕热了,小伙子一天比一天高,身板越来越壮,有求胜欲望。这些进步都是学校、老师、教练的功劳。在这里,我向各位老师、教练说一声:您辛苦了。

段景涵家长

我们喜欢足球,因为它给我们带来了欢乐,让我们从中学到了很多东西,从而慢慢了解喜欢足球。

1. 在足球运动中,孩子会学会如何沟通,由于这项运动非常依赖集体,孩子必须学会怎样与教练沟通,与队友相互交流,甚至对赛场的判断,把握时机,这些都不是一个人可以独立完成的,要有大家的共同努力,为了同一个奋斗目标。

2. 足球运动能够增长孩子的体质,使他们的各项身体机能全面发展,从中得到更好的锻炼,告别懒惰,勤奋进取,健康苗壮地成长。

3. 在锻炼中，孩子们的关注会从球到场，从场又到战，提高了孩子的洞察力，每一个进球、鼓励的斗志，增加了自己的信心，每丢一个球，让失败挫折来磨炼意志。只有不断地挫折进取，才会让他们学会永不放弃，学会如何去面对眼前的一切。

4. 运动中孩子们会逐渐地培养出自己的耐心，去面对赛场，在球场上，能够让他们懂得怎样去尊重对手，尊重他人，甚至尊重我们自己，足球不输，赛场永在。

5. 有了足球锻炼，身体好了，业余时间也丰富了，当你闲来无事时，出去踢两脚，组一小场，认识不认识的都喜欢足球运动，培养了孩子的社交圈，朋友多了，性格也会越来越开朗。

6. 有了爱好，朋友多了，时间充实了，快乐健康地游戏，从此开始为自己梦想去努力拼搏。

从运动中希望孩子们健康快乐、自信、乐观、坚强、包容、独立，为了更好的明天，一起努力。

樊思宇家长

众所周知，孩子踢足球是对自身全面素质的锻炼。我的孩子一年级开始参加足球队，刚开始累得想要退出但最终坚持下来。当我的孩子放学回到家，喊着"太累了"不想去训练，却仍然坚持去球场训练的时候，我明白足球队的生活让我的孩子学会遵守纪律和规则。孩子学会爱护自己的身体；学会如何与他人合作，并成为一个好的队友；学会如何面对失败和挫折，当他们去踢比赛，在赛场上没有踢进他们希望的进球时，却依然要精神昂扬地更加努力地去跑动及拼抢。

踢足球让我的孩子学会设定目标并完成目标。让我的孩子明白任何冠军的背后都是日复一日非常努力的训练，没有人可以在一夜之间成功。他长大以后，认识一些可以陪他一生的好朋友，踢足球可以让我的孩子能够在户外新鲜的空气里奔跑，而不是盯着电子屏幕。

近年来随着国家对于足球的重视，高考和中考对于足球项目进行了适当的加分，从小培养孩子良好的足球技能，不仅能使孩子有个健康的身体，而且能培养团队合作意识，更能使孩子在升学中有自己的优势。

胡浩森家长

上一年级后，我很荣幸地进入了校足球队，这也是我第一次真正地接触足球。通过一学期的学习，让我认识到足球并非我想象中那么简单。通过学习增长了我的足球知识和技能，让我深刻地体会到足球的乐趣。

从开始认识足球，学踢球、运球，到传球的正确脚法，了解了越位和判罚的定义，结交了许多队员朋友，同时也提高了自己的健康体能。

通过几场联谊赛让我懂得了我们只有团结合作，才能获得胜利，才能充分地体会到足球的乐趣与激情，才能真正地享受足球给我们带来的快乐！

感谢学校给予的机会，感谢教练的教导。

黄世涵

我家孩子属于慢性子，性格内向，在家沉默寡言，喜欢玩会儿游戏，转眼到了上一年级的时候，作为家长还是有些焦虑，直到参加了学校的足球社团。

上一年级没多久，孩子说学校有个足球社团可以报名参加选拔。我心想，参加足球队或许可以改变一下孩子的现状，但是也怕上了足球课耽误学习。后来参加了学校社团讲课，就打消了我这个念头。经过跟孩子沟通决定报名选拔，后来正式入选足球队。

通过一段时间的锻炼，孩子基本每天回来跟我讲学到的东西和队员们的趣事，丝毫没有让我感觉他对这项体育有多大的压力。一个学期下来，虽然孩子晒黑了也瘦了，但是体能素质真的提高了不少，平常的季节性感冒也远离了，跟我沟通的话题也多了，性格确实比原来开朗了。虽然这门体育课占据了一部分时间，但是是在可接受范围内的，也让他理解了团队友善、互帮互助的意义。在家玩游戏的时间也少了，反而学习上更加有主动性了，最后的期末考试也得到了理想的分数。

高参小项目实施，不仅丰富了学生的校园生活，增强了学生体质，还促进了学生身心健康发展，很荣幸孩子能够参与！

在此作为一名家长，由衷地感谢学校老师和教练的付出。

在这里向你们说声：辛苦了！

黄世涵家长

足球是世界上最受人们喜爱的体育运动之一。通过短短几个月时间参加足球训练，孩子的身体力量有了明显的提升，尤其是腿部力量。

足球运动涵盖了：①整体性。思想统一，行动一致。②对抗性。足球是一项竞争激烈的对抗性项目。③多变性。足球运动是一项技术上多姿多彩，战术上变幻莫测，胜负结局难以预测的运动项目。

通过参加足球训练，培养了孩子的意志品质，自制力、责任感、勇敢顽强、勇于克服困难、团结协作、密切配合，还增强了集体荣誉感。希望在以后的训练里，孩子要不懈努力，刻苦训练，听从教练指导，提高自身素质。

李昊润家长

感谢教练，教给了我一些足球动作和技巧，让足球成了我的好朋友。感谢教练，我会一直努力的。

刘昊龙

感谢教练对孩子细心的照顾和兴趣的培养。是你们在孩子遇到困难时，告诉他们坚持就有希望；是你们在孩子训练时站在场边为他们呐喊助威；是你们让孩子明白足球不仅是一种兴趣，更是一项终身受益的运动。在你们每一次授课的背后，都是你们对孩子的无私奉献。感谢教练为我们做的一切。

刘昊龙家长

通过足球运动可以提高孩子的力量、速度、灵敏、耐力、柔韧、协调等身体素质，并能使人的高级神经活动得到改善，尤其能增强人体的心血管系统、呼吸系统等内脏器官的功能，从而促进学生的体质健康。自从孩子加入足球社团以后，孩子自身发生了很多变化。

① 锻炼团队意识，增强集体责任感。场上的人思想统一，行动一致，整体意识要强。只有形成整体的攻守，才能取得比赛的主动权及良好的比赛结果。有利于良好的心理品质及思想品德的形成，极大地培养了学生的团队合作能力，增强了集体责任感。

② 锻炼协调性。足球运动要求技术能力很高，学生在练习过程中，需要完成各种技术动作，锻炼了学生的协调性。

③ 锻炼灵活性。足球运动是依临场中具体情况而灵活机动地加以运用和发挥。

④ 增强心理素质。足球运动还是一项竞争激烈的对抗性项目，有利于培养积极向上、勇于拼搏、不怕困难的精神。这样就充分地锻炼了学生的心理素质和综合素质。

⑤ 增强身体素质。足球运动对身体素质水平的要求是很高的，它需要高速度的奔跑能力，控制身体重心的能力，灵活的步伐、步点，对抗中的力量素质以及良好的耐力和柔韧素质。

⑥ 培养个性。孩子在一个团体里，不仅能够培养团队意识，还能够发展友谊，发现自我，踢足球对于培养孩子完善的个性也是有利的。

⑦ 强健体魄。在足球训练过程中，科学的训练方法，合理的运动负荷，循序渐进的教学方式，会进一步发挥孩子身体素质方面的优势，改善身体素质方面的不足，使孩子的身体素质水平得到全面的提高。只要能持之以恒，不懈努力，将会拥有强壮的体魄和矫健的身手。

刘启赫家长

我叫沈若熙，是一名小学生。说起足球，没上小学的时候经常在电视上看到，上一年级的时候学校有足球社团，教练选拔跑得最快的前三名进入足球队，我被教练选中了，可开心了。刚开始踢足球的时候感觉特别累，训练完回家晚上腿疼脚疼，妈妈看到我很辛苦，让我别踢了，我坚决地说不行。从开始的跑圈到现在训练转身、马赛回旋、扣拨、假动作、扣扣拨拨、外跨、内跨，一天天的训练让我变得快乐了，享受在足球场上的奔跑，我会更加努力。更要感谢首都师范大学高参小项目，我以后会更加珍惜每天的训练。

沈若熙

我参加足球队后和其他队员玩得很愉快，其他队员都很活泼、可爱。我很喜欢足球，参加足球队后感觉力量变大了、速度提高了，其他队员成长得都很快，我们之间配合得很好。

我很喜欢每周的训练，也喜欢参加比赛，足球训练使我跑得更快，我参加学校越野赛两次得了年级第一名。

我很喜欢足球，我为我们足球队加油！

吴东向

孩子自从参加学校足球社团后，作为家长我们能感到孩子对足球的热爱及快乐，也能感受到孩子成长充满了热情。日常学习生活中孩子对人生有了追求，他说长大后要成为足球职业运动员，要踢超级联赛，甚至要代表国家踢球，成了一个有理想的少年。

孩子天天在教练的悉心教导及高参小项目的精心组织下在快乐地成长，孩子身体日渐矫健，足球技术逐步提高，孩子对足球有了自己的认识，潜意识中也逐渐有了团队的思维、协作精神。

孩子这快乐的童年要感谢学校的组织及各位教练的辛勤培育，希望高参小项目足球社团发展越来越好。

吴东向家长

我的名字叫武雷，足球是我最喜欢的体育运动。

我四岁的时候我大哥七岁，哥哥参加了足球队，每周日去离家比较远的南宫体育场参加训练。我爸爸那时候把我也带着，哥哥踢球的时候，我在旁边看着，那时候我觉得足球很神奇，大哥哥们在一起踢球，很有意思。

　　大约五岁的时候,爸爸给我报名加入足球队,有了自己的教练和小伙伴,我很兴奋。每次踢球,我都催促爸爸早到,争取是第一个到球场的小朋友。认真记住教练说的每一句话,球场上按照教练的要求认真练习。在家里,我会每天在客厅不断地练习我不熟练的动作,晚上有时候爸爸带我去操场练球。慢慢地,我有了进步。叔叔阿姨们开始表扬我,教练也鼓励我,夸奖我,我心里很高兴。比赛的时候,我经常踢全场,虽然会很累,但是很高兴。

　　我很看重球队的进球,每次都竭尽全力奔跑带球,希望我们队能多进球。同时我也很紧张,特别害怕对方进球的数量超过我们。我看到对方比我们球多的时候,一开始,我就会哭,很伤心,还会很生气,甚至不踢了。我爸爸说过我很多次,他给我讲道理,我当时是不怎么听的,依旧发脾气,会惹得爸爸很生气。

　　听我妈妈说,我爸爸特别喜欢踢足球。爸爸还告诉我,自己上学的时候,条件不好,没有机会接受系统的足球训练,让我和哥哥踢球的时候一定要用心。爸爸说,他最享受的时光就是看着我和哥哥们踢足球。当然,他也希望我们取得好成绩,比分领先。

　　我现在是长辛店中心小学一年级的小学生了,我报名参加了校足球队,很幸运,我被选上了,现在是校足球队的一员。我的球衣号码是5号。我的教练是常教练和程教练。每天放学后都有我喜欢的足球训练课。每天在学校很大的足球场上训练,小伙伴们的进步特别快!我学会了过人、射门、假动作、扣拨等很多技术动作。下雨的时候,我们会在教室上室内观摩课,程教练和常教练会讲解精彩的动作,教练讲得很生动。我也有了自己的足球明星,他的名字叫C罗。

　　我们长辛店中心小学足球队有很多足球运动员,都是我们一年级的小朋友。张雯皓踢球踢得很好,刘启赫跑得特别快。我们相互鼓励,赞美对方的优点,我们真的是一个大集体。

　　我的爸爸妈妈非常支持我和哥哥参加足球运动。他们非常感谢长辛店中心小学给予我们这么好的机会。非常感谢教练日复一日的坚持!寒冷的冬天让人不愿意出门,但是看到小队员们和教练们在球场上跑动的身影,爸爸妈妈为教练们和小运动员们点赞!

　　足球让我有了很多朋友,让我开心快乐,让我们赢得了荣誉,健康成长。我希望我们长辛店中心小学的足球队越来越大,踢得越来越好!

武雷

　　我的名字叫轩君昊,我参加足球社团也有几个月了,对我来说这是一次非常好的锻炼机会,不仅提高了我的身体素质,而且我的生活变得更加丰富多彩了。

　　刚开始我觉得好多小朋友一起追着一个足球跑很有意思觉得很开心,并不懂得什么叫真正地踢足球。我遇到了很多的困难,比如:怎样抢球,怎样射门等。后来在教练的带领下我们每天坚持训练,我学到了很多关于足球的知识,也磨炼了我的意志,我还认识了一些好朋友。

　　通过一次又一次的比赛,我渐渐懂得了团队的力量,懂得需要团队的整体配合才能踢出更好的水平,慢慢地也学会互相传球,虽然水平不怎么样,但是我都是尽心尽力地在踢球,我越来越懂得团结队友,在这个社团里,大家其乐融融,共同训练,共同提高,我感到很开心!我觉得踢球和学习一样,要多做多练才能获得好成绩。

　　足球带给了我拼搏、顽强、吃苦、团结的精神,这就是我参加足球社团最大的感受和收获!

轩君昊

首先,感谢咱们学校领导的支持,感谢教练们的辛勤付出,组建了足球社团这个平台,让孩子们体验到足球的快乐!

儿子从小就喜欢体育运动,上小学后参加了学校的足球社团。经过几个月的刻苦训练,孩子的身体素质和足球的基本功都得到了不同程度的提高。踢球,锻炼了身体,培养了团队意识,收获了快乐等,这是很宝贵的,并将能够受益终生。

在这里,要感谢足球教练们,是他们把孩子从足球的"门外汉"领到了足球的世界来,他们就像埋了一颗足球的种子在心里,在教练的辛勤灌溉下生根、发芽、茁壮成长起来了!希望学校足球的这道风景线能越办越好!让足球普及到每个小孩,让每一个孩子都能感受到在球场奔跑的快乐,也衷心感谢为这风景线辛勤付出的老师、教练和领导们。

轩君昊家长

一年级我就参加了学校的足球队。经过一年多的训练,我的身体更加结实了。刚训练时,我的身体很"软",腿脚都没有力量,跑不快,足球也控制不好,很多动作都做不到位。通过锻炼后,我比从前有了很大的进步,跑得更快了,身体更有劲了,足球技术也有很大的提高。

足球运动不仅锻炼了身体,也锻炼了意志。在风中训练,在雪中训练,都是在磨炼我们的意志,使我们更加坚强,增强了我们的信心,对于认定的目标,就要勇敢前进,争取最后的胜利。

在球队中,我会更努力地训练,使自己更快更强,使球队取得更好的成绩。

袁钰海

我是个喜欢体育运动的孩子,从小就特别喜欢看周边小哥哥们在球场上踢足球。看着看着我就逐渐迷上了足球,于是我让妈妈给我买了足球,每天模仿他们踢球的动作,玩得不亦乐乎。

我在上小学一年级时就如愿参加了足球社团。每天虽然很累,但是我对足球的痴迷让我忘记了辛苦,这已经成了我的乐趣。

我在疫情期间,每天坚持锻炼身体,练习足球的各项动作要领,动作越来越娴熟,同时也长高了不少。足球是一项有趣的体育运动,是体能和技巧的精准配合,长大以后我要成为足球运动员,努力工作,为国争光。

张轼哲

足球,有世界第一运动的美誉,是全球体育界最具影响力的单项体育运动。习近平总书记曾指出,建设体育大国和体育强国,是中国人民实现"两个一百年"奋斗目标的重要组成部分。足球运动的真谛不仅在于竞技,更在于增强人民体质,培养人们爱国主义、集体主义、顽强拼搏的精神。自从孩子加入学校足球社团以来,自身发生了很大变化。

团队意识、集体责任感增强。有效锻炼身体协调性。锻炼灵活性。锻炼耐心。培养完善个性。强健体魄。提高大脑神经系统。提高身体的反应度。

孩子在学习中难免会遇到难题,在校也可能碰到一些不开心的事儿,闷在心里会感到不爽,就需要一个宣泄的出口,运动就是一个很好的选择,它能让大脑分泌多巴胺,使孩子拥有正向的思维和情绪。

张雯皓家长

足球运动是一项全身性、综合性的集体运动项目，具有很高的健身价值。足球比赛时，要通过各种形式的有球和无球活动，例如踢球、接球、运球、头顶球、抢断球等身体动作，以及奔跑、急停、转身、倒地、跳跃、冲撞等。这些身体运动能有效地发展人的体能。体能通常分为与健康有关的体能和与动作技能有关的体能。前者包括心肺耐力、柔韧性、肌肉力量和身体成分等。后者是指从事运动所需的速度、力量、灵敏性、协调性、平衡和反应等。从足球运动所需要的体能来看，几乎涵盖了体能的所有内容。经常参加足球运动能全面地发展体能，相对而言，更能有效地发展心肺耐力、肌肉力量和速度、神经肌肉协调性、复杂反应等体能的主要成分。经常参加足球运动锻炼身体，使新陈代谢加强，身体成分得到改善，能够保证身体各系统正常运转，促进身体健康。

促进心理健康。经常参加足球运动对心理健康有着积极的作用。足球比赛时，双方激烈对抗，场上攻守频繁转换，局面变幻莫测，对运动员的感知觉、观察力、记忆力、想象力、思维能力和创造力都有较高的要求。一名优秀的运动员不仅要有良好的体能和精湛的技术，还要有很强的思维活动能力，及时地提出或改变自己的战术意图，从而采取有效的手段来驾驭比赛。经常参加足球活动和比赛，能提高人的自信心，改善人的心理素质。足球运动被称之为勇敢者的运动。长期参加足球运动还可以培养勇敢顽强、不断进取、坚韧不拔、胜不骄败不馁等意志品质，以及热爱集体、团结合作、遵守纪律、敢于竞争、光明磊落、文明礼貌等优良道德品质。现代人具有追求成功、尝试冒险、依靠努力和奋斗赢得胜利、超越现状的心理倾向，由于足球运动的特点正迎合了人们的这种心理倾向，从而使世界上很多人对他抱有浓厚的兴趣，关心和参与这项活动，使人们远离工作中的烦恼和焦虑，从而建立起积极的人生观和世界观。

赵润程家长

2019 年是我的孩子正式上小学的第一年。一开始我们总是为孩子不能适应学校的生活而担忧，后来听说孩子被选进了校足球队更是忧喜参半：喜的是孩子的表现得到了老师的认可，能够多一项兴趣爱好，更能锻炼身体，增强体质，这是令家长值得高兴的事情；忧的是参加足球队训练时间太久会占用过多学习时间，影响孩子学习。后来发现，作为家长我们的担忧是多余的，通过这半年来训练，孩子在参加校足球队训练的过程中颇有收获。

1. 增强团队意识和队友之间的协助。通过上学期的训练我们能明显感受到，孩子在足球队认识很多的新朋友，而且能跟大家很快融入一起。每次训练结束，家长去接孩子，给他带的零食，都能主动跟队友们一起分享。其他队友分享的零食、玩具也能大胆接受。每次教练带大家出去跟其他学校球队之间友谊赛，孩子们都能作为一个整体积极配合，这是作为家长看到后比较欣慰的。

2. 塑造孩子积极参与的意识。并不是每一次的训练和比赛中，孩子们都能够表现得非常出色，发挥最好的水平，并在比赛中拔得头筹，但是通过这样的训练和比赛，更能够塑造孩子积极参与的意识，让孩子在训练比赛中积极、自信地表达自我。

3. 培养孩子面对挫折的能力。比赛就总会有胜负，其实比结果更重要的是孩子能够尽早在比赛中认识到自己的不足，明白"从哪里跌倒就从哪里爬起来"的道理，明白这一点，对孩子今后的成长也是十分有益的。

4. 激励孩子在竞争中成长。在日常训练和参与比赛之前的准备阶段，孩子就处在一个不断学习和巩固的阶段。而在训练过程中，孩子通过观察、学习其他小伙伴的表现，也可以发现自己的长处和不足，可以学到新的知识，这也就是我们说的，在竞争中不断成长。

其实,在过去半年的训练中,我们也发现孩子的身体素质明显提高了,毅力也有所增强。虽然每天训练结束回到家中已是又累又饿,但仍然能够按时完成作业,这是其他孩子们所不能比拟的。希望孩子在以后的训练中能更进一步,球技有所提高。同时也感谢学校的精心组织和教练们的辛勤培养。

钟梓廷家长

一学期的棒球课结束了。以前从来没有尝试过这项运动,只在操场上看过高年级的同学打,他们的动作很潇洒,规则也很复杂,到现在我都没有完全懂。棒球老师在我心中的印象非常好,他们对学生特别负责,动作解说也特别仔细,刚开始我挥棒基本打不到球,后来渐渐地就熟练了。学习棒球课,能让我在枯燥的学习生活之余得到放松,我还认识了许多新朋友!每次上棒球课,不管有多累,我心情都非常好!希望我自己越来越好!

王天一

棒球是一项美好有趣的运动,孩子学习棒球一个学期了,每天回家都要叽叽喳喳地说个不停:今天棒球课学了什么,打了什么比赛,谁谁谁可厉害了……我喜欢儿子乐观、积极、健康的态度。打棒球培养了孩子热爱运动、积极向上、永不言败的精神,更让他有一个团队合作的意识。感谢各位教练的辛勤付出,辛苦了!

王天一家长

开学以后老师邀请我参加学校的棒球社团。当时我的心情非常兴奋,迫不及待地想去参加棒球比赛,但是还不可行,因为我还没有经过专业的棒球训练,所以我参加了学校的棒球队。我每天都非常期待下午的棒球训练,我每天跟棒球队的小伙伴们一起训练。棒球队的教练对我们的训练非常严格,开始我们练的都是一些基本功,随着时间的推移,我们学习了投球、传球、打棒、跑垒,自抛接和长跑是我们每次训练之前必须进行的运动。我非常喜欢棒球运动,也非常喜欢学校棒球队的小伙伴及教练,我会非常努力地参加训练,争取可以参加棒球比赛,为学校的棒球队争光。

白嵩译

开学之后一天,孩子非常兴奋地回来给我一个纸条,说是学校老师给的。我看了是参加学校棒球队的回执。我认真地问了孩子的兴趣,他说非常喜欢,想要参加。我也是希望孩子可以参加更多的体育运动。参加棒球队以来,孩子每次训练回来都非常开心,我非常感谢棒球队的李教练,因为当时给孩子已经报了托管班,时间上是冲突的,教练给了比较合理的建议。我希望孩子可以在训练中提升自身的体质,在训练中可以专心听教练的话。孩子非常喜欢这个训练,也希望他可以一直练下去。

白嵩译家长

以前对于棒球不是很了解,只知道棒球队员非常强壮,通过一个学期学习,能够一直坚持下来真的很不容易!孩子自己也有了团结的意识!

杜简宁家长

我从二年级就开始学习棒球,转眼间我已经学了三年了,刚开始是抱着好奇的心理参加了棒球社团,因为从小到大只有从电视中看到过棒球比赛,在现实中从来没有尝试过这项体育运动。棒球老师李老师在我们心中的印象非常好。李老师刚开始先教我们传、接、投、跑为主的基础训练,以此提高我们的基础动作质量。慢慢地,我学会了传地滚球、传高飞球、甩棒。我在各位老师的教导下坚持训练,陆续又参加了几次丰台区的比赛,看到对手都非常厉害,在以后的训练中,我要加强自己的自觉性和训练技巧,争取在以后的比赛中取得更好的成绩。

范思哲

孩子在学校的棒球社团已经有三个学期的时间了,日复一日地练习,不管是夏季的酷暑,还是冬季的寒冷,李教练都会带领棒球社团的孩子们练习,我们做家长的感到既感谢又感恩。我要替孩子们,衷心地谢谢我们的各位老师。之前我们对棒球并不了解,在棒球学习后,觉得孩子的身体灵巧速度及反应能力都得到了很大的提升,对孩子的体能智力及团队合作精神有极好的促进作用。希望孩子在以后的活动中更好、更努力!

范思哲家长

我是在 2019 年进入棒球队的。当时的我连自抛接都不会,现在可以把三垒、三外……打好。我一开始是因为觉得"好玩"进入的棒球队。刚进入的时候,我一到比赛就特别紧张,甚至连站都站不稳,直到教练和我的好朋友申昕宇一起给我讲怎么去放松心情,我才开始慢慢地不紧张。教练带我们出去比赛,那时的我还只会打二垒,但是我还是没学扎实,并没有起到什么太大作用,就因为我太紧张,没有淘汰太多人。后来教练让我去打三垒。有一次因为我没打好,教练批评我,我就想放弃。后来,我给妈妈打电话说:"我不想练了。"妈妈说:"为什么?"我说:"因为我没打好。"过了一会儿妈妈来了,妈妈和教练聊了一会儿。教练说让我再考虑一下,后来我选择继续训练。我有时候会问申昕宇,因为他比我有经验。问完之后,我在家有时间就会去练一练,加上教练对我的嘱咐,我慢慢地开始会打三垒了。后来我积少成多,比赛中在三垒打出了不错的成绩。这都要谢谢我的两位教练,下学期一定要好好加油!

姜森

我从三年级开始参加棒球队。一开始我对棒球知识一点也不懂,不过在棒球教练的教导和陪伴下,我们慢慢地了解了很多棒球的知识。如果没有教练们的认真教导,我们就不会有这么多的锻炼时间,也就不能在赛场上挥洒汗水了。我不但学会了很多棒球知识,还学会了和同学们团结合作。

庞家宝

最初让庞家宝参加棒球社团,只是想让他接触一下新的运动,增强一下体质。通过两年的社团活动,我慢慢发现棒球这项运动带给孩子的,远远不是单纯的娱乐而已,赛场上的坚韧拼搏和胜利喜悦,信心动摇和神情黯然,汗水夹杂着些许泪水,辉煌隐藏着无数伤痛,棒球不但让孩子在体质上有所提高,在精神上也有了更深层次的体验。

庞家宝家长

我参加棒球训练,感受到了棒球运动的乐趣,知道了棒球运动的规则,感受到了教练平时是多么用心教我们打棒球的,我还学会了跑垒、打球和防守。一年级刚刚学的时候,我真的一点儿也不会。通过教练的用心教和我的坚持,现在我掌握了大部分基础动作。我要谢谢教练把我选到棒球队里来,与棒球队的教练和队员在一起的日子真是太开心了。

申昕宇

孩子从一年级就开始学习棒球了,说实话我对这项运动可谓是一无所知,既然孩子喜欢就练吧。训练了一段时间以后,我发现孩子虽然每天都感觉很累,但从来不说放弃,也从没有过抱怨,而且每天都乐在其中,孩子在训练中学会了坚持,身体素质也有很大的提高。棒球运动锻炼孩子的团队合作精神,孩子从中收益颇多。

申昕宇家长

我非常喜欢棒球课,我喜欢教棒球的老师,他教会我跑垒、击球等一些棒球知识与基本技术。我的老师特别好,他每次都鼓励我,每次大家在一起我都感到无比开心。参加棒球课一学期了,我觉得我的身体比以前更敏捷了,我奔跑的速度更快了,我还知道了团结协作很重要。我特别喜欢棒球课。

于洋

非常感谢学校组织的棒球社团,是孩子锻炼体质、丰富课外生活很好的平台。孩子从一个不懂棒球是什么的小学一年级"小豆包",成了知道什么是击球、跑垒、棒球的基本技术合格的棒球爱好者。

不管是炎热的酷夏,还是寒冷的严冬,老师们都陪着孩子坚持棒球训练,通过棒球课的训练不仅增强孩子的体质、身体灵活度,同时还培养了孩子的团结协作意识,提高审美能力,更重要的是,促进孩子身心健康,开阔视野与国际接轨。

孩子每天回到家里给大家展示棒球课的动作,说着训练时开心的事情,我们做家长的也很开心和放心,因为他在快乐地成长,适应了小学生活,更开朗了,表达能力更强了。我们会支持他持之以恒训练下去。再次感谢学校选择了这样好的课程。

于洋家长

以前我并不知道棒球是什么运动,参加的时候就是感觉好玩。一直到我练的第二个学期,在这段训练中,我不仅学会了打棒、投球、跑垒,让我感触最多的是,这段训练我学会了真正的团结,让我明白了,棒球不只是个人运动,更多的是团结,一个人打得再好也是不行的,棒球是团体运动。九个人不好好配合,是打不赢的。

张佳宇

棒球是团体球类项目,以棒打球为主要特点,是集体性、对抗性很强的运动项目。孩子自愿报名参加了校内棒球活动,几年来由对棒球的一无所知,到能和队友们一起在球场上努力拼搏,并能和大家一起取得成绩,这是教练耐心培训的收获。发展体育运动是强国的需要,孩子对于棒球的喜欢,作为家长一定会全力支持,相信新学期开始,孩子们会取得更大的进步,谢谢教练不辞辛苦地培育、无微不至的关心。

张佳宇家长

◇◇◇

我叫张禄垚，在学校参加了棒球社团。我的身体有点胖，体育也不是很好，为了提高身体素质，就参加了棒球社团。之前没有接触过棒球，刚开始训练的时候一点儿也不用心，还总想翘课，经过教练和队员的帮助，使我坚持了下来，渐渐地熟练起来，也开始得心应手了，自信心也增强了。通过参加棒球训练使我的身体变得灵活起来，手眼协调能力也增强了。在训练过程中与队员们互相学习，共经磨砺，共同进步，共同成长。通过在棒球社团的训练使我懂得了团队协作的重要性。

在今后的训练中我会加倍努力，取得更好的成绩，不辜负教练和队员的期望。

张禄垚

◇◇◇

棒球运动对于我来说是一点都不了解。可是孩子参加了棒球社团后，性格开朗了，还知道了团队精神。

由于棒球运动的专业性要求，孩子之前没有接触过棒球，所以刚开始训练的时候，虽然十分用心，却几乎打不到球，教练一次一次地示范，耐心地手把手地教，孩子挥棒渐渐熟练了，技术提高了。棒球界有一句励志的话："再好的打击手，失败的次数也是比成功的次数多两倍。"孩子们在教练的引导下，不怕苦，不怕累，坚持不懈，刻苦训练，为了掌握击球的技巧，教练对每位队员都投入了很大的精力，付出就会有回报。

张禄垚家长

◇◇◇

从我参加棒球队后，我就喜欢上了这项运动，参加了棒球队以后，我的球扔得更远了，扔得更准了，通过棒球队的训练，我们知道了团结一心。

陈心宇

◇◇◇

棒球是一项团体运动，但是又不缺少个人的能力，是个人能力与团队的结合。在半年的训练中，我深深投入其中，在教练的带领下，感受着这个运动的乐趣。首先是个人技术的打磨，投球、接球、打棒、跑垒。虽然枯燥，但是这是基础，只有打下良好的基础才能在比赛中表现得从容，不拖团队的后腿。然后是与团队的结合，投手和捕手之间的配合，野手的配合，在打棒中听教练的战术。不上场的时候为团队加油，体现出团队的作用。在这个运动中，不仅强壮了我的身体，还使我学会了如何与队友配合，使我更加开朗、快乐。我希望我能早日提高自己的技术，代表学校去参加比赛，为校、为队争光。

范泽坤

◇◇◇

作为家长，我支持孩子，鼓励孩子多多运动，孩子的哥哥也是打棒球的，我知道这项运动可以给孩子带来改变，因为运动不仅可以强身健体，还可以让孩子们变得乐观开朗。每次棒球课结束，看到孩子们脸上的笑容都特别开心，真心希望孩子在教练的辛勤培养下，棒球技术蒸蒸日上，更要感谢教练给孩子们提供了这样的机会。

范泽坤家长

◇◇◇

在这段时间的训练中,使我的体能、耐力和技术都有了很大的提升,使我更熟练地掌握了技巧,从中受益,收获很多,对于执着的精神有了了解,能够更好面对学习和生活中遇到的困难和挫折。

高恩泽

棒球运动对很多人来说是一项比较陌生,又有点时尚的运动,对于孩子来说是一场与队友互动的活动,能够让孩子参与是有利于培养团队精神,也可以锻炼孩子意志力和身体的一项良好活动。作为家长,我们非常支持孩子参加学校棒球社团。

高恩泽家长

一年级开始我就参加棒球训练了,刚开始我对棒球训练不太了解,慢慢地接触了棒球,在老师细心的帮助和指导下,我逐渐喜欢棒球运动了。我们先是训练基础动作传球、接球、跑垒,然后我就更加理解了棒球的规则,经过一段时间的训练,我觉得棒球运动真好,既增强了身体素质,又有机会参加几场比赛,更增强了我的自信心。通过棒球训练还认识了不少新朋友,体质增强了,培养了团队协作精神,只要有棒球训练,我就会义无反顾地参加,虽然有时训练枯燥,但苦中有乐。

高崎桐

对于棒球而言,我只是懂得一些皮毛而已,有幸也去训练场看了一下训练,看到儿子认真训练,积极表现自己,我由衷的高兴。每天训练回来,儿子都会给我讲解训练情况,甭提有多高兴了,充分说明他酷爱这项活动,并且还参加了一些比赛。我觉得棒球运动不但能增强体质,还能培养团队合作精神和坚韧不拔的性格,我会一如既往地支持鼓励他参加棒球运动。

高崎桐家长

二年级刚开学,我就参加了棒球社团。开始我对棒球什么都不懂,到现在对棒球有了一些初步的认识,不仅让我的身体得到了锻炼,还从中学到了很多的知识,学会了团队合作,学会了在比赛中遵守规则,我非常喜欢这项运动。

高潇然

孩子二年级才加入棒球社团,开始我并没有太多的关注,甚至连棒球长什么样儿都不知道。随着时间的变化,我发现孩子很喜欢棒球这项运动,回家会主动和我分享在棒球训练中发生的有趣的事儿,还会和我炫耀他今天把球打得有多远,接得有多准,跑得有多快,还有那些比赛规则,他也是绘声绘色地给我讲解。他参加训练后明显变得比以前爱说话了,和别人的合作能力提高了,对某一件事的专注力也有了很大的进步,很感谢孩子能有这样的锻炼机会,希望他继续努力。

高潇然家长

一开始我并不知道什么是棒球运动,后来通过训练慢慢了解了棒球运动。在训练过程中了解棒球规则,学习到了团队合作,提高了技术技巧,我越来越喜欢棒球运动,我会继续积极参加训练。

郭一信

对于棒球，家长和孩子原先都并不是熟知的，曾有棒球、足球训练机会供孩子选择，孩子坚定地选择了棒球，因为怕孩子草率决定最后放弃，我们借用周六日时间，在家特意去上网搜索了一些棒球视频，普及了一下，对比了两种运动的区别。孩子依然坚持他自己的选择，通过棒球训练能提高孩子的团队精神、协作意识，通过锻炼还能提高孩子的情商智商，感谢教练辛苦培训，你们辛苦了！

郭一信家长

在棒球的训练中，我的耐力、反应、力量和体育成绩都提高了，而且我还交了很多好朋友，现在我已经是校队的一员了，我以后会更加努力。

郝炳霖

我家孩子是小学二年级参加了学校的棒球社团，参加训练两周后被老师选为学校校队成员，我还记得孩子回家跟我说时的兴奋开心。当时作为家长还不是很了解这项运动，通过了解知道孩子学习棒球有很多好处，而学校棒球队是高参小项目的重点发展项目，作为家长一开始还是有所犹豫，不过既然孩子喜欢也没有过多干涉。孩子通过一年多的训练，发现孩子的体能、反应速度、力量耐力等方面发展都有不同程度的进步，孩子也结交了好多新的朋友。每次训练回来都很高兴地跟我说着训练发生的趣事，比赛的胜利与失败。有时看到孩子累得不行，很心疼，也有想过是不是不参加了。每次孩子都说，妈妈，我喜欢棒球，再苦再累我也愿意！每当这个时候真是很欣慰，孩子知道为自己喜欢的事情坚持，这是非常难得的。作为家长，希望在以后的学习生活中，他能一直坚持下去，不畏艰难险阻，世上无难事，只要肯攀登。最后感谢老师们的辛勤付出，感谢高参小项目，让孩子享受到了优质的体育美育教育资源。

郝炳霖家长

从第一天来到棒球队，我就特别紧张，因为我每一次都接不住球，球有时还砸到我，有时候砸到地面上。在教练的一次次指点下，我才有所进步。在这段训练的过程中，让我知道了很多棒球的知识和技巧。我的棒球技术慢慢地提升，我对这项运动也产生了极大的兴趣。

蒋博文

孩子一开始是不愿意去棒球队的，但自从参加了以后，慢慢地就喜欢上了这项运动，现在很乐意去了。每次上完课虽然很累，但是他也很开心。孩子的身体素质变得更好了，身体更加强壮了，同时也得到了快乐。原来他还是比较内向的人，不太敢与周围的人去玩，现在他变得开朗了许多，可以与周围的小伙伴玩成一片，也变得活泼起来了。我要感谢棒球队的教练，我也会继续支持他参加棒球运动的。

蒋博文家长

二年级开始，我被棒球社团的老师选中参加棒球队，我非常高兴。一开始我什么都不会，在教练的指导下，我慢慢学会了很多动作，打棒、接球、传球，我和高年级的大哥哥、低年级的小弟弟在一起不断进步，我们团结在一起，成长在一起。

李硕

"棒球赛可以说是象征着困难的人生。当打击手上场时,他就面临着九个'敌人',这九个'敌人'静静等待着,使他受挫折,使他失败。如果这位打击手能打出安垒打,他可以说是克服了人生的困境,他是一位英雄。"这段话来自一个棒球的小球迷。听了这些,我就给孩子报了棒球社团,让他也能感受其中的奥秘,棒球训练还能让孩子感受团结。经过一段时间的训练,孩子的棒球技术也进步了很多。

李硕家长

光阴似箭,岁月如梭,转眼之间我就要毕业了,棒球训练也即将结束。回想起三年级的时候,因为在家里看电视看到了棒球比赛的场面,可我在现实中从来没有参加过这项运动,所以我加入了棒球队。刚开始上棒球课时,教练主要教我们基本的动作,传、接、投、击、跑为主。我们要提高自己的动作质量,灵活机敏的反应速度,但还要注意基本动作一定要标准。在后面几节课中,主要教我们棒球比赛的战术,要掌握进攻、防守战术以及基础配合。刚开始李教练教我们挥棒的时候我们都不会,但是他很有耐心,后来渐渐练习增多,我挥起棒来也变得得心应手了,到了最后我学会了用棒子打球。棒球训练让我在枯燥的学习生活之余得到放松。感谢棒球教练让我学会了棒球的基本动作,学会了怎样把棒球打得更远更高。

马赟慧

非常感谢高参小项目,感谢学校社团组织,感谢棒球社团的各位教练,让马赟慧荣幸地成为一名棒球队员。赟慧是在三年级时加入棒球社团的。自从参加棒球社团后,他在心理素质和身体素质方面得到了培养和锻炼。通过棒球比赛和训练,可以培养团结和集体主义精神,可以锻炼胜不骄败不馁,勇敢顽强,克服困难,坚持到底的信念。

马赟慧家长

我参加棒球训练后跑得更快了,身体更棒了,视力更好了。

任梦轩

孩子参加棒球社团后,逐渐对棒球产生了浓厚的兴趣。每天放学后在教练的指导下进行棒球训练,增强了体质,做事更加自信了。孩子每天都充满了活力,时不时摆个打棒球的姿势,体态造型充满了力量,太优美了,学习也更棒了,身体免疫力也增强了。

任梦轩家长

自从参加棒球社团,我明白了棒球的比赛规则,在教练的带领下,无论冬天还是夏天,我们每天坚持训练,我的身体变得更强壮了,跑步也更快了,我要坚持训练,为学校争光。

谭翌扬

自从我加入了棒球队以后,学会了很多东西,这要感谢教练的细心栽培。要想打好棒球,必须要吃苦,认真地模仿练习,否则你做的每一个动作都是不规范的。我刚来到这个社团的时候什么也不会,到现在打棒球比以前强多了,因为我付出了很多努力,不怕苦,不怕累,不怕受伤,更不怕天气的冷热,而且我从以前每周训练两次到现在每周五天都在训练,觉得我的身体更灵活了,打得更好了。感谢高参小有这个项目,让我追求自己喜欢的棒球,向梦想努力。

王浩宇

我的孩子刚刚参加棒球社团,是因为觉得他能在操场上自由地活动,可是后来孩子越来越喜欢这项运动,他不仅能呼吸新鲜的空气,还能锻炼身体,更能促进孩子的手和眼的协调性。希望孩子以后能在教练的指导下取得更好的成绩。

王浩宇家长

在棒球训练中我有许多感受,无论在炎热的夏天还是寒冷的冬天,我都能刻苦地练习打棒球。就是因为这个原因才能让我更加健康,也让我对棒球的了解更加丰富,更让我对棒球的好奇心越来越强。

王雨艇

作为家长,刚开始我是不支持孩子参加棒球这项运动的,总觉得比较危险,孩子还小,都不会保护自己。上课这段时间总是不放心。两个星期下来,他自己喜欢上棒球课了,我跟着孩子也了解了一二,慢慢放心了。在老师辛苦的陪伴下,他很努力,不管风吹日晒还是数九寒天都坚持下来了,每次出去比赛拿到好成绩,孩子都非常激动,回来说着比赛的喜悦。在学习以外的运动项目中,孩子得到很好的锻炼,希望孩子以后各个项目都能有更大的进步。

王雨艇家长

我原来不知道棒球是什么运动,自从我上了小学,参加了棒球社团,慢慢地接触到了棒球,也爱上了棒球这个运动。无论天气多么寒冷,我都坚持不请假,不迟到,认真地训练,听教练给我讲关于棒球的技能。棒球让我懂得了团队永不服输的精神,让我学会了接球、传球、击球、跑垒、滑垒,懂得了棒球规则。打棒球让我感到快乐,让我的身体越来越好,我越来越喜欢棒球这项运动了。

邢浩然

我叫张峻豪,是一名棒球队员。刚开始我传球都传不准,打棒也打不远,可是慢慢地我就都掌握了,知道了比赛的规则。打棒能打到二垒了,就因为有两位教练很细心地教我,所以我在这里说一声:"教练,您辛苦了!"

张峻豪

在棒球训练中我有很多感受。无论在炎热的夏天还是寒冷的冬天,我们都在操场上刻苦训练,操场上有教练严肃认真地教导。同学们在操场上挥洒着汗水,欢声笑语。在训练中,教练也会让我们自己打对抗赛,一边训练一边吸取经验。总之,棒球训练使我感到快乐。

赵鹤昆

棒球对于我而言,此前真的是一问三不知,儿子却偏偏选中了这个社团。每当儿子训练回来给我讲解他们训练动作的规范性,团队合作的重要性,什么叫作传、接、投、击、跑,动作要灵活机敏、反应迅速,还每次都跟我强调进攻防守战术配合的重要性,我就静静地听着,但是我能感受到他的快乐。

棒球队的李老师在我心中的印象非常好,他没有嫌弃我儿子胖,还耐心地教导他,使他深深地爱上这项运动,同时也让他在紧张的学习之中得到放松,心情舒畅的同时又提高了学习效率,真是一举两得啊!我会支持儿子一直坚持对棒球的热爱和执着。

赵鹤昆家长

自从我加入了棒球队,我的体育成绩达到了 94 分,我从中受益匪浅。无论是严寒的冬天,还是酷热的夏天,我们都在学校的操场上训练。其实棒球只要是懂得规则就可以打,因为棒球主要是传、接、投、击、跑五项内容。自从我加入棒球队,每天都非常开心,我更加喜爱棒球了。

赵占奎

以前从没有听说过棒球运动,甚至不知道棒球长什么样。孩子上社团选中了棒球,没想到是孩子最喜欢的一项。每当孩子训练放学,都会在路上给我描述他是如何训练的,动作姿势是什么样的,团队是如何团结合作的,场上是怎么投、怎么接、怎么击的,训练之前还要在操场跑一圈,还说自己表现得很好。有一次周六出去比赛得了第一名,孩子回到家里特别高兴。

赵占奎妈妈

首先我要谢谢两位教练教会我这么多东西,比如说接球怎么接,传球怎么传,打棒怎么打,打球打哪个位置。我们打棒的时候我接住一个球,教练看见说:"好。"这时我心里非常高兴,还有在休息时候教练会给我们说两句笑话,这时我们会感觉非常高兴和放松。每次打比赛的时候,教练给我们加油助威,比我们还着急紧张。比赛时有一些低年级的小同学跑错了位置,教练一遍一遍地给他们讲解。有些人不认真训练还说话,教练就让我们在跑道上跑步,一直跑到没有人说话为止,这时感觉教练有一些严厉。现在想想教练每次训练对我们的严格是对的,没有教练对我们的严格训练,就没有我们这么棒的球队,我们也就不会取得这么多的好成绩!再次感谢两位教练,谢谢你们,你们辛苦了!

曹钰

作为家长,在这里首先对学校开办的这些丰富的社团活动表示支持和感谢!通过这些社团活动,使孩子们的校园生活更加丰富,见识更广,在成长和学习的道路上增加了更多的信心和鼓舞,同时也锻炼了孩子们的身体和身心健康,对于儿子在学校参加的棒球社团我感到非常的荣幸,因为棒球是高参小项目的重点发展项目。在这里我要特别感谢棒球社团的李教练和佐教练,是你们让我儿子走进了棒球,了解了棒球,爱上了棒球!儿子非常喜欢棒球,每次训练完回家都会跟我们分享训练中的喜乐,当然也有苦和累,但是儿子说再苦再累也是快乐的!我想对两位教练真诚地说一句"谢谢你们,你们辛苦了!"是你们在这几年中不懈地努力,不怕风吹日晒,一直坚持对孩子们的刻苦训练,使棒球队在每次的比赛当中取得了优异成绩。祝高参小项目能够越来越好,祝学校的社团活动越来越丰富,祝棒球队在以后的比赛当中取得更好的成绩!加油!

曹钰家长

我在中文戏剧社团中学到了很多。我记得有一次，文雯老师教我们玩"我是一棵树"的游戏。轮到我说的时候，我一时蒙了，不知道该怎么说，本来就胆小的我心里更加害怕了，我低下了头，紧张得搓着衣角。老师走过来拍拍我的肩，鼓励我说："别紧张，要相信自己是最棒的，自己是独一无二的。"还耐心地提示我说："你可以说一种灰色固体的东西。"在老师的提示下，我忽然想到了乌云，于是我小声说："我是一朵乌云！"文雯老师听到后，夸我说我想象得很好，当时我很开心。

我因为胆小，总是放不开。老师们便从表情到眼神再到动作及表演细节对我耐心地指导，他们不断地鼓励我，让我变得自信。谢谢你们，我的好老师。

郑子涵

我的记忆中，文雯老师是一位可爱、活泼、温柔的好老师。我非常喜欢戏剧课，因为戏剧课堂会让我感觉特别愉快、轻松。每节课前带着我们做各种各样的戏剧游戏和活动，训练我们的发音、反应速度、思维能力等。我还跟她学到了很多关于表演方面的技能，比如：朗诵，表演的时候要有什么样的语气、情感、神态，舞台表演时如何站位，如何与其他的演员进行眼神的交流等。经过一年的学习，现在的我越来越喜欢戏剧表演了，我也越来越自信和开朗了。感谢学校给我们创造这么好的学习机会，让我们开阔了视野，增长了技能。我会坚持下去。

全雅

我觉得戏剧给我带来了快乐，让我的口语发音有了很大的进步，和同学们一起相处得也很快乐。有一个游戏让我记忆很深刻，这是一个增加信任感的游戏：闭上眼睛在同学们围的一个大圈中走动，一个人把他推向别的人，那个人要接住闭上眼睛的人，再向下一个人推过去，直到老师喊停。我被抽中了，我闭上眼睛走向其他同学时，因为间隙有点大，且不是一个人，所以我心里有点怕撞上，走得很慢。当老师看见我走得很慢，就鼓励我：你要相信你的同学，相信他们给你的指引。一听这句话，我心里的石头落地了。参加中文戏剧社团后，我变得更加勇敢，也更加开朗了，让我知道要尊重和相信我的同学，尤其是在舞台表演时要更默契地与同伴配合，才能有更好的效果。

王庆浩

自从我参加了中文戏剧社团，我收获了许多快乐。每次的热身活动，不仅让我锻炼了身体，锻炼了我的反应力和注意力，我还学会了一些表演技巧。我的胆量也得到了锻炼，现在不再像以前那么内向了，在别人面前胆子更大了，不拘谨了。我要感谢文雯老师、时老师还有瑞校长给了我一个进社团的机会，给我的小学生活增添了好多乐趣。

安逸轩

我小的时候不太爱说话，性格内向，但是我很喜欢学习一些新鲜的知识和技能，于是抱着好玩的心态来到了中文戏剧社团。每次活动我和小伙伴们一起进行基本功训练，一起学习表演，我们相互帮助、相互鼓励，在和伙伴们相处的两年中，我越来越开朗，表演技能越来越娴熟，我也越来越喜爱这个社团。这个社团让我们在玩中学、学中思，总是能接触一些新鲜的事物。通过微电影的拍摄，我也感受到了演员们的辛苦，并不像我们想象得那样简单。现在我很庆幸当初正确的选择，现在我每周最期盼的就是戏剧社团活动时间，在这里我交到了更多的朋友，自己的语言表达更丰富、更流利，我的语文学习更好了，做事情也变得更认真了。我很庆幸有文雯老师给我们进行专业指导,让我们接触戏剧并深深爱上它。

张弘扬

临近毕业,真的很舍不得社团的老师和小伙伴们。我之前曾参加过两个社团,都没有坚持很长时间,妈妈都很生气,觉得我没有耐心,不懂得坚持,但我觉得那些都是我不喜欢做的事情。直到我加入了中文戏剧社团,我才发现,原来还有这么有趣的课堂。老师亲切,讲课活泼、生动,和我们互动也特别多。每周我都盼望着快一点上社团课,期待着老师带给我们更加有趣、新奇的内容。每次的社团活动我都不愿意错过,妈妈看到我上课的积极态度和可喜的变化也很欣慰。经过两年的学习和训练,我变得越来越爱表达自己,在众人面前发言也不胆怯了;我还学习了戏剧的知识和理论,还有表演的技巧,丰富了我的课余生活。我感恩老师让我喜爱上中文戏剧,培养自己的兴趣,更加感恩老师锻炼我的胆量,让我更加从容自信。

施海滨

在中文戏剧社团我很快乐,每节课都让我觉得轻松有趣,在做游戏的过程中我就学到了许多知识与技能。文雯老师年轻漂亮、活泼可爱,是我们的好老师,更像是我们的大姐姐、好朋友,她风趣幽默,上她的课我感觉就是很开心。在社团里,我的性格变得更加开朗了,我还交到了很多新朋友。我喜欢在舞台上展现自己,喜欢用语言和肢体表达情感。以后我想在舞台上能演更多的角色,能给大家展示不一样的周长同学。

周长

我刚进入这个社团的时候,很胆小,不敢开口,思维也不够开阔,缺乏想象力。于是,文雯老师针对我们的问题,用不同的活动和方法锻炼我们的胆量,训练我们的思维和语言的表达。

记得有个《魔法球》的游戏给我留下了深刻的印象。老师说完了游戏规则之后,就开始了游戏,没一会儿,那个球就到了我的手上,当时我不知道说什么,在那里站了很长时间。后来文雯老师让我展开自己的想象,来给这颗球赋予魔力,让它变成自己想变的东西,于是我就把它变成了一个我喜欢的篮球。这个游戏让我知道了人的想象力是无穷的,不要总是局限于某一个点或是某一方面,要有自己独特的思维、想象和创新。

王天阔

作为参与到本社团的一员,通过这几个学期的社团活动,我有了很多的收获和可喜的变化:我胆子变大了,语言丰富了,学习和生活多了许多乐趣,我也变得更自信了。老师精心设计丰富多样的活动锻炼我们自主学习、合作探讨的能力。在戏剧排演过程中,同学们都参与其中,出谋划策,有时大家会为了某一个细节争得面红耳赤,这大大锻炼了我们的参与创造能力,在各种你争我吵的探讨中,学生们磨炼了自己的意志力,也学会了要和同学友好合作。

我们的进步得益于老师对我们细心专业的指导与耐心的帮助。老师们辛苦了!

王佳彤

我特别高兴能参加学校的中文戏剧社团,因为表演是我一直特别喜欢的。每次社团活动时,我都非常兴奋,我喜欢老师设计的丰富的基本功训练、游戏和戏剧情节表演,这些都锻炼我们的反应力、想象力、创造力、合作力与表演力。

我校举办的"七语戏剧节"让我至今记忆犹新。我们戏剧社团排练了两个剧目《花木兰》和

《三顾茅庐》,当我知道我在两个剧中都扮演主要角色时,我兴奋异常睡不着觉。我特别想演好这两个角色,但事与愿违,虽然我的声音洪亮,但是我咬字不清;虽然我大胆,但是我心不细。每每在排练的时候,我都会状况百出:不是忘词了就是说错词了,要么就是笑场或是背台,这些都令我有些灰心丧气。老师们看到这些状况,并没有责备我,而是尽心尽力地给我指导,逐字给我纠正发音;纠正句子的声调,哪儿应该缓和,哪儿要抑扬顿挫、铿锵有力;如何让面部表情更自然,眼神传递到位;如何在舞台站位等等。在老师们的指点下,我认真背好我的台词,一丝不苟地揣摩我的角色,体会人物的心理变化与语言的表达。我会将我的想法与老师们沟通,设计我的舞台动作。在我自己的努力和老师们的精心指导下,我终于在舞台上向老师、同学和家长们成功地演绎了所扮演的角色。听到潮水般的掌声和专家们的赞誉后,我感到无比的自豪,辛苦的汗水没有白费。

感谢学校给我们提供学习表演的机会,让我们开阔了视野、丰富了生活;感谢亲爱的老师们,为我们的成长付出的辛勤的汗水,它将会是我人生中一段难忘的经历与记忆。

戈治钧

孩子参加戏剧社团是学习和生活中不可缺少的重要经历。自从孩子参加社团以后,视野开阔了,语言表达比以前强了,解决问题的能力也得到了锻炼和提升,这都离不开老师们的辛苦付出。谢谢老师们!

张宇家长

看了孩子们的表演,我觉得他们真的很棒! 相对于第一次,他们很淡定,动作、台词、对剧情的投入把握都很到位。每一次演出,对他们来说都是一次提升。

他们舞台上的精彩表演,都离不开老师们的辛苦指导和培养,谢谢! 正是学校提供了这样一个平台,他们才有机会接触并学习戏剧表演,孩子们学到的知识与技能正在多点开花。希望孩子们多学习一些,让自己的学生时代多姿多彩、其乐无穷!

刘泽腾家长

孩子升入二年级,对学校的学习生活已经很熟悉了,感觉每天的校园生活对小朋友已经没有了新鲜感。九月的一天放学回来,孩子兴奋地对我说:"妈妈,你猜我们今天上什么课了?"我想了想孩子的课程表,没有什么特殊课程呀。就问她:"什么课让你这么高兴?"她说:"戏剧课!"

后来通过孩子每次上完课回来和我的讲述,让我对戏剧课有了初步的概念。首先是教孩子们一些基本功,比如:如何运用、控制气息,用游戏训练孩子们的发音,用形体语言来表达情感或物体,训练孩子们的模仿能力等。孩子对这些活动都非常感兴趣,每次下课都拉着我做游戏,把当堂课学的内容教给我,她来当小老师。同时她也期待着下节课老师会和他们做什么新的游戏。

一次,下了戏剧课孩子告诉我,戏剧老师要给他们排练课本剧《寒号鸟》。我知道这是二年级的一篇语文课文,他们已经学过了。她告诉我:"老师选了两名同学演'寒号鸟',可是课文里只有一只'寒号鸟'呀!"我对她说:"老师一定是在挑选合适的演员。"后来,在排练的过程中老师选了另外一名同学"寒号鸟"。这次"落选"让孩子认识到自己的不足,在老师和我的鼓励下她成功地表演了另一个角色"小太阳"。通过这次排练演出,让孩子喜欢上语文课文,学会把课文的文字转化为语言,把对课文的理解用肢体语言表现出来,也增长了自信心,胆子变大了。

学期末的时候,在学校的安排下让我终于看到了孩子们上戏剧课的情景。课堂上,老师带领孩子一起活动,每一个孩子都有任务,大家一起合作,在合作的过程中动脑、动口、动手、动脚,在不同的情境中扮演各种角色。这样的课程孩子喜欢,家长欢迎。感谢长辛店中心小学的领导和老师们为孩子们创设这样生动、有趣,又能培养孩子创新意识的课程。

白靖婕家长

我特别荣幸地参加了学校的英语戏剧社团,不但了解了戏剧表演方面的知识,更给了我在舞台上大胆展示自我的机会,让我在戏剧学习中得到了无穷的快乐。老师们细心地对我们进行表演的指点,给我们纠正英语发音。龙少安老师不但教我们如何去表演,还教我们如何备台,如何确定台上自己的位置,怎么去找空间等等。非常感谢老师们,老师们辛苦了! 李京

参加了学校的英语戏剧社团,我感到很兴奋,因为戏剧表演让我的内在潜力得到了充分的释放,变得更自信、更从容、更大胆、更阳光。在戏剧排演中,我体会到了不同角色的丰富人生,也体会到团队意识的重要性。在排练过程中,老师们十分辛苦,总是不厌其烦地帮我们纠正英语发音,指导动作,让我在不知不觉中学会了怎样在舞台上表演,所以我非常感谢老师们,是他们的无私付出才让我领略了戏剧的魅力。感恩老师们的一路相伴! 闫博

通过戏剧排演,我的英语发音更纯正,学习英语的兴趣更浓了,成绩也有了很大提升。正是老师们的默默付出才让我有了不同寻常的改变。在排练的过程中,我们非常享受整个训练的过程,不仅增强我们的默契性,而且观察力、想象力、反应力、表现力都得到训练。在戏剧社团,我的综合素养在不知不觉中得到培养。我们感受到排练的辛苦,也体验到成功的喜悦。非常幸运,老师们带领我们进入戏剧艺术殿堂,这段经历将使我受益终生。 靳皓淞

英语戏剧社团为我打开了认识世界的另一扇窗,看到了大胆而又不放肆的表演世界;让我领略了高深而又平凡的英语世界。我在剧中扮演了一个公主,虽然我是一个女生,但演公主还是有点小难度,因为我的骨子里透着"女汉子"的气质。可在练习过程中,通过角色体验,学习到了新的表演方式。在英语戏剧表演的学习中当然离不开老师们的默默奉献,既要抓我们的英语,又要抓我们的表演。每次排练,老师不会因为我们犯同样的错误而生气,而是用鼓励的态度告诉我们哪儿错了。老师们不论天气如何,都风雨无阻,准时上课。感谢老师们为我们创造了一个如此美好的天地,在我们的人生画卷上画上了浓墨重彩的一笔。 韩雨彤

这学期我参加了学校的英语戏剧社团,刚上舞台时我非常紧张,动作十分生硬,可练习后我在舞台上发挥出色,不仅取得了演出的成功,还使我胆子变大了,这一切都是跟老师们的汗水、操劳以及学校的支持分不开的,在此我由衷地感谢老师,感谢学校。 张绍钧

参加了这个社团非常高兴,在老师的指导下,我可以在舞台上更加充分地展示自我,可以在舞台上放开声音了,可以直接地在舞台上放开自己了,这一切都是老师对我们耐心指导的结果,才会有更好的我,所以我要谢谢老师,如果没有你们就没有今天自信、阳光的我。 刘泽腾

幼时,我总以为戏剧只是京剧,他们是可以画等号的,直到我在去年观摩了一场精彩的英文戏剧演出,我才恍然大悟,戏剧是多方位、多语种的。

初观戏剧演出,是因看戏而看戏。经过半学期的练习,变成了从专业视角而看戏,这绝不

是一天两天能改变的。我还深刻地记得第一次上戏剧课的场景:我瞪着两只大眼睛,紧张又激动地看着初次见面的 Mr. Tea。Mr. Tea 是一名意大利人,他精通意大利语、英语,并且还掌握了基本的汉语。Mr. Tea 首先让我们进行一些有趣的活动,使我一下子消除了许多紧张感。我由局促不安到能流畅自然地参与各种活动。

之后几周,我接到了《丝绸之路》戏剧的剧本,我出演一名士兵。这个阵容也真是大!司马老师、雅美国国王、王后、三名公主、单于、匈奴、汉朝的刘皇子、士兵吴、异。《丝绸之路》这个剧本不仅在内容上跌宕起伏,并且是拥有一定的底蕴的。这个剧本既为了解古代历史提供了很好的思路,又切合了习主席提出的"一带一路"思想,是着实有深度的。最后赋诗一首以表心意:鲜学戏剧眼明亮,也有欢笑也彷徨。舞台伸展幕幕精,只因"长小"多方向。

尚思铭

我参加了学校的英语戏剧社团,整个活动让我受益匪浅。社团活动丰富了我的知识,提高了我的英语水平,丰富了我的情感,更让我在读英语故事的同时,感受到了学习英语的乐趣。英语戏剧社团让我更加上进,更加乐观。现在,我不仅英语成绩提高了,也更加自信了,还可以用英语和别人交流。我希望能多参加这样的活动,在活动中获得更多的知识,更快地成长。

张金妍

通过在英语戏剧社团的学习,我的英语成绩也有了很大的提升。以前我有许多单词不会,总是问问这个,问问那个,记也记不住。通过学习英语戏剧,让我的词汇量增加了很多。在英语戏剧社团学习的日子里,让我有了很强的团队合作意识,懂得在舞台上角色没有大小,就算一个配角也是不可缺少的,也有可能成为最精彩的表演。有这样一个故事,在一次歌剧表演中,有个小女孩只是演一只兔子,整场剧中没有一句台词,却成了全场的焦点。她把小兔子演得栩栩如生,表情动作就跟真的一样,那是因为她每天在家都在镜子面前模仿兔子的动作和神态。虽说她不是主演,但她的表演使人震惊。

我在收获知识和技能的同时,在社团中还结交了许多新朋友,和他们建立了深厚的友谊。最后还要感谢两位老师,他们为我们忙里忙外,十分辛苦,他们就像辛勤的园丁培育我们,指导我们。非常感谢他们的无私付出。我爱英语戏剧社团。

柳博文

英语是我最喜欢的科目,从小到大都是如此。最初感觉英语很简单,个别单词多费点时间就会了,甚至有点小骄傲,内心觉得自己超级了不起了。就在这时,我有幸进入了英语戏剧社团。当我进来后才发现,"山外有山,人外有人",我所学到的知识只是一点皮毛。这里厉害的同学多的是,小小的自尊不免受到了不小的打击。

于是我开始努力。可是戏剧台本里面的单词更难了,每次上课犹如听天书。但我不想就此放弃,哪怕我只有百分之一的天赋,也会投入百分之百的努力,做满意的自己。每一点希望的曙光我都丝毫不放,我不想辜负任何一次活动和排练的机会。果然,那些看似波澜不惊的日复一日,会突然在某一天,让我看到了坚持的意义,我被选中出演了莎士比亚《暴风雨》剧中女主角,并在比赛中取得了意想不到的好成绩。

一个能升起的月亮,必定经历了无数次日落。我真的对英语学习改变了看法,也理解了坚持不懈,必有回响!你的付出将变成礼物,你受的苦将照亮你的路。相信今后的我会更加努力,也将成为星空中最闪耀的星!

胡杨

在我参加英语戏剧社团的这段时间里,学到了很多的知识,不仅有戏剧表演方面的,还有英语语言表达方面的。英语戏剧指以英语语言、动作、舞蹈、音乐、木偶等形式达到叙述事情的目的的舞台表演的艺术总称。英语戏剧是由演员扮演角色,在舞台上当众使用英语表演故事的一种综合艺术。在我刚到学校的英语戏剧社团中,看到那么长的剧本时,我非常苦恼,不知从何下手。后来慢慢地经过老师们的指点和同学们的帮助,我已经渐渐地喜欢上这个英语社团了。从莎士比亚的《暴风雨》到现在的传统剧目《卧冰求鲤》,我们都是先用中文练习感觉,再说英文台词。老师们还会经常和我们玩一些互动的小游戏,来激发我们的想象力和创造力。我发现,我已经爱上了这个大家庭,并融入了其中,而且还很享受其中。

在这一年半的时光里,我们大家互相帮助,为的是把剧目排练得更好。在这其中,我学到了很多东西。人生就像一幕幕的戏剧,我们不停地上演着不同的角色。通过戏剧表演,让我了解到更多的东西,也能更好地处理人际关系。在此,我要感谢所有的老师,感谢瑞老师、感谢廉老师、感谢梁老师,感谢英语戏剧带给我的快乐!

魏天粤

英语,一个很重要的科目。你学得好不好,是学习问题;可你不学,就是态度问题!之前,我妈为了我的英语学习操碎了心,于是报了英语班。我知道,她是为了我好,就心甘情愿地上了。直到有一天,走进英语戏剧社团,我发生了意想不到的转变。在这个集体里,一开始大家面面相觑,互不相识。后来经过一次又一次的排练,一次又一次的练习,一次又一次的分忧解难,大家如同血浓于水的兄弟姐妹一样相处得很融洽。还记得六年级同学即将毕业时的最后一堂课,大家无不以泪洗面,难舍难分。回想大家一起风风雨雨走过的时光,给我的人生记忆中又添加了一段美丽精彩的回忆。到了六年级,我们也会分离,但情感不会断,依然连在一起。爱上英语,爱上戏剧,一切在不经意中改变。

赵博文

自从我参加了学校的英语戏剧社团,我的英文水平在不断地提升。刚开始,大家还都很陌生,但经过一次次的排练、表演、磨合,我们逐渐形成默契,感受到在这个集体中,每个人都是重要的一分子。

我们正式排演的第一个剧目是莎士比亚的《暴风雨》,这对于我们来说难度还是挺大的,毕竟我们才三年级,就接触原著。一开始我还信心十足,可是越往后难度越大,我的心情也越来越低落,仿佛到了人生低谷一般。可当我看到其他同学都那么认真地在排练,在坚持,我也下定决心一定要把这个台词拿下!于是每天回家后,我就对着镜子不停地练习神态、表情和背台词。经过一段时间的努力,我终于把台词顺利地"拿下",别提多开心了!我自己都被这个不小的进步吓到了呢!终于等到了比赛的那天,我们大家齐心协力,铆足了劲头,最终取得了北京市赛区一等奖的好成绩,让我兴奋不已。

在英语戏剧社团这两年的时间里,我收获的不仅仅是知识,更是成长,还有友谊!我要感谢学校,感谢社团的老师们,还有我们可爱的同学们!在未来的日子里,我们继续并肩前行!

张天翼

自从孩子参加了英语戏剧社团,就有了很大改变,人变得非常自信,非常大胆。平时和我们只是生硬地对话,如今已变成丰富多彩的对答与说笑。以前生硬的英语口语,现在已经变成抑扬顿挫、流畅优美的表达。当然，孩子能有如此之大的改变，也是因为老师们尽心尽力地辛勤付出。一位好的老师对于孩子而言，不仅仅是传授知识的教书匠，更是成长路上的园丁，人生路上的规划师！感谢你们为孩子们创造了如此美好的天地！

韩雨彤家长

社团小舞台，人生大舞台。感谢老师们的辛勤栽培和付出，给了孩子们参与英语戏剧社团活动的机会，孩子的成长进步我们是有目共睹的。相信在未来的社团学习中，通过家校共同努力，孩子的学习会更上一层楼，期待阳光明媚的春天，期望更加辉煌的收获季！

刘宇航家长

2020年的春节对每个中国人来说都是一个特殊的春节。而2020年寒假也是我与孩子朝夕相处最长的一个假期。这个假期中，我与孩子朝夕相处，看到了他一点一滴的成长，也看到了以前的学习过程中，老师的教导对孩子潜移默化的影响。

翻开孩子的照片，看到一张张戏剧社团孩子们开心的笑脸，我不得不感慨：是这种生动有趣的教学方式激发了孩子对语言学习和表演的热情！在过去的两年中，孩子有幸参加学校组织的英语戏剧社团，在社团中结识了新的朋友，新的老师，接触到了常规课堂中难得一见的表演方式，发现了戏剧带给孩子的成长。借助英语戏剧表演，孩子不仅提升了英语技能、锻炼了口才，还接触到外国文化、丰富了自身内涵、领悟到很多人生哲理，更培养了团队精神。在老师们辛勤的教导和不懈的努力下，一群十来岁的小孩子竟真的认认真真地表演了莎翁的《暴风雨》，而且还演得有模有样。这次经历锻炼了他的英语口语，大大激发了孩子的自信心和交际能力。孩子更爱用英语表达自己了，那个安静的小胖子变得自信、大胆、爱交流了，也更喜欢探索各种文学书籍，敢于独自看英文书籍、英语短片，更喜欢上了英文配音小游戏。一切变化都来得那么自然，这些都少不了老师们的引导和戏剧社团的影响。看着孩子对英语学习的热情与日俱增，我真是感到非常幸运。参加学校的戏剧社团给孩子带来的收益真是太珍贵了！

老师们不辞劳苦地教育，就像火种一样，点燃了孩子稚嫩心灵中的希望，为孩子打开了一扇新的窗。老师们无私地付出，在学生心灵深处默默耕耘着。感谢老师们的陪伴，接下来的日子，让孩子与戏剧社团共同成长，让我们共同静待花开！

王梓昂家长

学校的英语戏剧社团为孩子们提供了展示自我能力和发挥创造力的舞台，不仅开阔眼界，增加人生阅历，还提高了孩子们的综合素质。在这期间，我明显地感觉到孩子的沟通能力、组织能力、表达能力、处事能力等都有很大的进步，性格也变得更加开朗乐观了。在社团活动期间，孩子在老师们的精心指导下，参演了莎士比亚的名剧《暴风雨》，这对从未登台表演过的他是一个不小的挑战。最终在大家的共同努力下取得了喜人的成绩。

作为学生家长，我没有想到英文戏剧会有如此巨大的魔力，对孩子产生了深远的影响。我见证了天翼这两年参加英语戏剧社团的提高和进步，社团活动丰富了他的知识，提高了他的英语水平，更加丰富了他的情感，让孩子真真正正感受到了学习英语的乐趣，让他的个性充分地得到了释放。经过了在英语戏剧社团这两年的磨炼，天翼更加自信、更加上进、更加乐观，这种感觉是精美的精神食粮。

我衷心地希望长辛店中心小学的英语社团活动能坚持发展，给孩子们提供更广阔的空间，相信在未来的日子里，英语戏剧社团会越办越好，感恩学校，感恩老师，让我的孩子有一个幸福快乐并充满意义的小学时光！

张天翼家长

◇◇

其实郑诗语开始去社团时是被老师选中的。我记得当时因为和乒乓球课时间冲突，她回来哭了好久，说，妈妈我不想放弃，最后突然戏剧社团时间调整了，孩子兴奋地告诉了我。当时，我看到孩子特别渴望这个机会，虽然她觉得单词很难，可是她说，老师认真教我们，还有我的师傅韩雨彤教我……我看到了孩子的成长过程，交到更多的朋友，学到更多的知识，还认识外教老师，这都是她最开心的事，我也替她开心。也许有些东西真的需要机会才能成长，学校给了孩子这个机会，这是孩子一辈子的财富。希望孩子以后更加珍惜这个平台，努力用心去学，有不一样的人生故事！也特别感谢老师，给孩子们提供了这么好的锻炼机会，希望孩子们用实际行动证明自己，也用实际行动来感激老师们的无私付出。

郑诗语家长

◇◇

孩子参加英语社团已经有两年的时间了，在这两年里，孩子各方面的变化都非常大，性格变开朗了，也学习到很多课堂上学不到的新东西，积累了很多英语词汇。孩子虽然有时感觉很累，但也一直在坚持，他觉得累并快乐着。他非常喜欢社团活动。感谢学校给孩子们提供了这么好的学习平台，感谢学校老师们的辛勤付出。

陈宇豪家长

收　获

2015—2020年学校荣誉册

综合类	
序号	获奖时间及称号
1	2017 年 10 月,首都师范大学艺术教育基地
2	2017 年 10 月,首都师范大学外语教育基地
心理健康教育类	
序号	获奖时间及称号
1	2015 年 12 月,丰台区中小学心理素质教育先进校
2	2016 年 5 月,北京市中小学数字德育平台沙燕心理网"走亲访友话生涯"专题活动一等奖(北京教育学院丰台分院)
3	2019 年 6 月,北京市中小学数字德育平台沙燕心理网"五种语言表达爱"专题活动一等奖(北京教育学院)
4	2019 年 12 月,丰台区教育系统服务保障中华人民共和国成立 70 周年庆祝活动先进集体(丰台教委)
教学类	
序号	获奖时间及称号
1	2018 年 6 月,丰台区青少年"童书趣读"活动中获得优秀组织奖
2	2018 年 6 月,丰台区小学"师慧杯"优秀组织奖
3	2018 年 6 月,丰台区中小学英语剧比赛二等奖
4	2019 年 3 月,体育组获得 2018 年丰台区教育系统创新集体(班组)
5	2018 年 12 月,在 2018 北京市第二届"金太阳杯"小学生英语配音初赛活动中被评为优秀学校
6	2019 年 10 月,第八届首都学生外语展示系列活动多语种作品比赛 2 个一等奖,1 个二等奖,1 个三等奖
7	2020 年 6 月,金太阳杯配音大赛优秀学校
艺术类	
项目	获奖时间及称号
十项技能大赛	2015 年 4 月,丰台区第十九届中小学生十项技能大赛优秀组织奖
	2017 年 3 月,丰台区第二十一届中小学生十项技能大赛优秀组织奖(丰台少年宫)
	2016 年 3 月,北京市丰台区第二十届中小学生十项技能大赛优秀组织奖(北京市丰台区少年宫)
	2018 年 3 月,丰台区第二十二届中小学生十项技能大赛优秀组织奖
北京市艺术节	2015 年 10 月,北京市艺术节行进管乐展示一等奖
	2015 年 10 月,北京市艺术节室内乐展示二等奖
	2015 年 10 月,北京市艺术节旗舞展示二等奖

项目	获奖时间及称号
丰台区艺术节	2018年3月,丰台区第二十二届中小学生艺术节优秀组织奖
	2019年4月,舞蹈队获丰台区第二十二届学生艺术节舞蹈项目展演二等奖
	2015年6月,北京市丰台区第十八届学生艺术节集体项目(管乐)比赛一等奖
	2018年3月,丰台区第二十一届学生艺术节行进管乐(行进打击乐)二等奖
	2018年6月,丰台区第二十一届学生艺术节行进打击乐《烽火》节目获得二等奖
	2019年6月,舞蹈《弄堂记忆》获丰台区第二十二届学生艺术节舞蹈展演二等奖
	2019年6月,管乐节目《小小小小花》《凤凰序曲》获丰台区第二十二届学生艺术节管乐展演二等奖
	2016年,管乐社团被评为丰台区小学第一梯队艺术类特色社团
	2016年8月,小天鹅管乐团荣获2016年中国第十届优秀管乐团队展演突出贡献奖
	2016年7月,小天鹅管乐团亚太地区音乐节行进管乐金奖
	2016年5月,管乐团获上海之春管乐节示范团队
	2017年7月,津宝第三届国际音乐节中国乐器协会打击乐专业委员会2017年津宝第三届国际音乐节组委会80行进打击乐团体国家级金奖第一名
	2016年5月,"中华杯"中国第十届优秀管乐团队(行进)展演优秀乐团(中国音乐协会管乐学会)
	2019年5月,"中华杯"中国第十三届优秀管乐团队(行进)展演优秀乐团(中国音乐协会管乐学会)
	2016年6月,管乐团获丰台区中小学特色学生社团提升项目评审艺术类一等奖(丰台区教委)
	2019年12月,行进管乐社团被命名为丰台区特色社团,有效期三年
	2015年6月,丰台区第十届大成杯中小学师生美术比赛优秀组织奖
	2019年6月,在2019文化和自然遗产日宣传展示活动期间,在"非遗进校园"优秀成果展中展出我校"北京中轴线非遗元素手工表达"师生作品(北京丰台区文化和旅游局)
	2019年11月,长辛店中心小学葫芦艺术社团刘自豪、李智跃、张硕、高苗淼、刘思涵、李闯、蒋奕宸、杨璨、高梦源同学创作的组合作品《美味的草莓》入选首届中国葫芦文化节暨第三届中国(天津)葫芦文化旅游节,作品在葫芦博物馆展出
	2019年12月,书法社团被命名为丰台区特色社团,有效期三年

体育类

项目	获奖时间及称号
	2016年5月,丰台区运动会团体总分第八名
	2018年7月,2018全国小学体育活力校园优秀案例征集评选中获得课外体育活动创新奖(全国中小学体育教学指导委员会、中国教育发展基金会、耐克体育公益部)
	2018年12月,丰台区旱地冰球比赛三等奖
	2015年7月,丰台区中小学生"三大球"联赛精神文明奖
乒乓球	2015年,丰台区中小学乒乓球赛女子乙组第一名(丰台区教委、丰台区体育局)
	2015年,二队获丰台区中小学乒乓球赛女子甲组第二名(丰台区教委、丰台区体育局)
	2015年,三队获丰台区中小学乒乓球赛男子甲组第二名(丰台区教委、丰台区体育局)
	2015年,一队获丰台区中小学乒乓球赛男子乙组第二名(丰台区教委、丰台区体育局)
	2016年11月,丰台区中小学生乒乓球比赛最佳组织奖
	2018年3月31日,丰台区青少年第二届"青少杯"乒乓球团体赛小学男子组第一名、第二名;小学女子组第二名
	2019年10月,丰台区乒乓球比赛小学组团体第七名
	2018年11月,2018丰台区教育系统第二十一届园丁杯乒乓球比赛女子乙组团体第三名(工会)
	2019年10月,丰台区乒乓球比赛小学乙组男子第四名、女子第四名。小学甲组女子一队第三名、二队第五名

项目	获奖时间及称号
足球	2016 年 6 月,丰台区中小学生足球比赛,获小学男子乙组第五名
	2016 年 10 月,足球队获得丰台区三大球联赛第四名
	2017 年 6 月,足球甲组获得丰台区足球比赛甲组第四名
	2017 年 6 月,足球乙组获得丰台区足球比赛乙组第一名
	2017 年 11 月,足球乙组获得丰台区足球比赛第三名
	2018 年 5 月,2018 年丰台区小学生年级足球比赛第六名
	2018 年 10 月,丰台区三大球联赛足球小学男子甲组第一名
	2018 年 10 月,丰台区三大球联赛足球小学男子乙组第二名
	2018 年 11 月,丰台区足球特色校足球比赛小学组第二名
	2019 年 9 月,丰台区青少年三大球足球比赛小学男子超级甲组第一名
	2016 年 1 月,丰台区魅力红领巾社团二等奖(足球社团展示,演讲)
	2018 年 1 月,北京市校园足球联赛第三名
	2019 年 3 月,2018 年北京市中小学校园足球五人制比赛小学男子组第四名
	2018 年 5 月,"京鲨杯"国际足球俱乐部邀请赛亚军
	2018 年 8 月,中韩比赛 U12 组,足球队获得第五名
棒球	2016 年 10 月,棒球队获得丰台区棒球比赛第三名
	2017 年 5 月,棒球队甲组获得丰台区棒球 T-BAII 组第二名
	2017 年 5 月,棒球队乙组获得丰台区棒球 T-BAII 组第五名
	2017 年 11 月,棒球队甲组获得丰台区棒球比赛第三名
	2017 年 11 月,棒球队乙组获得丰台区棒球比赛第四名
	2018 年 9 月,北京市丰台区棒球比赛小学组第五名
	2018 年 10 月,北京市丰台区三大球联赛棒垒球比赛小学甲组第五名
	2019 年 6 月,丰台区棒球比赛小学甲组第一名
	2019 年 10 月,丰台区青少年棒球比赛 T—BALL 乙组第四名
	2019 年 12 月,棒球社团被命名为丰台区特色社团,有效期三年

科技类	
序号	获奖时间及称号
1	2017 年 6 月,丰台区防震减灾科普示范学校
2	2017 年 12 月,北京市防震减灾科普示范校
3	国家级防震减灾科普示范校
4	2019 年 5 月,北京市中小学"民族杯"风筝比赛活动中荣获优秀组织奖(北京市民族教育学会)
5	2019 年 5 月,第三十六届北京学生科技节——北京市中小学生风筝比赛中荣获串类团体一等奖,板子类团体三等奖
6	2019 年 10 月,丰台区第三十七届学生科技节风筝竞赛团体第一名
7	2019 年 12 月,风筝社团被命名为丰台区特色社团,有效期三年